朝鮮八賤
조선팔천

나도 사람이 되고 싶다

나도 사람이 되고 싶다
조선팔천 朝鮮八賤

초판 1쇄 발행 2011년 3월 5일
초판 3쇄 발행 2012년 7월 1일

지은이 이상각
펴낸이 이영선
펴낸곳 서해문집
이 사 강영선
주 간 김선정
편집장 김문정
편 집 허 승 임경훈 김종훈 김경란 정지원
디자인 오성희 당승근 안희정
마케팅 김일신 이호석 이주리
관 리 박정래 손미경

출판등록 1989년 3월 16일 (제406-2005-000047호)
주 소 경기도 파주시 문발동 파주출판도시 498-7
전 화 (031)955-7470 | **팩스** (031)955-7469
홈페이지 www.booksea.co.kr | **이메일** shmj21@hanmail.net

ⓒ 이상각

ISBN 978-89-7483-460-9 03900

이 도서의 국립중앙도서관 출판시도서목록(CIP)은 e-CIP홈페이지(http://www.nl.go.kr/ecip)와 국가자료공동목록시스템
(http://www.nl.go.kr/kolisnet)에서 이용하실 수 있습니다.(CIP제어번호: CIP2011000673)

조선팔천
朝鮮八賤

이상각 **지음**

나도 사람이 되고 싶다

서해문집

가거라. 상념이여. 금빛날개를 타고 날아가라.
가거라. 부드럽고 따뜻한 바람이 불고
향기에 찬 우리 조국의 비탈과 언덕으로 날아가 쉬어라.
요르단의 큰 강둑과 시온의 무너진 탑들에 참배하라.
오, 너무나 사랑하는 빼앗긴 조국이여.
오, 절망에 찬 소중한 추억이여.

예언자의 금빛 하프여, 그대는 왜 침묵을 지키고 있는가.
우리 가슴속의 기억에 다시 불을 붙이고 지나간 시절을 이야기해다오.
예루살렘의 잔인한 운명처럼 쓰라린 비탄의 시를 노래 부르자.
인내를 주는 노래로 주님이 너에게 용기를 주시리라.

주세페 베르디의 오페라 〈나부코Nabucco〉 중
'히브리 노예들의 합창'

자유를 꿈꾸는 사람들

　　노예란 근본적으로 인격이 부인되고 타인에게 소유되어 개인의 권리와 자유를 박탈당한 인간을 말한다. 역사를 돌아보면 인간이 짐승 같은 노예 신세로 전락하는 과정은 실로 다양하다. 전쟁 포로나 납치, 범죄에 대한 징벌로 노예가 되는 경우가 가장 많았고, 빚을 갚지 못해서, 혹은 보호자에게 버림받은 경우도 있다. 어쨌든 그런저런 이유로 한번 씌워진 노예의 굴레는 평생 벗어나기 힘들고, 일부 사회에서는 자손만대 유전되기까지 했다.

　　노예제도는 인류 문명이 자급자족에서 시장경제 단계로 변화하면서 본격적으로 확산되었다. 광대한 토지가 소수의 권력자들에게 집중되자 무임금 노동력의 대표주자인 노예 수요가 급격히 늘어난 것이다. 그때부터 노예는 가사노동은 물론 광업, 공업, 상업 분야에서 일해야 했고 여자 노예는 주로 매춘에 동원되었다.

　　인간으로서 최악의 상황 속에 빠진 노예가 자유를 얻는 가장 쉬운 방법은 도주였다. 그 모험이 성공하면 타 지역에서 자유민으로 위장하여 살 수 있지만 발각되면 목숨을 내놓아야 했다. 그 외에 영화 '벤허'의 주인공처럼 국가나 주인을 위해 큰 공을 세우거나, 사유재산을 이용해 신분 상승을 이루는 경우가 있겠지만 이는 실로 하늘의 별 따기였다.

　우리 민족의 정사인 《고려사》와 《조선왕조실록》을 섭렵하면서 그 안에 담겨있는 다양하고 풍부한 기록에 감탄한 적이 한두 번이 아니다. 왕조의 흥망성쇠에 관련된 내용뿐만 아니라 이민족과의 거친 투쟁 속에서 살아남은 우리 조상들에겐 민족혼이 용틀임치고 있었으며, 부조리한 제도의 틀 안에 갇혀 설움받던 민초들의 간난신고艱難辛苦가 알알이 배어있기 때문이다.

　그 와중에 나는 조선의 최하층 계급으로 온갖 수탈과 차별에 저항능력조차 상실했던 천민들의 삶에 주목했다. 조선시대 500년 내내 인간으로서 권리를 박탈당하고, 최근세까지 국민들의 뇌리에 멸시의 대상으로 남아 있던 사람들, 그들을 일러 혹자는 조선팔천朝鮮八賤이라고 한다. 그들이 겪어야 했던 조선은 실로 위선과 허영의 종합선물세트라는 사실을 알고 나서 느낀 참담함이라니……

　고매하게 도학자연하던 조선의 위정자들은 더불어 살아가야 할 겨레의 일부에게 노예의 굴레를 씌우고 그 신분을 유전시켰을 뿐만 아니라 짐승들처럼 비정상적인 방법으로 증식하는 범죄를 저질렀다. 양반들로 통칭되는 그들은 의식주에 관련된 모든 노동뿐만 아니라 성욕을 만족시키는 도구로까지 천민들을 이용한 것이다.

　미국의 저명한 한국학자 제임스 팔레James B. Palais 교수는 11세기에서 18세기까지 이어진 고려와 조선시대를 노예사회로 규정했다. 그는

16세기경 조선 전체 인구 가운데 30퍼센트가 넘는 150만여 명이 노비였다는 점을 강조하면서 이는 고대 그리스 로마시대와 비슷한 비율이라고 지적하기도 했다.

조선의 양반들이 소리 높여 동방예의지국을 떠벌일 수 있던 이면에는 팔천으로 대표되는 강고한 노예제도가 있었기 때문이다. 약간의 과장을 더한다면 동아시아 제국 가운데 동족에 대한 신분차별이 가장 심했던 나라가 조선이고 가장 비열한 방법으로 동족을 괴롭힌 나라가 조선이었다. 그러므로 조선은 일면 동방노예지국이기도 한 것이다.

일부 학자들은 조선의 천민들이 사유재산을 소유하고, 출산 휴가, 조상 제사까지 지낼 수 있었으므로 노예라기보다는 하층민의 하나로 봐야 한다며 강변하지만, 이는 다분히 민족적 자존심이 개입된 억지에 불과하다. 기실 노예제도는 어느 시대 어느 사회에나 있었고 노예해방이 이루어진 시기도 대부분 최근세였다는 사실을 감안한다면 감정적인 대응은 불필요한 게 아닐까.

역사왜곡은 일본인이나 중국인들만 하는 것이 아니다. 이제는 우리도 부끄러운 역사의 과오를 통절하게 반성하고 그로부터 파생되었을지도 모를 숱한 사회적 모순을 고치려는 노력이 뒤따라야 한다. 애국애족이라면 모든 치부를 가려주는 시대는 지나갔다. 오늘날 우리가 그네들의 진정한 희망이 무엇인지를 알지 못한다면 앞으로 우리가 만들어가야할 세상이 무엇인지 결코 깨달을 수 없을 것이다.

차례

머리말_ 자유를 꿈꾸는 사람들   5
프롤로그_ 인간의 조건   10

一   나도 사람이 되고 싶다   °노비   23
불운한 천재 송익필의 인간만사 | 미암 유희춘의 얼녀 면천기 | 천민의 최상위 계
층, 공노비 | 짐승보다 못한 운명, 사노비 | 노비들의 꿈, 면천 | 도망친 노비를 잡아
들여라 | 노비들의 형벌과 저항 | 노비가 많아야 양반

二   선녀인가 매화인가   °기생   71
역사의 희생양으로 남은 장녹수 | 청사靑史에 이름을 새긴 황진이 | 원화인가 수척
인가 | 일패에서 유녀까지 | 고달픈 성 노예들의 영광과 좌절 | 말을 알아듣는 꽃,
해어화 | 차라리 홍청망청 | 밤의 여인들 | 기생들의 기둥서방, 왈짜패

三   언저리도 안 되는 것들   °백정   105
박성춘과 박서양의 해방일기 | 한반도에 갇혀버린 유목민족의 후예들 | 조선의 1급
요시찰 대상 | 이색적인 한양의 백정, 반촌 사람들 | 극단적인 백정 차별 | 백정들의
피눈물을 씻어다오

四   신나게 한번 놀아보세   °광대   139
왕의 남자 공길 | 노는 물이 달라 | 유랑연예인의 시조 사당패 | 그래도 우리는 논다

자유를 대가로 차별을 얻다 °공장   161

조선 최고의 장인 장영실 | 조선의 기술 공무원, 공장 | 관장에서 사장으로 | 백자의
신기원을 연 분원 사기장 | 기술 분업의 집대성, 조총장 | 위정자들이여, 장인에게
배워라

병든 영혼을 해방시켜라 °무당   199

토속신앙 무속의 사제들 | 영광에서 나락으로 | 음사의 주인공으로 낙인찍히다 |
신과 인간의 메신저 | 신명나게 놀아보자 | 만신, 신과 소통하는 강신무 | 단골, 굿
을 예술로 승화시킨 세습무

조선은 유교의 나라다 °승려   237

나무아미타불 관세음보살 | 조선의 아침, 불교의 황혼 | 조선에 불교는 필요 없다 |
누가 나의 외로움을 달래 주리오 | 내 죄를 씻는 길은 불교뿐 |《경국대전》의 덫 |
선의 뿌리를 지켜라 | 호국불교의 전통을 세우다 | 승군에겐 밥도 주지 말라 | 미륵
불이여 부디 현신하소서 | 문예부흥이 승려 잡는다 | 19세기 종교 탄압의 와중에서

망각의 강으로 인도하라 °상여꾼   297

청산 가네 청산 가네 | 상여와 영여 | 이 집이 뉘 집 경사인고 | 상여꾼의 본적, 향도
계 | 지배층의 꼼수, 향약 | 우리나라 상례 변천사

우리도 노예였다 °신량역천 · 궁녀   323
세계의 천민 °인도의 달리트 · 일본의 부라쿠민 · 유럽의 집시   343

참고문헌   350

인간의 조건

노비도 백성이다

남의 물건을 훔친 자는 노비로 삼고, 자속自贖하려는 자는 1인당 50만
전을 내야 한다.

《한서》 지리지에 나오는 고조선의 팔조법금 가운데 한 구절이다. 고
대 노예제도의 기원이 범죄자에 대한 징벌이었고, 일정한 벌금을 내면
노예 신분에서 풀려날 수 있었음을 보여준다. 기원전 1세기경 농경국가
이던 부여에서도 차별적인 신분제도가 엄존해서 귀족계급인 사가四加,
관리계급인 대사大使, 평민이지만 농노와 비슷한 하호下戶로 백성을 구분
했다. 국가 간 전쟁이 잦던 삼국시대 때에는 범죄자와 채무자 외에도 포
로를 노비로 삼아 축성이나 공장, 귀족 가문의 노역에 동원했다.

고구려와 백제 멸망 이후 한반도 중남부를 지배한 신라에서는 지배
층의 서열과 마찬가지로 피지배계층도 평민과 천민으로 명확하게 갈라
져 있었다. 중앙관서와 지방관서에서는 수많은 관노비가 노역을 담당했

고, 지방에는 향鄕·소所·부곡部曲 등 천민들의 거주지역이 따로 정해져 있었다. 《삼국사기》 열전 사다함 조에는 미흡하나마 당시 노비에 대한 정보가 담겨 있다.

진흥왕이 이찬 이사부에게 명하여 가라국加羅國˚을 습격하게 했다. 이 때 사다함은 나이가 15~16세였는데 종군을 청하자 왕은 어리다 하여 처음에는 허락하지 않았다. 하지만 그의 요청이 간절하고 의지가 확고하므로 귀당비장으로 임명하니 낭도가 되어 뒤따르는 자가 많았다. 국경에 이르자 사다함은 원수에게 청하여 휘하 병사를 이끌고 전단량旃檀梁˚˚으로 쳐들어갔다. 그 나라 사람들이 갑작스런 습격에 놀라 방어하지 못했으므로 대군이 그 틈을 이용하여 나라를 멸했다. 군사가 돌아오자 왕은 그의 전공을 책정하여 가라 인구 300을 주었다. 하지만 사다함은 그들을 모두 석방하여 한 명도 남겨두지 않았다. 토지를 주었으나 또한 사양하므로 왕이 강권하니 알천에 있는 불모지만을 청했다.

이 기록에 따르면 사다함은 이사부를 보위해 가야를 정벌한 공으로 전쟁 포로 300명을 노비로 하사받았지만 모두 면천시켜 양민으로 살아가게 한 것이다. 이로 미루어 신라, 백제, 고구려 삼국 간 쟁투에서도 수많은 포로가 노비가 되었음을 알 수 있다.

한편 6세기경 출현한 신라의 골품제는 차별적 신분제도 개막의 신호

˚ 가야
˚˚ 성문의 이름

탄이었다. 신라는 지배계층을 왕족인 성골과 진골, 하위귀족층인 6두품, 5두품, 4두품 등으로 나누고 각각의 정치사회적 권한과 의무를 못 박아 두었다. 이는 본래 신라 사회의 근간이 된 부족장 가문의 세력과 지위를 세습시키기 위해 고안된 것이다. 신라의 17관등에 찬漁 · 간干 · 사숨, 마루 · 지知처럼 족장을 뜻하는 단어가 반영된 것이 그 증거다. 당시 신라인들은 자신의 골품에 맞춰 가옥의 규모, 우차의 재료와 장식, 식기의 종류까지도 제한받았다. 그 후 37대 선덕왕宣德王이 무력으로 집권하면서 진골귀족으로 힘이 있으면 누구나 왕이 될 수 있다는 관념이 확산되었고 골품제는 유명무실해졌다.

후삼국시대를 거쳐 고려왕조가 출범하면서 신분제도 변화의 물살을 탔다. 유학의 보급과 함께 사서의 구분이 엄격해졌고, 그에 따라 상위계급인 사士와 하위계급인 서庶의 차별이 강화되었다. 관료제 운영의 중심 세력이던 사는 음서제도처럼 군역과 관료 선발, 형률 적용이나 일반 생활에서 다양한 특권을 누렸다. 반면 서에 해당하는 공장工匠이나 상인들은 차별적인 법률에 따라 교육과 관직이 제한되었다. 일례로 악공은 아들 1명이 가업을 계승해야 하고 나머지는 한품서용限品敍用 제도에 따라 7품직 이하에 기용된다는 식이었다. 이는 전문인의 무분별한 일탈을 방지하고 관료제의 효율성을 기하기 위한 방책이기도 했지만 양인 내부의 신분차별이란 점은 분명하다.

천인에 대한 차별은 양인에 비할 바가 아니었다. 양천제良賤制를 바탕으로 부모 가운데 어느 한쪽에라도 천인이 있으면 천인으로 삼는다는 일천즉천一賤卽賤 규정을 강력하게 시행한 것이다. 그 때문에 노비는 상위 8

대까지 천류에 관계되지 않아야 관직에 나갈 수 있었다. 형벌 조항도 강화되어서 노비가 주인을 배반하고 도망치거나 반항, 모욕, 모함하는 죄를 저지르면 사형에 처해졌고, 아무리 부당한 일을 당해도 주인을 고발할 수 없었다. 예외가 있다면 역모와 그에 해당하는 범죄를 고변告變할 때뿐이었다. 반대로 노비가 공적인 죄를 지었을 때 주인은 아무런 책임도 지지 않았다. 다만 고려의 노비 가운데 공노비는 60세가 되면 신역에서 벗어날 수 있었고 사노비는 국가의 허가를 받으면 면천이 가능했다.

당시 향·소·부곡·장莊·처處 등 특수지역 900여 곳에 사는 백성들도 천인으로 규정되었다. 잡척雜尺으로 불린 이들은 국학 입학이나 출가, 이주의 자유가 없었고 형률도 노비와 똑같이 적용받았다.

고려의 신분제는 중기에 일어난 무신난 이후 크게 동요했다. 이의민과 같은 천민 출신 무장들이 정권을 장악하면서 노비 가운데 일부가 관계에 진출했기 때문이다. 최씨 무신정권을 3대에 걸쳐 섬긴 노비 이공주는 참직參職인 낭장에 임명되기도 했다. 원나라 간섭기에 들어서면서 고려의 노비제도는 커다란 도전에 직면하게 된다. 충렬왕대에 정동행성 평장사로 부임한 기와르기스[闊里吉思]가 노비제도 개혁을 시도한 것이다.

"세상에 자기 민족을 노비로 삼는 나라가 어디 있단 말인가. 이는 우리 원 제국에서도 찾아볼 수 없는 만행이다."

"이 제도는 우리 고려만의 독특한 문화입니다. 만일 노비제도를 폐지한다면 예전처럼 끈질긴 백성들의 저항을 불러일으킬 것입니다."

"노비도 똑같은 황제의 백성이다. 나는 최소한 억울하게 노비가 된 사람이라도 풀어주어야겠다."

기와르기스는 고려 중신들의 맹렬한 반대를 물리치고 적극적으로 노비변정사업을 추진했다. 하지만 그의 확고부동한 신념은 금세 벽에 부딪쳤다. 귀족들로부터 압력을 받은 충렬왕이 태조의 훈요십조를 근거로 장인인 원나라 황제를 설득한 것이다. 당시 원나라 조정에서는 부마국 고려의 정치적 안정이 절실했으므로 기와르기스를 본국으로 소환함으로써 분란을 종식시켰다.

고려 말엽에는 신돈을 위시한 개혁가들이 귀족의 힘을 약화시키기 위해 토지제도를 개편하고 다양한 노비 해방 정책을 시도했지만 기득권의 완강한 저항을 뚫지 못했다. 그럼에도 불구하고 고려에서 노비제도가 사회에서 커다란 논란을 불러일으킨 경우는 드물었다. 고려의 인구 대비 노비 비율은 10퍼센트 안팎에 불과했기 때문이다.

팔천의 빛과 그림자

고려의 정치체제를 일정 부분 이어받은 조선에서는 신분제 역시 양천제를 고수함으로써 자유민과 비자유민의 경계를 유지했다. '토지를 경작하여 조세를 바치는 것은 야인의 일이요, 도를 배워 직무를 닦고 공세를 먹는 것은 사군자의 일'이라는 유형원의 고백처럼 조선의 지배계급은 피지배계급의 노동력을 바탕으로 문명생활을 누렸다. 시간이 지나면서 조선의 신분제도는 지배계급인 양반과 중인, 피지배계급인 양인과 천인으로 고정되어 갔다. 네 갈래로 바뀐 각 계급의 특징은 다음과 같다.

첫째, 양반은 조선 사회의 최상위층에 있던 현직 관료와 전직 관료 그리고 선대의 관료 경력이 4대를 넘지 않는 자손들을 총칭한다. 개국 초기에 양반이란 칭호는 관료직의 문반과 무반을 뜻했지만 사림이 득세하기 시작한 성종 이후부터는 통상 유교를 숭상하는 선비 계층을 지칭하게 되었다. 아무리 유서 깊은 가문의 자손이라도 4대에 걸쳐 관직에 이르지 못하면 양반의 지위를 상실하고 양인으로 전락한다는 점은 특이하다. 이처럼 조선 사회는 관직이 신분의 기준이라는 실용주의적 전통을 지향했다.

둘째, 중인은 하위직인 기술관을 비롯하여 서얼, 중앙의 녹사와 서리, 지방의 서리인 호장, 육방과 향리 계층을 통칭한다. 이들은 유교 경전과 문장을 시험하는 정식 과거가 아니라 기술직 선발 과정인 잡과를 통해 통역이나 법률, 의료, 천문 등의 분야에 종사했다. 중인들은 맡은 분야의 업무를 독점하고 세습시킴으로써 신분상의 기득권을 유지했다. 특히 지방 향리들은 임기가 정해져 있는 수령들과 손잡고 향촌의 백성들을 수탈하면서 부정부패를 부추긴 암적 존재였다.

셋째, 양인은 평민으로서 상인도 포함되지만 거의 모두 농민이었다. 이들에게도 과거를 통해 관리가 될 수 있는 법적인 장치가 있었지만 양반과 중인 계층의 벽에 막혀 실제로는 신분 상승이 불가능했다. 임진왜란 이후 공명첩을 사들이거나 뇌물을 바쳐 양반이 된 양인도 있었지만 대부분 허울에 불과했다.

넷째, 천민은 다양한 직업에 종사했지만 주로 공·사노비가 제일 많았다. 조선 초기에는 양인과 천인 사이에 신량역천身良役賤이라는 중간신분층이 양산되었지만 독립된 신분은 아니었다. 《경국대전》이 완성된 성종 이후 신분제도가 강화되면서 다양한 계층의 천민이 양산되었는데, 그중 팔반사천八般私賤, 즉 사노비·승려·백정·무당·광대·상여꾼·기생·공장 등이 대표적이다.

팔천八賤 가운데 무당이나 승려는 유교 사회를 유지하려는 조선 위정자의 의지에 따라 천민으로 규정되었고, 백정이나 광대는 북방귀화인의 후예들이 농경문화에 적응하지 못하자 범죄자 취급을 당한 결과였다. 기생은 고상한 도덕의 병풍 뒤에서 음욕을 만족시키기 위해 만들어졌다. 하지만 이들은 한 나무에서 뻗어 나온 가지처럼 서로 얽히고설키며 분화되었다. 무당의 자식이 승려나 기생, 광대가 되고 광대의 자식이 백정이나 무당이 되는 일은 매우 흔했다. 이들은 장예원의 천적賤籍에 기재되어 엄격히 관리되었고 주인이 매매, 증여, 저당, 상속 등을 할 때도 국법에 준해야 했다.

고려 말기부터 권문세족들이 대규모 농장을 경영하면서 많은 공민을 사민화하자 조선의 건국 주체인 신진 성리학자들은 조정의 국가 통제력이 급격히 약화되고 있음을 직시했다. 그 와중에 억울하게 노비가 된 양민들은 끊임없이 소송을 제기했고 그로 인한 국력 낭비는 이루 헤아릴 수가 없었다. 이 때문에 그들은 토지제도 개혁과 노비변정을 통해 문제를 해결하려 애썼다.

조선이 건국된 뒤에도 이와 같은 정책은 일관되게 추진되었다. 또 중앙집권체제를 강화하기 위해 향리들의 지위를 격하시키는 한편 양인을 확보하는 데 전력을 기울였다. 양인들이 부담하는 조租, 노역동원인 용庸, 특산물을 진상하는 조調라는 조세체제는 나라의 안정은 물론 양반들의 기득권을 유지하는 기반이기도 했다. 조선의 위정자들이 건국 초기부터 양천제를 철저하게 시행한 것도 같은 이유였다.

조선의 강력한 신분제는 종종 기득권자인 양반들까지도 한숨을 내쉬게 만들었다. 서얼庶孽의 구분에 따라 양첩의 자식인 서자庶子에게는 과거 응시가 금지되었고 재산 상속에도 차별을 두었으며, 천첩의 자식인 얼자孽子는 곧 천민으로 등재되었다. 이 때문에 첩의 자식끼리도 양반과 노비로 갈리는 기막힌 상황이 속출했다.

선조대 일어난 임진왜란과 인조대 병자호란은 한반도를 쑥대밭으로 만들었지만 천인들에게는 신분을 바꿀 수 있는 절호의 기회였다. 혼란의 와중에 수많은 호적대장과 노비대장이 소실되어 신분관계를 증명할 만한 자료가 사라졌고, 국가의 재정을 보충하기 위해 추진된 납속책納贖策, 공명첩空名帖 등이 남발되어 많은 양민과 천민이 팔자를 고쳤다.

양난 이후 병력 부족을 해소하기 위해 급히 편성된 속오군束伍軍에서 노비를 받아들인 일도 획기적이었다. 군역은 양인들만 담당한다는 원칙이 공식적으로 무너졌기 때문이다. 그로 인해 천민들은 주어진 운명에 순응하던 과거에서 벗어나 노력하면 얼마든지 신분을 바꿀 수 있다는 희망을 품게 되었다.

국가 정책의 혼선과 사회의 급격한 변화 속에서도 조선의 양반들은 '대저 천인賤人의 소계所係는 모역母役을 따른다. 다만 천인이 취한 양녀良女의 소생은 부역父役을 따른다'라는 《경국대전》 조항을 악용해 수많은 노비를 탄생시켰다.

　이 조항에 따라서 어머니가 노비라면 어떤 양반의 자식도 노비가 되고, 아버지가 노비고 어머니가 양인이라도 노비가 된다. 어쨌든 부모 한쪽에 노비의 피가 섞이면 자식은 모두 노비가 되는 것이다. 이처럼 악랄한 노비 증식 책동 때문에 천인은 늘어만 갔고 양인은 줄어들었다. 그리하여 18세기경에는 조선 백성의 반 이상이 천민이 되었으니 나라가 온전할 리 없었다. 이 때문에 선각자 유형원은 이렇게 탄식했다.

　중국에도 노비가 있지만 대부분 범죄자이거나 스스로 몸을 팔아 남에게 고용된 자들뿐이니, 족계에 의해 대대로 노비로 삼는 법은 없다. 그런데 이렇게 죄 없는 자를 노비로 삼는 법은 옛날에도 없었고, 죄를 지어 노비가 된 자라도 후사에게까지 그 형벌을 물리는 것은 부당하다.

　16세기경 조선의 신분제에 대한 양반들의 반성이 잇따르고 백성들의 저항도 거세지자 1669년(현종 10) 조정에서는 부모 가운데 어느 한쪽이 노비면 그 자식이 노비가 되어야 했던 종래의 종천법從賤法을 오직 모친의 신분에 따르는 종모법從母法으로 바꾸었다. 이 조치로 노양처병산奴良妻竝産 소생을 사노비로 확보하던 노비증식방법이 벽에 부딪히면서 양반들이 커다란 타격을 입었지만 저항은 미미했다. 당시 연이어 조선을 강타한 각종 천재지변으로 인해 인구가 3분의 1가량 감소하고 농지가 격감한 상황에서 국역을 담당하는 양민의 수효가 줄어들고 있었으므로 차마 기득권을 주장할 만한 명분이 없었기 때문이다.

숙종대를 거쳐 노비들의 아버지로 불리는 영조대에 이르면 천민의 조건이 종모종량從母從良으로 확정되었고, 비婢가 주인에게 부담하는 신역도 1필로 줄었다가 그마저도 백지화되었다. 바야흐로 오랜 신분제도의 철옹성이 무너져 내리고 있었다. 영조로부터 보위를 이어받은 정조는 이와 같은 현실을 직시하고 공사노비제도의 혁파를 추진했다. 당시 그는 노론 세력과의 줄다리기로 재위 기간 동안 이 문제에 대한 결론을 내리지 못했지만 이미 조선의 노비제도는 실질적인 기능을 상실하고 있었다. 그럼에도 불구하고 지배계층인 양반들의 태도는 여전했다. 실학자 홍대용은 자신의 저서인 《담헌서》에서 그와 같은 양반들의 행태를 조소했다.

우리나라는 본래 명분을 중히 여겼다. 양반들은 아무리 심한 곤란과 굶주림 속에서도 팔짱 끼고 편하게 앉아 농사를 짓지 않는다. 간혹 실업에 힘써서 몸소 천한 일을 달갑게 여기는 자가 있으면 모두들 나무라고 비웃기를 노예처럼 무시하니, 자연 노는 백성은 많아지고 생산하는 자는 줄어든다. 재물이 어찌 궁하지 않을 수 있으며, 백성이 어찌 가난하지 않을 수 있겠는가. 과목별로 조항을 엄격히 세워야 마땅할 것이다. 그 중에서 사농공상에 관계없이 놀고먹는 자에 대해서는 관에서 벌칙을 마련하여 세상에 용납될 수 없도록 해야 한다.

《담헌서湛軒書》 내집 4권

바야흐로 조선 500년 동안 피지배계급의 고혈을 바탕으로 무위도식하던 양반사회에 균열이 일어나기 시작했다. 그 무렵 노비들의 납속면 천과 도망 노비들의 자립이 보편화되면서 양반사회의 기반인 노비도 급격히 줄어들었다. 당시 울산 지역의 호적을 살펴보면 18세기 전반인 1729년에 양반호는 26.29퍼센트였는데 19세기 중반인 1867년에 이르면 65.48퍼센트에 육박했다. 같은 기간에 상민호는 59.78퍼센트에서 33.96퍼센트로, 노비호는 13.93퍼센트에서 0.96퍼센트로 줄어들었다. 바야흐로 백성의 99퍼센트가 양인화되고 있음을 말해준다. 그 와중에 과거공부에 얽매여 가사를 돌보지 않다가 평민보다 가난해진 양반이 속출했다. '양반은 얼어 죽어도 곁불은 안 쬔다며?' 식의 조소가 사회 전반에 유행처럼 번져갔다.

그런 상황에서 중인은 중인대로 시회를 열고 시사를 만드는 등 상위 계층인 양반의 영역을 파고들었으며, 평민들은 무과를 이용해 하급무반이나 지방의 유생, 장교 계급으로 진출했다. 그런데도 몰락양반들의 허풍과 허세는 변함이 없어서 뭇 광대들의 연희에 웃음거리로 전락하기까지 했다. 봉산탈춤에 나오는 말뚝이의 다음과 같은 대사는 당시 양반들의 추락한 위상을 적나라하게 보여준다.

쉬이, 양반 나가십니다, 양반. 덩다덩더더쿵. 쉬이 양반이라고 하니까 노론, 소론, 호조, 병조, 옥당을 다 지내시고 삼정승, 육판서를 다 지내시고 퇴로 재상으로 계신, 아 이런 양반인줄들 아지 마쇼. 개잘량이라는 양자에 개다리소반 반자 쓰는, 이런 양반들이 나오신다 이 말이요.

결국 역사는 순리대로 흐르기 마련이다. 1886년에 선포된 신분세습제 폐지와 1894년의 신분제 폐지를 통해 이 땅의 천민은 완전히 해방되었다. 그렇지만 당시 신분제 개혁의 이면에는 경복궁을 점령한 뒤 친일내각을 앞세워 한반도 병탄의 기반을 구축하려는 일본의 야심이 숨겨져 있었고, 백성들의 뇌리에 천민들에 대한 멸시와 차별이 온존하고 있었다는 점은 문제였다. 이 때문에 그들에게 새겨진 주홍 글씨는 여전히 지워지지 않은 채로 남아 일제치하와 한국전쟁을 거치는 동안 겨레 내부에서 수많은 분열과 비극을 낳았다.

나도 사람이 되고 싶다 °노비

취해서 머리에 수유꽃 꽂고 혼자 즐기다가   醉揷茱萸獨自娛
산에 달빛 가득한 밤 빈 술병 베고 누웠네.   滿山明月枕空壺
묻지 마소, 내 무엇하는 사람인지   旁人莫問何爲者
풍진에 머리 센 전함사 종놈이라오.   白首風塵典艦奴

백대붕의 〈취음醉吟〉

노비奴婢란 전쟁이나 범죄, 채무 등 다양한 경로를 통해 사회의 최하층 계급으로 편입된 노예를 말한다. 이 단어가 역사에 최초로 등장한 것은 중국의 한나라 때였다. 노奴는 남자 노예, 비婢는 여자 노예를 뜻한다. 다른 말로는 창두적각蒼頭赤脚이라고도 했다. 당시 남자 노예는 머리에 푸른 두건을 동여맸고, 여자 노예는 짧은 치마를 입어 햇볕에 탄 검붉은 다리를 드러냈기 때문이다.

우리나라에도 고조선시대부터 노비제도가 있었고 삼국시대에는 간음한 여인을 천비賤婢로 삼았다는 기록이 있다. 사학자 이병도의 연구에 따르면 고대에는 귀족을 수행하거나 보좌하는 임무를 맡은 개질지皆叱知라는 노비가 있었는데, 그 명칭이 '갖자'의 차자借字로 거지의 원어라고 한다. 당대에 헐벗은 백성들이 사가私家의 노비로 전락했음을 말해준다.

신라시대를 거쳐 한반도 최초의 통일국가인 고려를 건국한 태조 왕건은 일찍이 태봉의 궁예가 철원에 궁궐을 지을 때 동원한 백성 가운데 기근과 질병으로 생활기반을 잃고 노비가 된 1000여 명의 신분을 회복시켜 주었다. 하지만 중앙을 비롯한 지방 귀족들은 다양한 방법으로 노비를 증식하며 세력을 쌓아갔다.

그 후 고려의 왕권회복에 주목한 광종(925~975)은 호족 세력을 약화시키기 위해 노비안검법을 제정해 통일전쟁 과정에서 포로가 된 양인과 강압에 의해 노비가 된 사람을 대거 양민으로 되돌려놓았다. 그 결과 호족들은 경제적·군사적 타격을 입었고 중앙정부는 양인 증가에 따른 세수 증대로 재정을 강화시킬

수 있었다. 하지만 광종의 업적은 아들 경종(955~981)이 호족들과 야합함으로써 수포로 돌아갔고, 호족들의 노비 증식은 더욱 가속화되었다.

명종대(1170~1197)에 일어난 무신난으로 정상적인 국가운영이 마비되자 드디어 노비들의 저항이 시작되었다. 1176년 1월 공주 명학소에서 망이와 망소이가 천민들을 규합해 난을 일으켰고, 1181년에는 전주 관노들이 난을 일으켰다가 진압되었다. 이는 고려의 최하계층이 정부에 노골적으로 반기를 든 충격적인 사건이었다.

그 후 경주의 소금장수 이선과 옥령사玉靈寺의 여종 사이에서 출생한 이의민이 정권을 장악하면서 13년 동안 천민 출신이 실질적인 고려의 최고 권력자로 행세했다. 명종 사후 신종이 등극한 뒤에는 최씨 무신정권의 시동을 걸었던 최충헌의 가노 만적이 개경의 노비들을 모아 난을 획책했다가 살해당했다. 당시 만적이 노비들을 규합하면서 부르짖은 구호는 아직까지도 인구에 회자되고 있다.

정중부와 김보당 이래 고관 중에 천출이 한두 명이 아니다. 왕후장상에 어찌 씨가 따로 있겠는가. 때가 되면 누구나 할 수 있다.

그런데도 무신정권 시절에는 노비에 대한 차별이 그다지 심하지 않았고, 권력자들이 거느린 가노들의 위세가 어지간한 관리들을 뺨치는 수준이었다. 30여 년에 걸친 몽골과의 전쟁 이후 부마국이 된 고려가 정치·행정 전반에 간섭을 받게 되면서 일부 노비는 원에 부역하여 신분을 세탁하기도 했다.

원 간섭기인 충렬왕대 정동행성征東行省(원나라가 고려의 개경에 둔 관아)의 평장사로 부임한 기와르기스는 노비제도를 개혁하려다 고려 조정의 집단 반발과 충선왕의 외교적인 노력으로 좌절되자 고개를 절레절레 흔들며 돌아갔다. 충목왕대에는 신예와 강윤충 같은 노비 출신 관리와 이제현 등 유학자 출신 신료들이 조정에서 대결하기도 했다. 조선시대라면 상상조차 하기 힘든 상황이 아닐 수 없다.

이처럼 전란이 잦고 지배계층의 힘이 약화된 고려시대에는 최하층 계급도 얼마든지 노력만 하면 신분을 바꿀 수 있는 여지가 있었다. 그러나 국제관계가 안정되고 법적인 신분질서가 확보된 조선시대에 노비들은 천역의 굴레에서 좀처럼 벗어나기 어려웠다. 조선의 위정자들은 중국의 문물과 제도를 숭상하면서도 노비제도만큼은 전통법제라는 이름으로 단호하게 고수하는 이중성을 보였다.

그 무렵 조선의 종주국이던 명나라는 전통적인 노비제도를 혁파하고 고공雇工, 즉 일종의 머슴제로 전환시키고 있었지만 조선은 오히려 노비 세전법을 만들어 천역을 세습화하는 데 열중했다. 당시 일본이나 중국에서는 노비 신분을 당대로 제한했다는 사실에 비추어보면 역사의 물길을 거스른 작태였다. 더군다나 당시 양반들은 압량위천壓良爲賤이나 양천교혼良賤交婚 등의 악랄한 노비증식방법을 통해 비인도적인 노예제도를 더욱 고착화시켰다.

조선의 노비들은 부모 가운데 한 쪽이 천인이면 그 소생의 신분도 천인이 되고(일천즉천一賤則賤), 노비들끼리 혼인했을 경우 자식들의 소유권을 어머니 쪽의 상전이 가진다는 소유권 귀속조항(천자수모법賤者隨母法) 때문에 영원히 천인 신분에서 벗어날 수 없었다. 조선 중기 율곡 이이는 이와 같은 신분제의 폐단을 직시하고 탄식하기도 했다.

부노모양父奴母良의 소산까지 어머니의 신분에 따르게 하지 않고 노비로 만들고 있으니 머지않아 조선의 모든 양민은 모조리 천민이 되고 말 것이다. 그러면 군정軍丁을 충당하기도 어렵게 될 것이니 설사 요순보다 능한 정치를 한다 해도 이를 다스리지 못하게 될 것이다.

《동국문헌비고》

조선 후기의 실학자 성호 이익도 다음과 같이 노비 제도의 부당함을 역설했다.

우리나라 노비의 법은 천하 고금에 없는 법이다. 한번 노비가 되면 백세토록 고역을 겪으니 그것도 불쌍한데 하물며 법에 있어서는 반드시어미의 신역을 따름에 있어서랴. 그렇다면 어미의 어미와 그 어미의어미의 어미로부터 멀리 10세, 100세를 소급하여 어느 세대의 어떤 사람인 줄도 모르면서 막연한 외손으로 하여금 하늘과 땅이 다하도록한량없는 고뇌를 받아서 벗어날 수가 없게 하는 것이니, 과연 이러한환경에 빠진다면, 안회顔回와 백기伯奇도 그 행실을 가질 수 없을 것이고, 관중管仲과 안영晏嬰도 그 지혜를 쓸 수 없을 것이며, 맹분孟賁과 하육夏育도 그 용맹을 쓸 수 없어서 마침내 노둔하고 미천한 최하등류가되고야 말 것이다. 더구나 남의 집에 붙어 우러러 신역하는 자를 학대

하고 괴롭혀 살아갈 수 없게 하니 이처럼 궁한 백성은 천하에 없을 것
이다.

《성호사설》 제12권 〈인사문人事門〉

기실 천민은 양인과 달리 군역을 담당하지 않았고, 수령들의 수탈 대
상에서도 멀찍이 떨어져 있었다. 그 때문에 가렴주구에 시달리던 양인
중에는 조상이 공노비이니 자신도 공노비가 되게 해달라는 어처구니없
는 소송을 벌이는 사람도 있었다. 부조리한 제도가 쌓이면 이처럼 범인
으로서는 이해하지 못할 상황이 나오는 법이다.

효종대에는 충청감사 출신 이경억이 종모법을 수정해 남자일 경우
아버지의 신분을 따르고 여자일 경우 어머니의 신분을 따르게 하자는
기묘한 절충안을 내놓아 제도화되기까지 했다. 하지만 이는 효종의 북
벌정책에 대응하는 일시적인 양인 보충책에 불과했으므로 조청관계가
정상화되면서 금세 백지화되었다.

서러운 신분만큼이나 노비들은 이름에서도 차별을 받았다. 노비들은
대부분 성이 없었는데 상전을 잘 받들라는 의미로 봉奉자를 돌림으로 쓰
거나 태어난 순서대로 일, 이, 삼자를 넣기도 했다. 유희춘의 첩 무자戊子
처럼 태어난 해를 이름으로 삼기도 했고 노동을 뜻하는 일의 음차인 일
日자를 사용하기도 했다.

드라마나 영화의 단골 배역인 돌쇠나 마당쇠, 언년이, 간난이 등은 보
나마나 노비들이다. 또 논개의 개介도 흔히 쓰는 단어였다. 그 밖에 개똥
이[介同], 개떡이[介德], 강아지[江牙之], 똥개[㖩加伊], 도야지[都也之], 두꺼비[쿡

去飛] 같은 동물명이나 어린놈[唫仁老昧], 조그만년[足古亡蓮], 뒷간이[厠間] 같은 막말을 이름으로 지어주기도 했다. 예외적으로 예쁜 여종에게는 장미나 앵무, 관비에게는 설매 같은 고운 이름을 지어준 경우도 있다. 이처럼 본래 지은 이름도 매매나 상속으로 주인이 바뀌면 새로 지어주었는데, 《쇄미록瑣尾錄》에는 삼작질개를 덕개, 아작개를 눌은개로 고친 기록이 있다.

불운한 천재 송익필의 인간만사

조선시대 노비가 신분을 바꿀 수 있는 방법은 바늘귀만큼이나 좁았지만 역모를 고변告變하거나 뛰어난 학문으로 바늘귀를 통과한 인물이 종종 있었다. 그중 조선의 8대 문장가이며 김시습, 남효온과 더불어 산림삼걸山林三傑로 불리는 송익필의 이름이 유난하다.

송익필宋翼弼은 여산礪山(전라북도 익산) 출신으로 고려시대 무인이던 송예의 10세손이다. 1534년(중종 29) 2월 10일 지금의 청와대 터인 한성 대은암에서 4남 1녀 중 3남으로 태어났다. 그의 형제인 인필, 부필, 한필도 학문과 문장에 뛰어났다. 하지만 이들의 앞길은 막막했다. 그의 할머니가 전 성균관 사례 안돈후의 비첩 중금의 소생인 감정甘丁이었기 때문이다. 얼자인 그의 아버지 송사련은 기묘년에 음양과를 거쳐 5품직인 관상감 판관이 되었지만 그 이상의 신분 상승은 불가능했다.

"내 무슨 일이 있어도 이 서러운 천출의 굴레를 벗고 말겠다."

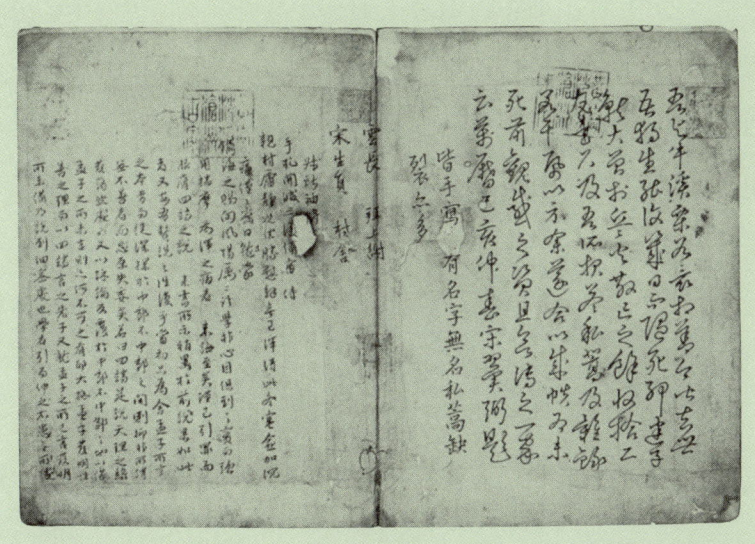

《삼현수간三賢手簡》
송익필, 성혼, 이이가 성리학을 둘러싸고 토론·논의한 편지를
후대에 4첩帖으로 제작한 책이다.
보물 제1415호, 리움미술관 소장

　　남몰래 신분의 한계를 곱씹던 송사련은 1521년 신사고변辛巳告變을 통
해 외숙인 안당 가문을 초토화시키고 당상관의 반열에 올랐다. 그 덕에
익필 형제는 천민 신분에서 벗어나 사대부 가문과 혼인할 수 있었고 누
이는 종실인 한산수에게 출가하기까지 했다. 그 후 송익필은 학문에 정
진하면서 이이, 정철, 성혼 등 당대의 학자들과 교유했다.

송익필은 22세에 우계 성혼, 율곡 이이 등과 친교를 맺었고, 정철, 이산보, 이순인, 최립, 백광훈, 최경창, 이산해, 윤탁연, 하응림 등과도 어울렸다. 25세에 아우인 송한필과 함께 소과 초시에 합격했다. 27세에 파주 심학산의 구봉 아래에서 학문의 경지에 다다른 그는 33세에 계룡산 수정봉 산꼭대기에서 시 한 편을 지었다.

밤새도록 내린 찬 눈 층대에 수북 쌓였는데	連宵寒雪壓層臺
다른 산에 묵은 주승 돌아오질 않았네.	僧在他山宿未廻
등잔불 깜박이는 작은 절집 신령한 바람 고요한	小閣殘燈靈籟靜
소나무 스쳐오는 밝은 달 홀로 보네.	獨看明月過松來
	〈산설山雪〉

특히 그는 두 살 아래인 율곡 이이와 절친해서 율곡이 쓴 《격몽요결》을 비판할 정도로 흉허물없이 지냈다. 46세 때는 율곡으로부터 자신이 쓴 《소학집주》의 잘못된 점을 봐달라는 부탁을 받기도 했다. 이렇듯 두 사람은 가까운 사이였지만 그 때문에 씁쓸한 경험을 하기도 했다. 송익필의 어머니가 세상을 떠났을 때 명정銘旌(죽은 사람의 관직과 성명을 적어 영전 앞에 세워놓는 깃발)을 맡은 이이가 조금도 망설이지 않고 '사비막덕지구私婢莫德之柩'라고 쓴 것이다.

"아아, 내 어머니는 역시 천인이었을 뿐이로구나."

송익필이 53세 때 문정왕후 사후 훈구세력이 축출되고 명종의 뒤를 이어 선조가 보위에 오르면서 그의 주변 상황도 급변했다. 안당 집안의 소송 제기와 이발의 공작으로 과거 송사련이 고변한 안당 가문의 역모가 무고로 밝혀진 것이다. 엎친 데 덮친 격으로 송사련의 자손들이 안씨 가문의 노비라는 판결까지 나왔다. 궁지에 몰린 송익필은 이산해와 정철의 도움을 받아 진안으로 도망친 뒤 전라도 광주로 내려가 19세의 김덕령을 가르치기도 했다.

"송익필은 법률상 다시 천민이 될 수 없습니다."

그 무렵 조헌은 송익필의 처분이 부당하다고 상소했다. 조선의 국법에는 2대 이상 양역에 종사하고, 60년 기한이 경과하면 환천할 수 없게 되어 있기 때문이다. 하지만 조정의 실권을 쥐고 있던 동인들은 그를 그냥 놔두지 않았다. 얼마 후 체포되어 한양에 압송된 송익필은 1591년(선조 24) 평안도 희천으로 유배되었다. 1593년 풀려난 그는 전국을 유랑하다가 충청도 면천에 정착했다.

1598년(선조 31) 아내 성씨와 지우 성혼을 한꺼번에 잃은 그는 아들 송취대가 수습해준 서간을 묶어 《구봉집龜峯集》이란 이름으로 편집한 6개월 후인 1559년 8월 8일 충청도 당진의 마양촌에서 향년 66세로 일생을 마감했다. 제자로는 김장생, 박엽, 정엽, 정홍명, 서성, 서기, 김반 등이 있다. 그가 죽자 북두궁의 문곡성文曲星이 빛을 잃었다고 한다.

송익필의 제자 중에는 역시 노비 출신인 서기徐起의 이름이 빛난다. 고려의 명신 서필·서희·서눌로 이어진 명문가의 후예지만 고려 멸망 이후 평민이 되었다가 가난을 이기지 못하고 조부 때부터 노비가 되었다.

그는 어렸을 때 한양의 세도가인 심충겸의 몸종이 되었는데 매우 영특해 어깨너머로 익힌 성리학의 수준이 매우 높아 사람들을 놀라게 했다. 그의 재기에 감탄한 주인 심충겸이 고향으로 돌려보내 학문을 익히게 했다. 하지만 고향 사람들의 천대에 실망한 그는 가까운 절에 들어가 노승에게 선학을 익혔고 우연히 만난 토정 이지함에게 이끌려 전국을 유랑했다.

그 후 서기는 이소재와 이중호에게 정식으로 학문을 익힌 뒤 송익필의 문하에 들어갔다. 학문이 경지에 오르자 그는 고향에 돌아가 서당을 열고 제자들에게 송나라 여대림呂大臨의 향약鄕約을 전파했다. 하지만 그가 노비 출신임을 알게 된 학생의 부모들은 자식들의 서당 출입을 가로막았고 급기야 서당마저 불태워버렸다.

"천민에게 내 자식의 교육을 맡길 수 없다."

실의에 빠진 그는 지리산 홍운동紅雲洞으로 들어가 자연과 벗하며 학문에 더욱 정진했다. 얼마 후 소문을 듣고 온 선비들에게 성리학을 가르치며 소일하던 그는 제자들이 지리산 경내의 승려들과 식량을 두고 다투는 것을 보고 환멸을 느낀 나머지 홀로 계룡산 공암孔岩에 가서 초가집을 짓고 은거했다. 뛰어난 학문과 경륜에도 불구하고 천출의 굴레 때문에 평생을 방황해야 했던 그는 학문에 신분이 있을 수 없다고 주장하기도 했다. 1591년 그가 세상을 떠나자 제자들은 그를 충청남도 공주의 충현서원 별사에 배향했지만 스승의 신분이 자신들의 출세에 영향을 미칠까 두려웠는지 아무도 이름을 밝히지 않았다.

미암 유희춘의 얼녀 면천기

조선은 엄격한 신분제에 따라 양천 간에 통혼을 엄금했고 처벌규정도 강력했다. 그러나 실제로는 양천 간 혼인이 무수히 이루어졌고, 천녀를 첩으로 둔 양반들도 많았다. 양반이 양인 첩으로부터 얻은 자식이 서庶이고 천인 첩으로부터 얻은 자식이 얼孽이었다.

조선의 노비제도에서는 종모법에 따라 천인이 된 얼자孽子들이 적자嫡子들에게 노비로 상속될 수 있었다. 예를 들어《홍길동전》의 주인공 길동이의 어머니는 홍판서의 천첩이었으므로 얼자인 길동이는 장차 조카들의 종이 될 수도 있는 것이다. 이쯤 되면 실로 망조의 세태가 아닐 수 없다. 조선의 위정자들은 이런 비극을 피하기 위해 자신의 비첩 소생들을 면천할 수 있는 길을 열어 놓았다.《경국대전》형전에는 다음과 같은 규정이 있다.

대소 관료로서 공사노비를 아내나 첩으로 삼은 이의 자녀는 그 아버지가 장예원에 신고하면, 장예원에서 그 사실을 확인하여 장부에 기록하고 병조에 공문을 보내 보충대補充隊에 들어가게 한다.

1415년(태종 15)부터 시행된 이 제도에 따르면 고관들이 자신들의 얼자 대신 노비 한 명을 장예원에 신고하고 보충대에 편입시켜 1000일 동안 근무를 마치면 해당 노비는 면천되면서 종9품의 잡직雜職에 임명되는 특전을 얻었다. 보충대는 5위도총부 내의 의흥위義興衛에 속하는 군대 편제였는데, 이처럼 양반 특수층의 천첩자가 낳은 자손이나 신량역천이 종량從良되는 조건으로 입대하는 부대였다. 여자 노비의 경우에는 장예원에 신고하면 보충대 입역이 면제되도록 했다.

그런 다음 2품 이상인 비첩婢妾의 아들은 영구히 양민으로 허락해 5품을 한도로 벼슬을 주되, 비록 큰 공이 있더라도 돈·비단·전토·노비를 상으로 주며 그 품계는 이를 초과하지 못하게 했다. 또 3품관의 소생은 6품, 4품의 소생은 7품, 5~6품관의 소생은 8품, 7~8품관의 소생은 9품, 9품 권무權務(임시로 맡아보는 사무)의 소생은 학생, 서인庶人의 소생은 백정白丁을 한도로 규정했다. 이 법령은 일시적으로 양인의 경우까지 확대하여 국가재정 확충에 기여했지만 이후 자신들의 특권을 포기하지 않으려는 양반들의 반대로 왕조 내내 시행과 폐지를 되풀이했다.

1544년(중종 39) 형조에서는 형제와 사촌은 어쩔 수 없다 해도 5, 6촌은 친속이 멀어졌으니 노비로 잘 부려먹으라는 법령을 발표했다. 참으로 인륜과 천륜을 도외시한 조치였다. 그러자 천첩을 많이 거느리고 있던 양반들은 얼자, 얼녀들을 면천시키기 위해 부심했고 그 과정에서 양반들끼리도 갈등이 무수히 빚어졌다. 유희춘의《미암일기眉巖日記》에는 얼녀들을 면천시키는 과정의 지난함과, 반대로 다른 양반 얼자들의 면천을 방해하는 이기적인 단면이 적나라하게 드러나 있다.

미암眉巖 유희춘柳希春은 조선 중기의 문신으로 1538년(중종 33)에 급제하여 수찬, 정언 등을 지냈고 명종대에 을사사화로 파직된 뒤 1547년 양재역 벽서사건에 연루되어 제주도와 종성鍾城(함경북도 종성군에 있는 국경 도시) 등지에서 유배생활을 했다. 19년여의 유배생활 동안 이황과 서신을

《미암일기》
조선시대 개인 일기로는 가장 방대하며 원래 14책이었으나 현재는 11책이 남아 있다.
보물 제260호, 개인 소장

통해 주자학에 대한 토론을 나눈 그는 1567년 선조가 즉위한 뒤 석방되어 지제교·대사성·부제학·전라도관찰사·예조참판·이조참판 등을 지낸 당대의 실력자였다.

그는 부인 송씨와의 사이에 1남 1녀를 얻었고 첩 굿덕[仇叱德]에게서 네 딸 해성, 해복, 해명, 해귀를 얻었다. 그런데 굿덕은 이웃에 사는 양반 이구李懼의 노비로 해마다 신공을 바쳐야 했다. 그러므로 유희춘의 네 딸도 종모법에 따라 노비 신분이었다. 유희춘은 이 얼녀들을 양인으로 만들고 싶었지만 굿덕과 네 딸의 주인이 각기 달랐으므로 면천 과정이 몹시 번거로웠다. 둘째 해복의 주인은 어머니와 같은 이구였고, 맏딸 해성은 홍반洪磻, 해명과 해귀의 주인은 이구의 사위인 이정李瀞이었다.

1568년 귀양에서 풀려나 조정에 복귀한 유희춘은 곧 얼녀들의 속량 작업에 들어갔다. 본래 얼녀의 속량은 그 주인에게 다른 노비를 제공하거나 상응하는 대가를 지불하고 속신을 합의한 다음 보충대에 입속을 신청해야 했다. 《경국대전》에서는 만일 주인이 허락치 않으면 관에 고해 송사 과정을 거치라는 규정이 있었는데 조정의 고관이던 유희춘으로서는 그리 어려운 문제가 아니었다.

기실 그가 조치를 서두른 데는 다른 이유가 있었다. 맏딸 해성은 1568년 양인에게 시집을 갔는데 종모법에 따라 앞으로 태어날 그녀의 자녀들은 모두 천인이 되어야 했다. 유희춘은 외손자들의 노비 신세를 면케 해주고 싶었던 것이다. 그해 5월 25일 유희춘은 홍반으로부터 해성의 속량을 허락받고 보충대에 입속시켜 천적을 벗겼다. 이듬해인 1569년 5월 유희춘은 이구에게 말을 주고 해복을 속량하려 했지만 그는 다른 조건을 내걸었다.

"말은 필요 없습니다. 대신 제 사위가 승진할 수 있도록 도와주십시오."

"한 나라의 책임 있는 대신으로서 어찌 그런 짓을 할 수 있겠소."

유희춘은 나름대로 원칙을 지키기 위해 그의 제안을 거절했다. 하지만 이미 해복이 속량된 것으로 오해한 장예원 서리가 그녀의 보충대 입속 신청서를 받아갔다. 그 때문에 유희춘은 고민에 빠졌다. 법률상 자녀의 나이가 16세가 될 때까지 장예원에 신고해야 하고, 자기 비첩의 소생이 아닐 경우에는 신고 후 3년 안에 속신시키고 입안을 받아야 했다. 미적거리다가는 해복이 죽을 때까지 노비로 남을 판이었다. 어쩔 수 없이 그는 이구의 청탁을 받아들인 다음 이정의 승진을 도와주었다.

1572년에 이정은 남은 두 딸 해명과 해귀의 속량에 협조하겠다는 뜻을 밝혔고, 3년 뒤인 1575년 말 유희춘과 이정 사이에 두 얼녀의 매매가 이루어졌다. 노비 값은 저화 600장이었고 매수인은 해명의 남편인 장이창張以昌이었다. 문서의 입안을 마치고 이듬해 보충대 입속이 완료되면서 8년에 걸친 얼녀들의 속량은 완료되었다. 그 기쁨이 얼마나 컸던지 《미암일기》에서 유희춘은 이렇게 소리쳤다.

"얼녀 네 명이 모두 몸을 씻어 양인이 되었다. 어찌 이리 기쁠 수가……."

그렇듯 자신의 천출자녀들을 속량하는 데 적극적이었던 유희춘이지만 자신이 거느린 노비의 속량에는 비정했다.

사건의 발단은 1532년(중종 27) 그의 어머니 최씨가 해남의 율생 허관손許寬孫의 장모인 수청水靑을 자신의 노비라고 장예원에 제소하면서부터였다. 유희춘의 외증조부의 처삼촌 차헌車軒에게는 천첩 자식으로 아들 보남甫南과 손녀 수청이 있었다. 유희춘의 어머니는 두 사람 중에 수청이 자신에게 상속되었다고 주장했다. 그게 사실이라면 종모법에 따라 수청의 딸과 혼인한 허관손의 자식들은 당연히 노비여야 했다. 그런데 수청의 아버지 보남은 아버지 차헌이 관료였으므로 장예원에 신고하고 보충대에 입속하면 양인이 될 수 있었다. 만일 그 절차를 놓치면 속량의 기회를 잃게 된다.

소송 과정에서 허관손은 장모의 아버지인 보남이 보충대에 입속했다고 주장했고 유희춘의 어머니는 그런 일이 없다고 주장했다. 그 무렵 맏딸을 속량하기 위해 애쓰고 있던 유희춘이지만 보남이 똑같은 사유로 종량되는 꼴은 용납하지 못했다. 내가 하면 연애고 남이 하면 불륜이라더니 노비소송에서 승리하면 한 집안이 통째로 자신의 재산이 되기 때문이었을 것이다.

이 소송은 허관손에게 여러모로 불리했다. 분쟁의 주요 인물인 처조부 차보남의 속신입안이나 입역기록을 갖고 있지 않았기 때문이다. 그렇지만 나름대로 대항할 만한 요건이 있었으므로 끈질기게 최씨의 부당함을 주장했다. 양측의 입장이 워낙 팽팽했으므로 소송은 무려 12년을 끌었다. 최씨는 1544년(중종 39)에 이 소송을 전라도 강진현까지 끌고 내려가 계속한 끝에 승소판결을 받았다. 그 판결을 수긍할 수 없던 허관손은 1551년(명종 6) 다시 소를 제기해 승소했다. 하지만 거기서 끝이 아니었다.

1566년 최씨의 상속을 받은 유희춘의 누나가 다시 이 건을 가지고 소송을 벌여 승소 판결을 받은 것이다. 그러자 허관손은 결과에 불복하고 사헌부에 재상소했지만 패소하고 형벌까지 받았다. 처벌 사유는 비리호송非理好訟, 곧 소송을 즐겼다는 죄목이다. 분개한 허관손은 2년 뒤인 1568년(선조1) 임금의 행차에 뛰어들어 격쟁擊錚을 시도했다.

"억울하게 노비가 된 제 처자식들을 제발 살려주십시오."

자초지종을 전해 들은 선조는 장예원에 명하여 이 사건을 재심리하게 했다. 허관손은 최초의 판결이 내려진 1544년에 당시 전라도 무장현감으로 재임하고 있던 유희춘이 강진 현감 최제운을 만나 부당한 판결을 유도했다고 주장했다. 그 무렵 기나긴 귀양살이를 마치고 복권되어 홍문관 교리를 거쳐 사간원에서 복무하고 있던 유희춘은 곤혹스러워하며 사직을 청했지만 선조는 허락하지 않았다.

그해 8월 병조의 관리들은 허관손의 처조부 차보남이 보충대에 입속해 변방에 들어가 복무했다는 기록을 찾아냈다. 하지만 당시 사헌부와 장예원 관리들은 죄다 유희춘의 편이었다. 장예원에서는 24년 전인 1544년에 벌어진 강진현 소송의 판결을 근거로 허관손의 청구, 유희춘 누이의 소지를 모두 각하시키고 사건을 마무리해버렸다. 그리하여 유희춘의 누나는 이듬해 7월 허관손의 아내와 세 자녀를 잡아다 노비로 삼았다.

이처럼 조선의 기이한 노비제도와 법령으로 인해 지체 높은 양반끼리도 노비소송이 줄을 이었으니 여타 백성들의 노비 분쟁이야 더 말할 것도 없다. 그와 함께 학식 높은 유학자며 조정의 고관이던 유희춘이 자신의 얼녀들 속량을 위해서 승진청탁을 받아들이는 비리를 저질렀고,

자신과 똑같은 처지이던 허관손의 자식들을 노비로 만들기 위해 행정조직을 남용하면서까지 전력을 기울였다는 점은 그 시절 양반들의 이중성을 증명하는 통렬한 증거가 아닐 수 없다.

천민의 최상위 계층, 공노비

조선 사회 최하위 신분계층인 천민의 대부분을 차지하던 노비는 공천과 사천, 즉 공노비와 사노비로 구분된다. 일반적으로 양반 집안에 대대로 예속된 노비를 사노비라 하고, 관청이나 내수사, 궁방 등에 소속된 노비를 공노비라고 한다. 공노비는 국법에 의거해 엄격한 보호를 받았으므로 같은 천민이라도 탐관오리의 수탈과 잦은 부역에 시달리던 양민이나 사노비에 비해 많은 혜택을 받았다. 일례로 《경국대전》에 따르면 관아에서 일하던 여자 노비들에게는 출산휴가제도(여자 노비에게 산기가 보이면 1달, 출산 후에는 50일, 남편에게는 출산 후 15일)를 시행할 정도였다.

이익은 이처럼 공천과 사천을 차별하는 폐단 때문에 천민들이 저마다 역노와 같은 공천에 투신함으로써 국가의 재정이 피폐해지고 민생이 도탄에 빠지고 있다고 비판했다. 만일 사천에게 공천과 같은 혜택을 준다면 억울한 사연도 줄고 백성들의 신망을 얻게 될 것이라는 말이다. 똑같은 노비 신분일지라도 조선에서 공노비와 사노비의 신분 차이는 매우 컸다.

우리나라 풍속에 내노內奴 · 시노寺奴 · 역노驛奴 · 교노校奴의 유를 공천公賤이라 하고, 사서士庶의 노奴를 사천私賤이라 한다. 사천의 부역은 공천보다 중할 뿐만 아니라 사천은 반드시 군액軍額에 보충하여 그것을 속오束伍°라 하고 공천은 논하지 않으니 국내에서 사천만큼 불쌍한 것이 없다. 그러므로 공천에 투신하는 자가 많고 따라서 속오는 그 액수가 줄어든다. 역노의 일이 가장 가볍기 때문에 그 수효가 점점 많아지는데 바치는 돈은 찰방察訪의 사탁私橐°°에 불과한데 금하지 않고 계속 취하니 이 무슨 도리인가? 임금이 온 백성을 한결같이 봄에 있어 어찌 고락을 달리할 수 있으랴? 내 생각에는 공천도 사천과 같이 군액에 보충하면 백만의 많은 무리를 잠깐 사이에 얻을 수 있을 것이고, 사천의 일도 특별히 법도를 두어 잔학하게 못하도록 하면 민생이 점차 소생할 것이다. 만약 어찌할 수 없다 하여 버려두는 것은 백성의 부모 된 도리가 아니다. 자식이 구렁에 빠져 죽는데 그를 건져 주겠다는 생각을 하지 않는 자가 있겠는가?

《성호사설》제7권〈인사문〉

　　조선 초기에는 궁과 관에서 업무를 보조하는 공노비가 사노비보다 훨씬 많았다. 1484년(성종 15) 통계에 따르면 조선의 인구가 340만 명 정도였는데 공노비의 수효는 무려 35만 명에 달했다. 그런데 조선 후기에

°　임진왜란이 일어났을 무렵 지방에서 역이나 벼슬이 없는 15세 이상의 양민과 양반을 골라서
　조직한 군대
°°　사사로운 수입

들어와 사노비가 급증하면서 상대적으로 공노비의 비율이 낮아졌다. 이는 양반지주들의 비정상적인 노비증식과 이를 용인하는 사회풍토의 소산이었다.

조선의 문반(동반)잡직에는 액정서·공조·교서관·사섬시·조지서·사옹원·상의원·사복시·군기시·선공감·장악원·소격서·장원서·도화서 등이 있었다. 여기에서 공노비는 궁궐문의 자물쇠와 열쇠 관리, 서적 인쇄, 필연 공급, 화폐 제조, 종이 제조, 요리사, 바느질, 말 기르기, 무기 제조, 토목 기술, 악기 연주, 제수품 공급, 정원 가꾸기, 그림 그리기 등을 전담했다.

무반(서반)잡직으로는 파진군·대졸·팽배·금군을 비롯해 각 영, 기보병, 승문원·교서관·도화서 등이 있었는데, 공노비는 여기에서 근사勤事·종사從事·추사趨事·대장隊長·대부隊副·대정隊正·기총旗摠·여수旅帥·정正·영領 등의 천역에 종사했다. 이처럼 조선의 공노비에게는 동서반잡직산계라 하여 일반 문무 대신들과 달리 종9품에서 정6품까지 별도로 규정한 벼슬이 내려졌다.

이들 공노비는 크게 선상노비選上奴婢와 납공노비納貢奴婢로 나눈다. 경중각사京中各司에서 사환·잡역에 종사하는 입역노비는 서울에 거주하는 노비로 충당하는 것이 원칙이었지만 부족한 인원은 선상노비라 하여 지방에 거주하는 외거노비를 올라오게 했다. 경거노비는 2교대, 외거노비는 7교대며, 보인保人 2명을 주어 1년에 1인당 면포 1필과 정포 1필을 받도록 했고, 선상노비로서 입역에 빠지면 벌로 장 80대에 처하고 즉시 뒤따라 역을 치르게 했다.

한편, 지방에서 올라온 선상노비 가운데 관에서 일하는 자는 2명의 봉족노비奉足奴婢로부터 매년 면포와 정포를 1필씩 받았다. 반면 납공노비 중에 노奴는 매년 면포 1필과 저화 20장을, 비婢는 면포 1필과 저화 10장을 납입해야 했다.

선상노비는 16세부터 59세까지 소속 관서에서 일했는데 크게 차비노와 근수노로 구분했다. 차비노差備奴는 궁궐과 정부기관에서 잡역에 종사하는 관노로 한양은 2번番으로 나누어 6개월 동안, 외방은 7번으로 나누어 6개월 동안 부역했다. 그 기간이 끝나면 납공노비의 의무를 행해야 했다. 《경국대전》 형전에서는 이들을 임무에 따라 궐내각차비闕內各差備와 제사차비노諸司差備奴로 구별하고 있다.

궐내각차비에는 궁궐 안에서 음식물의 요리를 담당하는 별사옹別司饔, 식탁의 준비를 맡아보는 상배색床排色, 두부를 만드는 포장泡匠, 그 밖에 반감飯監·탕수색湯水色·주색酒色 등 모두 16부류로 문소전 58명, 대전 186명, 왕비전 74명, 세자궁 72명이 있었다. 이들 궐내각차비는 모두 각 관청에 할당된 제사차비노로 충당되었고 부족한 경우 보충대補充隊의 인원을 할당해 주었다. 제사차비노는 종친부·의정부·충훈부·의빈부·돈녕부 등 중앙정부기관 83곳에 모두 2416명이 소속되어 있었으며, 특히 장예원掌隷院(노비를 담당하던 정3품 관청)에는 자체에서 필요한 인원 7명 이외에 다른 기관의 부족을 메우기 위해 262명이 확보되어 있었다.

조선 후기에는 차비노들에 대한 완전한 노역 동원이 불가능해지자 임금을 주는 고립제雇立制를 시행했다. 지방에서 올라온 차비노와 근수노를 경인京人으로 인정하고 매월 월급으로 포布를 지급한 것이다. 구종

驅從·별배別陪 등으로 불리는 근수노跟隨奴는 일종의 몸종으로 근수根隨라고도 부른다. 종친이나 고위관리들이 외출할 때 가마를 메거나 잡일을 해야 했으므로 발꿈치를 들고 조심스럽게 걸어 다녀야 했기 때문에 붙여진 명칭이다.

《경국대전》에서는 관원의 품계에 따라 개인에게 배속된 근수노, 즉 배종陪從의 수효를 규정해 놓았다. 궁궐 안에서는 대군 4명, 왕자군 3명, 종친과 문무 당상관 2명, 3품 이하는 1명으로 그리고 궁궐 밖에서는 공사행公私行 모두 대군 13명, 왕자군 12명, 1품 10명, 2품 9명, 3품 당상관 7명, 3·4품 5명, 6품 4명, 7품 이하 3명이었다. 이와 함께 중앙 관아 86곳에 총 1480명의 근수노가 배정되었다. 이처럼 관청에 배속된 근수노를 수청隨廳이라 한다. 그 밖에도 외거노비는 병마절도사진 200명, 수군절도사진 120명, 부府 600명, 대도호부·목牧 450명, 도호부 300명, 군郡 150명, 현 100명, 부의 향교 30명, 대도호부·목의 향교 25명, 도호부의 향교 20명, 군·현의 향교 10명, 상등역上等驛 50명, 중등역 40명, 하등역 30명씩을 배정하여 잡역에 종사하게 했다.

정약용은 《목민심서》에서 여러 관속 중에 이들 관노의 괴로움이 가장 크다며 수령들은 이들을 대할 때 두터운 은혜를 베풀라고 권유하고 있다. 그의 저술에 따르면 시노侍奴, 즉 급창及唱은 하루 종일 뜰 위에 서서 상전의 명을 기다려야 했고, 수노首奴는 물건 사들이는 일을 맡았으며, 공노工奴는 관에 필요한 물건을 만들었고, 구노驅奴는 말을 기르면서 원이 나들이할 때 양산을 붙잡고 따라다녀야 한다. 또 방노房奴는 방을 따뜻하게 하고 변소를 돌보는 일을 했으므로 방자房子라고 부르기도 했다. 수령이 외출할 때면 늘 관노들이 수행하는데 그 공으로 보수를 받는 자는 부엌에서 일하는 포노炮奴와 주노廚奴, 창노倉奴뿐이었다. 하지만 창노는 원노園奴를 겸하는 까닭에 채소 값이 오르면 빚더미에 오르기도 했다.

정약용은 이처럼 관노들을 애틋이 여기면서도 그들의 비리 시스템을 적시하고 예방책까지 일러두었다. 간사한 관노는 소송하는 백성이 관청에 있을 때 관에서 시키지 않은 일을 저질러 백성들의 비방을 사고 체면을 손상시키니 엄중히 단속해야 하며, 특히 수노는 저자에 나가 물건을 사들이는데 관을 핑계대고 마구 헐값으로 빼앗으니 통장을 만들어 예방해야 한다는 것이다. 또 공노는 노끈, 짚신, 대그릇, 버들고리, 질그릇, 쇠그릇을 만드는데 절제하지 않으면 백성들의 생업을 해치게 되니 물건의 출납을 명확하게 관리해야 하며, 창노는 곡식의 말질을 함부로 하므로 반드시 엄중히 단속해야 한다고 강조했다.

조선 후기에 들어와 양민들은 삼정의 문란으로 감당하기 힘든 시련을 겪어야 했다. 도결都結이나 백지징세白地徵稅(실제로는 전혀 토지가 없는데 가짜 장부를 만들어 징세하거나 세를 부과할 수 없는 황폐한 토지에 대해서 납세하는 경우) 외에도 군포를 징수하기 위해 수령들은 어린아이에게 군포를 받는 황구첨정黃口簽丁과 사망자에게 세포를 징수하는 백골징포白骨徵布, 엉터리 호적에 준하여 군포를 부과하는 족징族徵과 도망자와 사망자와 유망자의 체납분을 이웃 사람에게 대납토록 하는 인징隣徵 등 갖은 수단을 동원해 백성들의 고혈을 짜냈다. 그렇지만 공노비는 군역軍役의 의무가 없었으므로 뭇 백성들에게 선망의 대상이 되었다.

짐승보다 못한 운명, 사노비

공노비에 비해 사노비의 신세는 참으로 비참했다. 그들은 주인에게 가축과 같은 대접을 받는 노예에 지나지 않았다. 사노비 중에는 주인집에 평생 노동력을 무제한 제공해야 하는 솔거노비率居奴婢가 대부분이었고, 따로 독립해 농사를 지으면서 일정량의 신공을 바치는 외거노비外居奴婢도 있었다.

솔거노비는 대개 주인집 행랑채에 얹혀살았고 지방에 따라 호지집, 가랍집, 웃집, 마가리집이라 불리는 옆집에 살기도 했다. 도맡은 업무에 따라 물 긷는 물담사리, 소 기르는 쇠담사리, 똥 푸는 똥담사리로 불린 이들은 주인집의 농사와 길쌈, 상업 활동 등 각종 허드렛일을 전담했는데, 일상적으로 땔감 마련과 식수 조달, 음식 장만, 방아 찧기, 빨래 등을 담당했다. 노비가 많은 부잣집 양반들은 사내종에게 피리를 가르치고, 계집종에게 춤과 노래, 거문고 등을 가르친 다음 음풍농월하는 자리에 데려가 노닐기도 했다.

솔거노비는 크게 마름노비와 시종노비로 구분된다. 마름노비는 상전을 대리해 농사를 관리 감독하고 전답이나 노비 등 재산의 매매 등을 담당하는 등 주인가의 경제적 대리인 역할을 했다. 마름은 호내의 부역, 수세, 농사, 풍속 교정, 법 집행 등 상전이 정한 지침을 철저히 집행해야 할 의무를 지닌다. 근세까지도 사용된 '마름'이란 명칭은 문서에는 대개 사음노舍音奴로 기록되어 있다. 상전의 모든 명령과 전달사항은 마름을 통해 개개인의 노비에게 전달되었다.

마름 가운데 수노首奴는 노비의 우두머리로 전체 노비를 총괄했다. 이 때문에 대갓집 마름들은 중인이나 양인을 거들떠보지 않을 정도로 위세를 부렸다. 시중에서는 세도가의 노비들을 '별감'이라고 높여 부르기도 했다. 시종노비는 주인이 관리가 되면 지근거리에서 수행했고, 그중에 직비直婢는 집을 지키면서 상전의 잔심부름을 했다.

양반들은 이런 노비가 없으면 영락한 잔반殘班 취급을 받을까봐 바깥 출입을 하지 않았다. 만약 집안이 가난하면 친구들에게 말을 빌리거나 걸어갈 수는 있어도 노자를 져야 하는 종을 앞세울 수 없으면 결코 대문을 나서지 않았다. 수령을 만나야 할 경우에는 반드시 관청에 종을 보내 먼저 기별하는 절차를 지켰다.

강화학파의 태두 정재두가 남긴 가법 15조항에는 노비와 관련된 조항이 6항이나 있는데, 내용을 살펴보면 가솔들은 노비와 첩의 무리를 심하게 억제해서 서로 한 통속이 되어 집안을 이간하지 못하게 하며, 주인은 높이고 노비는 눌러야 하고, 어린아이라도 어른인 노비를 매로 다스리고 노비를 부릴 권한을 주며, 갓 시집온 신부에게도 노비를 책벌할 수 있는 권한을 주라는 식이었다. 사림의 품격 높은 집안에서도 노비에 대한 사고방식이 이 정도였으니 여타 양반집에서는 어떠했는지 짐작할 만하다. 어떤 집안에서는 여종이 음식을 훔칠까봐 안채에서 지켜볼 수 있도록 아예 부엌문을 달지 않았고, 농한기에는 몸종에게만 밥을 주기까지 했다.

한편 여자 노비에는 5대조 때부터 부친대에 이르는 동안 사들인 비나 그 비의 자손인 전래비, 당대에 자신이 사들인 매득비, 여주인이 시집 올

때 지참물로 데려온 교전비 등이 있다. 또 임무에 따라 정월 초하룻날 여주인을 대신해 안사돈과 친척에게 세배를 하는 문안비, 초상이 나면 상주를 대신해 곡을 하는 곡비도 있었다.

통직이筒直伊, 하님下任, 찬비饌婢로도 불린 여자 노비는 집안 내 남종과 혼인할 수 있었는데, 일부 대갓집 여종들은 궁녀처럼 결혼이 허락되지 않고 평생을 처녀로 늙기도 했다. 양반가의 유모는 주로 비슷한 시기에 아이를 낳은 여자 노비 가운데 연령과 건강, 성격 등을 감안해 낙점되는데 잡역에서 면제되는 대신 맡은 아기가 병에 걸리거나 사고를 당하면 엄하게 문책당했다.

또 여자 노비는 주인집의 재산증식 욕심 때문에 성적으로 무방비 상태에 놓여 있었다. 그들은 상전은 물론이고 같은 집안, 혹은 동리의 타 상전 소유의 남자 노비와 통간하거나 강간을 당했다. 그로 인해 그 소생들의 천적賤籍에 부부지父不知로 등재된 노비가 많았다. 용모가 어여쁜 노비는 상전의 총애를 시기한 여주인으로부터 심한 학대를 받기도 했다. 일례로 이익의《성호사설》에는 '원비작요冤婢作妖(억울하게 죽은 계집종이 요귀로 화함)'라는 고사가 있다.

인평대군의 아들인 왕손 정楨의 부인이 질투심이 많아 어느 날 득옥得玉이란 계집종에게 학형虐刑을 가하여 죽게 했다. 그러자 득옥이 요귀가 되어 야차와 함께 대낮에 그 집에 들어와서 용마루를 타고 다니므로 이것을 보고서 달아나 숨지 않는 이가 없었고, 이로부터 온갖 요사와 변괴를 일으켜 결국 그 일족을 다 멸하고야 말았다.

한편 외거노비는 주인의 토지를 경작하거나 다른 사람의 토지를 빌려 경작하고 1년마다 정해진 신공(통상 남자는 면포 2필, 여자는 면포 1필 반 정도)을 납부했으므로 경제적으로는 고려의 전호佃戶와 흡사했다. 외거노비의 연원은 고려시대부터 조선 초기까지 행해진 작개제作介制였다. 작개제는 전국에 흩어져 있던 전답을 관리하기 위해 노비들을 현지에 살게하고 농사를 짓게 하던 제도다. 그런데 작개지 분배에 불만을 품은 노비들이 종종 태업을 벌여 문제를 일으켰다. 일방적인 노동력 착취로 소출이 감소하자 상전들은 소출의 일정액을 노비에게 주는 병작제竝作制로 전환하기에 이른다. 일종의 성과급 제도인 셈이다.

16세기 이후 병작제의 영향과 노비 도망 등으로 인해 지주들이 안정된 생활을 유지하기 어려워지자 사경私耕을 주는 형태로 바뀌었다. 그리하여 외거노비들은 양인들처럼 소작료에 신공을 더해서 낸 다음 남는 소출은 고스란히 저축할 수 있게 되었다. 그때부터 부지런한 노비들은 새경(노동의 대가로 받는 현물)을 통해 부를 축적할 수 있었다.

그렇다면 노비가 축적한 재산은 과연 주인과 노비 중 누구의 것일까? 법적으로 노비가 재산을 소유할 수 없다는 조항은 없었으므로 소유재산을 처분하고 상속할 권리가 있었다. 심지어 노비가 노비를 소유하는 일도 있었다.

《경국대전》에서는 공노비가 자녀 없이 죽었을 때 그가 거느리던 노비와 전택은 소속 관청에 귀속시켰고 사노비인 경우에는 주인이 갖게했다. 또《속대전》에서는 사노비가 자녀 없이 죽으면 그 재산은 주인의 것이라고 못 박았다. 그러므로 노비는 자식이 없으면 애써 모은 재산을 통째로 빼앗거야 했고, 자식이 있으면 재산을 상속해줄 수는 있지만 천민의 굴레를 세습시켜야 했다. 사노비의 재산상속에 얽힌 기막힌 사례 하나를 들어본다.

1540년(중종 35) 76세의 고령이던 사노비 복만ᄂ萬은 딸 옥금과 복금에게 재산을 상속하기로 결심했다. 죽은 아내 역시 노비 출신이었으므로 두 딸의 상전은 각각 다른 사람이었다. 복만은 외거노비였으므로 열심히 일해 전답과 기와집, 소, 곡식, 과실나무, 가재도구, 농기구 등 많은 재산을 소유하고 있었다.

그가 두 딸에게 재산을 나누어 주려 하자 흑심을 품은 상전은 복만과 두 딸을 각각 다른 남매에게 분할해 상속해버렸다. 이렇게 노비 가족을 분할하면 관리주체가 다양해지고 감시의 눈이 늘어났으므로 도망을 방지할 수도 있었다. 그로 인해 상전의 노비에는 복만 1인만 남게 되었고 두 딸은 사라졌다. 이를 핑계로 상전은 그를 자식 없는 종으로 취급했다. 이는《속대전》의 법률에 따라 복만이 죽으면 그의 재산을 상전이 처분할 수 있게 되는 점을 악용해 복만에게 재산을 일부 바치라는 압력을 행사한 것이다.

법적으로 노비가 60세를 넘으면 그 역을 면제하여 신공을 받거나 사역시키지 않도록 되어 있었다. 하지만 상전은 그의 연한이 16년이나 지났는데도 불구하고 신공을 받았고 애써 모은 재산까지 노린 것이다. 이런 불법 수탈은 조선시대 양반들의 관행이었다. 노비는 사람이 아니었으니 개 밥그릇을 좀 빼앗는다고 해서 양심에 거리낄 것이 없었던 모양이다. 이와 같은 상전의 폭거에 저항할 능력이 없던 복만은 하는 수 없이 재산을 3등분하여 3분지 1에 해당하는 논 16복, 밭 3복, 화로 하나, 놋그릇 하나, 큰 소 2마리를 상전에게 바쳐야 했다.

한편 대지주들은 복만과 같은 외거노비에게 수노首奴를 파견해 신공을 수취하고 가족의 증감, 이동 상황 등을 파악했다. 노비는 노비대로 주변 토호나 향리들의 압력으로부터 벗어나기 위해 상전의 비호가 필요했다. 어쨌든 상전의 권력이 강해야 지방에서 사는 노비의 삶도 순탄할 수 있었기 때문이다. 상전은 거의 모두 양반이었으므로 인맥을 동원해 현지의 지방관들과 연락을 취하고 각종 청탁을 일삼았는데 이를 칭념稱念이라고 했다. 유희춘의 《미암일기》에는 '신 장성현감 장이길이 내방했다. 내가 칭념을 청했다.'란 구절이 있다. 외거노비의 유지와 관리에 공권력의 도움이 필수적이었음을 알 수 있다. 만일 그들 사이에 불화라도 생기면 노비 추쇄나 신공 수취는 불가능했기 때문이다.

이처럼 양반제의 필수도구가 된 노비제도를 유지하는 데는 관권이 필수적이었고, 조정에서는 그들의 이권을 최대한 보장했다. 16세기 수령과 사족의 일상사 상당 부분이 청탁을 위한 편지 쓰기, 대인 접촉이었다. 관권을 통한 기득권의 관리야말로 농공상과 같은 생산 활동 없이 호의호식할 수 있는 배경이었다.

노비들의 꿈, 면천

노비의 면천을 통한 양인확대정책은 조선왕조가 출범한 이래 가장 시급한 과제였다. 조선의 건국 세력들은 애초에 공약사항이던 전제 개혁을

과전법 체제로 일원화함으로써 해결의 실마리를 찾았다. 그런데 노비문제에서는 노비변정도감을 설치하는 등 정책의 최우선과제로 추진했는데도 불구하고 1415년(태종 15) 보충군이 설치될 때까지 난항을 거듭했다.

이 문제의 배경에는 1361년(공민왕 10)에 일어난 홍건적의 침입이 있다. 당시 고려의 수도 개경에 난입한 홍건적이 공사전적公私典籍을 불태워버림으로써 유민들의 신분확인이 어려워졌다. 또 권문세가의 토지와 인구집중에 따른 양인의 사민화 현상이 심화된 상태에서 조선의 신 정부가 추진한 양인확대정책이 구 귀족의 재정기반을 무너뜨림으로써 신구정치 세력 간에 갈등이 빚어진 탓도 있었다.

태조는 1395년(태조 4) 노비변정도감을 설치하고 양천적이 분명하지 않은 자들을 신량역천身良役賤으로 편제한 다음 모두 서울의 각사各司에 소속시켰다. 그들을 출신지에 돌려보낼 경우 모두 노비가 될 가능성이 높았기 때문이었다. 그와 함께 양인비첩 소생 역시 신량역천으로 사재감과 수군에 소속케 하였다. 이는 양인을 확대함으로써 국가의 재원을 늘리기 위한 일책이었다.

태조의 정책을 계승한 태종은 1417년(태종 17) 양천의 구분이 모호한 백성 1만여 명을 보충군에 입역시키고 양인으로 삼았으며, 당시 법으로 금지되던 노취양녀奴娶良女(남자 노비가 양인 아내를 취한 경우)의 소생과 타인비첩他人婢妾(비첩이면서 자식이 고관대작의 소생이라고 주장하는 경우)의 소생을 일시적으로 종량하여 사재감에 소속시키고, 비첩소생을 한품限品하여 속신하는 법을 제정했다. 이들이 신량역천으로 편제되었고 종부법從父法을 병행하자 조선의 양인 인구는 크게 늘어났다.

세종대에는 유교정치체제가 확립되면서 이와 같은 양인 확대 정책은 벽에 부딪쳤다. 당시 중앙 관료와 관인 지주, 토호 등이 대규모 토지와 농장을 경영하면서 생산에 필요한 무급노비가 절실해졌다. 그로 인해 1420년(세종 2) 9월 보충군에 대한 환천법이 법제화되었다. 그중에는 변방에서 과중한 군역을 감당하지 못하고 도망친 자들을 노비로 삼도록 한 조항도 있었다. 이에 대해 좌의정 박은은 이들이 대부분 신량역천이지만 양인인데 그만한 이유로 노비가 되게 해서는 안 된다고 격렬히 반대했지만 다수 지배 계층의 탐욕을 이길 수 없었다. 세조대에는 1459년(세조 5) 장용대壯勇隊를 창설하고 천인들을 받아들여 신분을 상승시켜 주었다. 1467년(세조 13)에는 이시애의 난을 진압한 다음 병사 1254명을 양인으로 속량시켰다.

성종대에는 특수군이던 장용대를 통해 면천하는 노비가 많았다. 게다가 1491년(성종 22) 1월에 올적합兀狄哈(여진족의 한 부족) 1000여 명이 영안도의 경흥에 침입하자 4월 북정을 논의한 뒤 허종을 도원수로 삼아 두만강 건너 여진족을 토벌했다. 이때 무기와 식량을 수송한 노비와 천민이 면천되었고, 품계와 녹봉을 받는 갑사가 되기도 했는데, 이들이 예전의 상전과 갈등을 일으키자 조정에서는 이런 비판이 불거졌다.

우리 동방은 기자가 수봉受封한 이래 사족의 집에는 모두 노비를 두어 대대로 계권契券을 지켜왔으므로 노비가 주인에 대하여 군신의 명분이 있어 상하존비의 구별이 정연해서 문란함이 없었는데, 장용대 설치 이후부터 노비가 주인을 배반하기 시작했고, 더욱이 정해년 북정의 전역으로 공사 천민이 화살과 쌀을 운반하여 천인의 신분을 면하고 양민이 된 자가 얼마나 되는지 알지 못합니다. 천민이 바뀌어 양인이 되는 것도 이미 분수가 아닌데, 지금은 지나치게 많이 갑사가 되어 의례히 높은 관직에 올라 개중에는 노비와 주인이 동렬에 있는 자도 있고, 노비가 오히려 높은 직위에 있는 자도 있으니 명분이 크게 무너지고 예속이 날로 그릇되고 있습니다. 앞으로는 천인의 신분을 면하여 양인이 되는 자는 갑사에 소속됨을 허락하지 말고 모두 정병 혹은 제사諸司의 장인匠人에 예속시켜 명분을 바로잡도록 하십시오.

《성종실록》 4년(1473) 8월 4일

그 후 《경국대전》을 통해 법령이 정비되어 신분 이동은 극히 까다로워졌고, 임진왜란 이후 광해군대까지 실리외교와 북인정권의 정국 주도로 신분 이동이 조금 자유로워지면서 면천의 기준은 완화되었다. 당시 노비들의 면천 방법으로는 주인이 허락하지 않는 한 공식적으로는 보충군과 장용대에 들어가는 방법, 역모사건에 공을 세우거나 무과에 급제하는 방법, 또 열녀 효자로 선정되는 방법, 공명첩을 구입하는 방법 등이 있었다.

성현의 《용재총화慵齋叢話》에는 계성군 이양생이 노비였으나 장용대에 들어가 이시애의 난에 공을 세워 면천하고 가선봉군이 된 기록이 있고, 어숙권의 《패관잡기稗官雜記》에는 중종 때 노비 이상좌가 인물화로 이름을 떨치자 임금이 면천시킨 다음 도화서에서 일하게 하고 어진까지 그리게 했다는 기록이 전한다.

1485년(성종 16) 여름 전국에 가뭄이 들어 아사자가 속출하자 충청도 진천의 외거노비 임복이 국가에 진휼미 3000석을 바쳐 네 아들과 함께 면천에 성공했다. 반대로 전라도 남평의 사노 가동도 2000석을 바치고 면천하려 했지만 조정에서 노비가 돈으로 양인 신분을 사는 전례를 남겨선 안 된다는 주장이 나와 실패하기도 했다.

　또 연안 유씨의 시조로 선조 때 수군절도사를 지냈고 임진왜란 때 조방장으로 죽령 전투에서 패배해 죽은 유극량은 일찍이 무과에 합격해 벼슬길에 올랐지만 뒤늦게 자신의 어머니가 영의정 홍섬의 노비였음을 알게 되자 등과를 취소하고 노비신분을 회복시켜 달라는 상소를 올렸다. 그러자 원래 주인인 홍섬이 감탄해 속량문권贖良文券을 써줌으로써 천역에서 벗어났다. 하지만 이런 경우는 극히 이례적이었다. 나라에서 면천을 명해도 주인이 허락하지 않으면 불가능했기 때문이다. 대대로 내려온 재산을 쉽게 포기할 양반이 몇이나 있겠는가.

　일례로 진주 유씨 가문의 외거노비이던 김조헌은 조정의 명으로 면천의 기회를 잡았지만 주인이 허락하지 않아 무려 26년 동안 8차례나 면천 투쟁을 벌였다. 그는 처음에 아버지 광진에게 받은 유산을 모조리 주인에게 바치며 면천을 애원했다. 하지만 주인이 거절하자 진주 목사에게 자신의 노비 응화를 바칠 테니 면천시켜 달라고 청원했다가 역시 거절당했다. 응화에다 여종 응합을 덤으로 얹어주겠다고 제안했지만 소용이 없었다.

　면천이 필생의 목표였던 김조헌은 끈질기게 목사를 물고 늘어져 마침내 허락을 받아냈다. 그는 곧 증인들을 모아 서명을 받고 응화의 수락

자필문서, 입회인의 공술문서, 목사의 확인문서 등을 첨부해 면천수속을 밟았다. 그런데 수속이 채 끝나기 전에 병자호란이 일어나 응화가 죽었으므로 대신 황소 한 마리를 주인 유씨에게 바치고 26년 만에 천역에서 벗어날 수 있었다. 이 사례를 통해 우리는 사노비에 대한 처분이 궁극적으로는 국가가 아니라 소유주에게 있었고, 면천의 주요 도구가 재산이었음을 알 수 있다.

조선 중기에 발생한 임진왜란은 국가나 백성들에게는 일대 재앙이었지만 최하층 노비들에게는 구원의 나팔소리였다. 전쟁 중에는 공명첩이 남발되었고 전후에는 조정에서 재정난을 타개하기 위해 일정 금액을 납부하면 노비 신분을 면케 해주는 납속책納粟策을 실시했기 때문이다. 또 전란 중에 군공을 세우면 노비 신분에서 벗어날 수 있었다. 전쟁 도중 정부는 적 1명의 목을 베어 오면 노비 신분을 면케 해주는 획기적인 대책을 내놓기도 했다.

임진왜란 직후부터 선조 말기까지 천인무과를 통해, 명과 후금의 전운이 고조되던 광해군대에는 광취무과廣取武科, 인조부터 숙종대까지는 만과萬科를 통해 천인의 너울을 벗어던진 사람이 많았다.

1618년(광해군 10) 무과별시를 치러 3200명을 뽑았고, 1627년(인조 2)에는 5464명, 1676년(숙종 2)에는 1만 8251명의 별시급제자가 나왔다. 당시 무과에 급제한 천인들에게 벼슬을 주지는 않았지만 홍패紅牌(과거를 치른 최종 합격자에게 내어주던 증서)만을 소지하고도 선달先達이란 사족으로 행세할 수 있었다. 숙종대 북벌론자 윤휴의 제안으로 창설된 만과萬科는 정원이 없는 무과로서 서얼과 공사천의 무과급제자를 양산했다. 당시 내시,

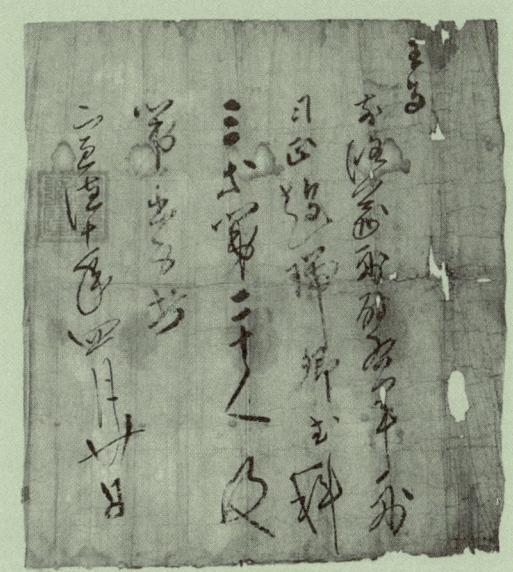

세종 17년(1435) 4월에
왕이 조서경에게 내린 홍패.
성적과 등급, 이름을 기록하여
무과급제를 증명한다.
보물 제954호, 개인 소장

공장, 천예 등을 포함해 무려 1만 8200명이 선발되었는데, 병거의 제작
이나 만과전시를 향시로 대체했고, 활쏘기 대리사격을 허용하기까지 했
다. 숙종은 이를 통해 양인 인구를 확대하고 국가재정을 늘렸다. 이런 과
정을 통해 조선의 강고한 신분제는 급격하게 해체기에 접어들었다.

　영조대에 이인좌의 난이 일어나자 수많은 노비가 반란 진압에 자원
함으로써 면천의 꿈을 이루었다. 천재지변이나 전란과 같은 혼란기야말
로 신분을 바꿀 수 있는 절호의 기회인 셈이다. 그러나 대다수의 노비는

역시 가장 쉬운 도주를 택했다. 이들은 외딴 섬이나 광산, 목장, 도시, 변경 등으로 숨어들어 생계를 유지했는데, 전란 이후 행정체계가 무너진 조선 조정에서 이들을 제대로 추쇄하기란 불가능했다. 때맞춰 유형원과 같은 선각자들은 비인도적이고 내정혼란의 주범인 노비제도 철폐를 강력히 주장했다.

지금 우리나라에서는 노비를 재산으로 한다. 무릇 사람이란 다 같은 것인데 어찌 다른 사람을 재물로 삼을 수 있는가. 옛날에 나라의 부를 물으면 말의 수효로 답했고, 비록 천자나 제후라도 그저 사람을 다스릴 소임을 행할 뿐이지 사람을 재물로 삼지는 않았다. 지금 이 나라의 습속에서는 사람의 부를 물으면 꼭 노비와 토지로 말한다. 여기에서 법제의 불의와 풍속의 병폐를 볼 수 있다. ……임금이 하늘을 대신하여 사람을 다스린다고 한다면 나라는 제 나라요, 백성은 제 백성이다. 어찌 그 안에다 따로 노비를 만들어 내 백성에 해되게 하겠는가. 이것 때문에 이웃과 친족을 침해하고 보통사람들에게 독을 뿌리니, 그 자체가 나라의 병폐이며 그 득실은 말할 나위가 없다. 고치고자 마음먹는다면 무엇이 어렵겠는가.

영조와 정조는 시대의 변화에 부응하기 위해 우선 관노비를 철폐하려고 애썼다. 하지만 정약용 같은 인물조차 새로운 노비제도를 제정하면서 백성들의 습속이 크게 혼탁해졌다고 근심할 정도로 양반사회의 저항이 극심했다. 조선의 기둥인 사족들이 권세를 잃으면 소민들이 난리를 일으켜 나라가 망할 거라는 주장이었다. 하지만 시대의 가파른 변화를 거역하는 것 역시 멸망의 지름길이다. 그리하여 순조는 드디어 공노비 철폐의 윤음綸音(임금이 신하나 백성에게 내리는 말)을 내렸다.

> 임금으로서 백성을 대하게 되면 귀천도 없고 내외도 없이 고르게 어린 자식인 것인데 노奴나 비婢라고 하면서 구별해서야 어찌 동포라 할 수 있겠는가. 내노비 3만 6974구와 시노비 2만 9093구를 모두 양민이 되게 하라. 승정원은 노비안을 돈화문 밖에 가져가 불태우고 경비로 쓰던 그들의 신공을 장용영에서 대신 지급하도록 법제화하라. 아, 내 어찌 감히 은혜를 베푼다고 말할 수 있겠는가. 특별히 선왕들께서 뜻을 두었다가 미처 마치지 못하신 사업을 다듬어 실현했을 뿐이다. 이제부터 천년만년 제 터전에서 편안히 살면서 선산을 지키고, 제때 혼인하여 자식을 낳고, 농사를 잘 지어 기쁘게 놀면서 노래를 부르라.
>
> 《순조실록》 1년(1801) 1월 28일

이때 공노비 가운데 내수사, 궁방 소속 노비 3만 6974구와 중앙각사 소속 노비 2만 9093구 등 총 6만 6067명의 노비 장부를 소각시킴으로써 기왕의 공노비 가운데 납공노비는 자유의 몸이 되었다. 나머지 각 궁방 등 중앙과 지방 관청에 남아 있던 일부 공노비와 일반 사노비는 1894년 갑오개혁과 함께 공사노비제가 철폐됨으로써 천민의 굴레를 벗었다. 하지만 노비에 대한 백성들의 사회적 인식이 바뀌지 않은 탓에 그들을 천시하는 풍조는 일제 식민지 이후까지 면면히 이어졌다.

도망친 노비를 잡아들여라

15세기 후반부터 공사노비들의 도망이 큰 사회문제로 비화되자 조정에서는 도망 노비를 잡아들이거나 신고하는 자는 포상하고 숨겨주는 자는 엄격하게 처벌했다. 국가체제와 가정경제, 신분질서 유지를 위해 이는 불가피한 조치였다.

노비 추쇄는 기실 고려시대부터 시작되었다. 고려에서는 철저한 호적관리를 통해 도망 예방과 추쇄 자료로 삼았고 법적으로 노비를 증식하거나 빼앗긴 자들에 대한 처벌과 보상조항을 마련해 두고 있었다. 조선 역시 그 전례에 따라 《경국대전》 형전에 각종 노비에 관련된 법조항을 정리했다. 하지만 법전에는 공노비의 유지에 초점이 맞춰져 있을 뿐 사노비에 대한 통제조항이 없었으므로 총체적인 노비 추쇄가 불가능했다.

사노비의 관리문제는 기본적으로 노비를 소유한 개인 책임이었다. 때문에 양반들은 사적으로 추쇄 전문가들을 고용해 도망 노비를 추포한 뒤 얼굴에 낙인을 새기는 잔인한 처벌을 행했다. 성종 때 유효손이란 자는 도망간 여종을 잡다 쇠를 달구어 근육을 지지고 왼쪽 발뒤꿈치를 송곳으로 뚫은 뒤 삼끈으로 꿰어 묶어놓기도 했다.

노비의 소유주들은 호적이나 분재기分財記(가족이나 친척에게 나누어 줄 재산을 기록한 문서), 노비안 등의 문서에 도망 노비의 인적사항을 비롯하여 가족의 성명, 신분, 나이 등까지 자세히 기재해놓음으로써 언제까지라도 그들을 추쇄推刷할 수 있는 근거를 마련해 놓았다. 그들은 또 수시로 수노와 친인척 등을 이용해 사노비들의 동향을 감시했다.

1484년(성종 15) 조선에는 150만 명 정도의 노비가 있었는데 재상인 한명회가 '공사천인으로 도주해 피한 자들이 무려 100만 명에 달한다.' 고 탄식했을 정도로 노비가 도망치는 일은 일상화되어 있었다. 당시 노비 추쇄를 통해 주인에게 돌려보낸 서울과 지방의 노비가 모두 26만 1984명이고, 여러 고을과 역驛의 노비는 모두 9만 581명이라고 기록되어 있다.

이처럼 도망 노비의 수효가 불어나자 추쇄꾼들은 보복이 두려워 함부로 그들을 잡아들일 수 없었다. 더군다나 양란 이후 노비대장이 망실된 일이 많아 노비의 신분을 제대로 밝혀내지 못하는 경우가 많았다.

1655년(효종 6) 1월 북벌을 추진하던 효종은 노비추쇄도감을 설치하여 도망 노비들의 실태를 조사했는데 공노비 19만 명 중에 신공을 바치는 노비가 2만 7000여 명밖에 되지 않았다. 때문에 각 도에 어사를 파견해 노비 추쇄를 독려하고 자수하는 노비는 이전의 신공을 면제해 주었다. 이로써 노비 42만 7000여 명을 확보하고 그 결과를 《추쇄도감의궤推刷都監儀軌》로 만들어 보관하게 했다.

노비들의 형벌과 저항

《대명률》(명나라의 기본 법전)에 따르면 노비가 양인 여자를 아내로 삼으면 장형 80대, 자신을 양인이라고 속여 비婢를 아내로 삼으면 10대를 가산하여 장형 90대를 가하게 되어 있다. 이는 양인의 노비화보다 노비의 양인화를 막기 위한 장치였다. 명률의 영향을 받은 조선의 법률 역시 노비에 대해서는 극단적인 차별 조항을 두고 있었다.

만일 노비가 주인을 구타하면 참형에 처해졌고, 주인의 친족이나 외조부모를 구타하면 교수형이었다. 과실로 주인에게 상처를 입히면 장형 100대, 유형 3000리라는 중형이 가해졌다. 또 주인의 아내를 강간하면 참형, 화간일 경우 상민이면 죄를 한 등급 가하여 처리했다. 노비가 양인을 구타하면 양인이 노비를 구타한 경우에 비해 1등이 더해졌다. 또 양인과 싸우면 노비에게만 태형을 가했고, 양인에게는 아무런 처벌도 하지 않았다. 양민이 피해를 입어 위독해지면 양민을 때린 노비는 교수형이었다. 이처럼 노비는 법률로 전혀 보호받지 못하는 존재였다. 예외가 있다면 주인의 반역행위를 고발할 때뿐이었다.

이와 같은 차별과 학대에 노비들은 개인적으로 때론 조직적으로 저항했다. 1556년(명종 11) 원주의 충순위 원영사의 첩이 된 여종 충개는 남편이 후처를 들인 뒤 자신을 외면하자 복수라는 외거노비와 관계를 가졌다. 그 사실을 알게 된 원영사는 앙심을 품고 복수에게 신공을 가혹하게 요구했다. 이에 원한을 품은 복수는 원영사의 집에 침입해 가족 5명을 모두 살해했다.

1625년(인조 3)에는 노비 영립 등이 신공을 거두기 위해 온 홍안세 등 6명을 방에 가두고 불을 질러 죽였고, 1648년(인조 26)에는 전라도 나주의 노비가 주인이 의주에 부처된 기회를 틈타 그를 살해했다.

숙종 연간에는 노비들이 주인을 살해하는 살주계殺主契를 만들었다. 이긍익의《연려실기술》에 따르면 전 형조 · 예조 · 예조판서인 목내선의 노비가 포함된 노비 7, 8명이 검을 소지하고 있다가 포도청 포교들에게 체포되었는데, 이들은 남대문에 '우리를 죽이지 못하면 종래에는 너희들의 배에다 칼을 꽂을 것'이라는 벽보를 붙이기도 했다.

그 외에도 노비가 양반가의 부녀자를 범하는 사건은 흔했다. 하지만 양반가에서는 수치 중에 수치라 하여 드러나지 않게 처리했다. 광해군 때 수원의 노비 종남은 과부가 된 주인의 아내와 함께 야반도주했고, 현종 때 파주의 노비 충헌은 양반 처녀와 관계를 맺고 아내로 삼으려다 두려워서 강에 빠뜨려 죽였다. 또 공주의 노비 승세는 주인의 아내 의향과 오랫동안 관계를 가졌다가 발각되자 남편 안국을 몰래 죽이기도 했다.

노비가 많아야 양반

삼국시대나 고려시대처럼 타국과의 전란이 잦던 시기에는 전쟁 포로들을 노비로 삼았지만 국제 관계가 비교적 안정된 조선시대에는 채무 노비나 형벌 노비 외에 합법적으로 노비를 충당할 수 있는 방법이 없었다. 건국 초기부터 권장된 토지정책으로 관리해야 할 농지가 늘어나면서 일손이 부족하게 되자 지배계급들은 노비 증식에 혈안이 되었다.

그 결과 새롭게 고안된 대표적인 노비증식 방법이 양민을 겁박해 천민화하는 압량위천壓良爲賤이었다. 1543년에 편찬된 《대전후속록》에는 압량위천을 저지르면 그 벌로 전 가족을 함경도 변방으로 이주시킨다는 규정이 있다. 이 조문은 이미 1465년(세조 11)에 제정된 것이었다. 이처럼 국법으로 압량위천을 엄금했지만 양민이 억울하게 천민이 되는 일은 끊임없이 발생했다.

불법적인 노비증식 방법에는 호적을 위조하는 암록暗錄도 있었다. 호적은 신분질서 유지, 군정과 수취 대상자 확보의 기본 자료였으므로 국가에서는 정기적으로 호구를 조사하고 정확한 호적을 작성하는 것이 필수적이었다. 그래서 신분에 관련된 송사가 일어나면 관리들은 제일 먼저 호적부터 뒤져보았다. 조선의 호적은 고려의 것을 승계했는데 증조와 외조까지 기재하는 사조四祖 호구식으로 이루어졌으므로 세계를 확인하는 작업은 곧 사조를 확인하는 작업이었다. 때문에 각 호에서는 3년마다 호구단자라는 신고서를 수령에게 제출하면 관리들은 보관하고 있는 장적과 대조하여 변동사항을 반영해 기재한 뒤 단자를 돌려주었다.

호적은 해당수령의 관아와 도, 호조에서 하나씩 보존했고, 오가작통법, 인보정장제, 호패법 등을 시행하여 호구의 동태를 파악했다. 그런데 노비의 수효가 재산의 기준이 되던 시절, 일부 음흉한 양반들은 양인이나 타인의 노비를 몰래 자신의 호적에 노비로 기재하고, 다른 공적 서류를 위조해 재산을 증식했다. 1698년 편찬된 《수교집록手敎輯錄》에서도 다른 이의 노비를 몰래 호적에 올린 것이 적발된 경우 비리호송非理好訟과 압량위천의 규정으로 처벌하게 되어 있었다.

조선 후기에는 천재지변과 탐관오리들의 수탈에 시달리던 양인들이 가난을 이기지 못하고 스스로 노비를 자청하는 일이 많았다. 정조 때 정일재라는 양인은 47세 된 아내와 세 살부터 스무 살까지 아들 넷, 열여덟

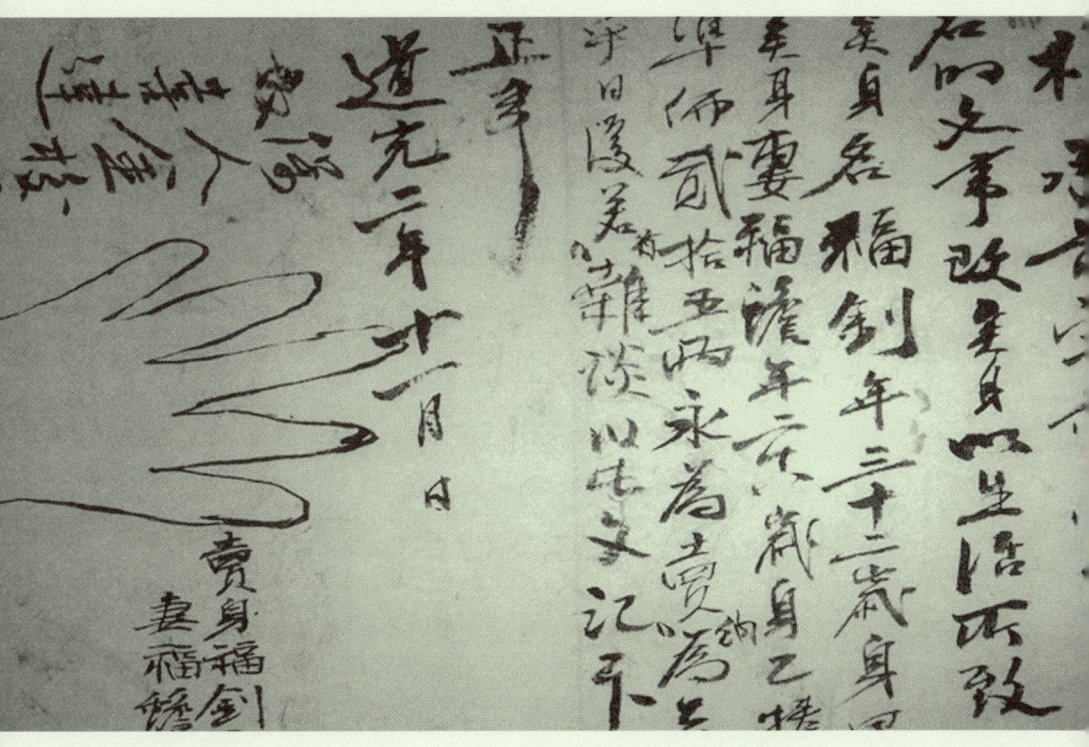

복쇠자매自賣문기

1822년(순조 22) 11월에 복쇠라는 사람이 생활고 때문에 자신과 처 복섬을 박승지에게 25냥을 받고 노비로 파는 내용을 기록한 문서. 당시 복쇠의 나이는 32세, 처의 나이는 28세. 복쇠의 서명과 복섬의 왼쪽 손바닥으로 찍은 수장手掌이 있다. 그리고 매매를 보증하는 보증인으로는 김교리 댁의 노비인 희달의 서명도 있다. 당시의 법전 규정에 의하면 스스로를 노비로 파는 행위가 금지되었지만, 실제로 농촌 사회에서는 이 같은 일들이 종종 일어났음을 알 수 있는 자료. 국립중앙박물관 소장

살 된 딸까지 여섯 명을 최생원 댁에 50냥에 팔아넘겼다. 순조 때 복쇠와 첩 복섬이 25냥을 받고 노비가 되기로 계약한 노비자매문서는 아직도 남아 있다.

한편 전쟁이나 전염병으로 부모를 잃은 고아나 미아를 거두어 노비로 삼기도 했다. 《세종실록》에 따르면 서울은 인구가 조밀하여 어린아이가 집을 나와 몇 집만 지나쳐도 제 집을 찾을 수 없어 곧잘 미아가 되곤 했다. 그러면 간악한 자들이 아이를 몰래 숨겼다가 다른 집에 노비로 팔아먹곤 했다. 이런 현상이 사회문제화되자 세종은 미아를 발견하면 의료기관인 제생원에 보내고 호조에서 양식을 지급해 기르게 한 뒤 부모를 찾아주게 했다.

> 지난번에 버려진 아이를 거두어 기르는 사람에게는 아이를 노비로 삼
> 도록 허락했는데, 다만 그 당사자에 한하여 부리도록 하고 아이의 자
> 손은 원래의 구실을 지게 하는 것이 마땅합니다.

현종대에 흉년으로 전국에 굶주리며 떠도는 아이들이 많아지자 이와 같은 민정중의 건의에 따라 고아나 기아들을 거두면 당대에 한하여 노비로 삼을 수 있도록 했다. 영조의 어머니인 숙빈 최씨가 최복순이라는 이름으로 떠돌다가 민정중에게 구원을 받았다는 기록이 있다는 점은 몹시 흥미롭다. 훗날 남겨진 비문에는 숙빈 최씨가 본래 무관의 딸이었다가 부모를 잃은 것으로 되어 있는데, 이 기록대로라면 그녀가 당대에 천민으로서 궐내의 무수리로 일했다는 풍문이 사실일지도 모르겠다.

이렇게 불법 양산된 노비들은 주인들에 의해 짐승처럼 거래되었다. 노비를 생구生口라 부르고 수효를 셀 때도 한 구 두 구 식으로 세었던 것은 그들을 가축으로 여겼기 때문이다. 우리나라 노비제도가 전근대적인 노예제라는 것은 이처럼 노비 매매가 일상적이었다는 점에서 부인할 수 없는 사실이다. 노비 매매는 국가적으로도 공인되었는데,《경국대전》에서는 노비의 값을 상급 말 한 필과 비슷하게 매겨놓고 있다. 노비의 수요가 적었던 여말선초에는 말 한 필로 노비 2, 3구를 구할 수 있었는데, 1398년(태조 7)에는 신료들이 노비 가격을 국가적인 차원에서 올리자고 임금에게 건의하기도 했다.

> 무릇 노비 값은 많아도 오승포°150필을 넘지 않는데 말 값은 400, 500 필에 이르니 이는 가축을 중히 여기고 사람을 가벼이 여기는 것이라 도리에 맞지 않습니다. 지금부터 노비 값은 남녀 구별 없이 15세 이상에서 40세 이상인 자는 400필로 하고, 14세 이하와 41세 이상인 자는 300필로 하여 매매하는 것을 항구적인 법으로 삼으십시오.

그 결과 법적으로 노비의 최저가가 매겨졌지만 농지의 확대로 노비 수요가 많아진 조선 중엽에는 말 한 마리가 포목 2필일 때 노비 1구의 가격이 포목 6.5필로 급등하기도 했다. 이처럼 노비를 소나 말처럼 매매하고 주인이 행하는 사사로운 형벌이 용인되는 비인간적인 노예제도의 모

° 현물화폐의 기준으로 사용된 삼베

순점을 직시하고 있던 선각자 이익은 기왕 노비 법률을 개혁하지 못할 바에는 노비 매매라도 금지해야 한다고 부르짖었다.

무릇 노비라는 신분 자체도 억울하고 원통한데 솔거노비들은 사람대접조차 받지 못하니 그 고초가 이루 말할 수 없다. 노비매매를 금지한다면 세 가지 유익함이 있다. 첫째 노비들이 부림을 받아도 사역에 한계가 있으므로 쉴 겨를이 있을 터이고, 노비 없는 양반들은 스스로 할 일을 찾을 것이다. 둘째, 조상이 분명치 않은 서민들이 간사한 이들의 농간에 걸려 노비로 전락하는 일이 사라질 것이다. 셋째, 이도 저도 힘들다면 중국의 풍속처럼 자손까지 신분을 이어받지 않게 한다면 나라 안의 미천한 사람들이 춤추고 노래하며 은혜에 감읍할 것이다.

《성호사설》 제12권 〈인사문〉

선녀인가 매화인가 。기생

비온 뒤 찬바람이 가을 대자리에 스며들고   雨後冷風玉簟秋
한 아름 밝은 달은 다락 위에 걸렸는데   一輪明月掛樓頭
골방에선 밤새도록 귀뚜라미 슬피 울고   洞房終夜寒蛩響
애간장을 다 빻으니 근심이 열 말이라.   搗盡中腸萬斛愁

떠돌며 의탁하길 평생 부끄러워 않았고   平生恥學食東家
차가운 매화가지에 비치는 달을 홀로 사랑했었지.   獨愛寒梅映月斜
사람들은 그윽한 이 마음 알지 못해   時人不識幽閑意
뜬구름 가리키며 스스로들 돌아가네.   指點行人枉自多

부안 기생 매창의 《수사愁思》

옥을 옥이라커든 형산백옥만 여겼더니

다시 보니 자옥임에 틀림없다.

마침 활비비가 있으니 뚫어볼까 하노라.

정철

철을 철이라커든 무쇠로만 여겼더니

다시 보니 정철임에 틀림없다.

마침 골풀무가 있으니 녹여볼까 하노라.

진옥

선조대의 정치가이자 시인이던 정철과 명기 진옥 사이에 오고갔던 노골적인 입담이다. 정철의 시조에 나오는 활비비란 송곳의 하나로 활같이 굽은 나무에 시위를 매고, 그 시위로 가는 송곳자루를 곱걸어서 잡아당겼다 내밀었다 하여 송곳을 돌리게 되어 있다. 곧 남성의 성기를 은유한다. 이에 대하여 진옥의 시조에 나오는 골풀무는 아궁이에 불을 피우기 위하여 바람을 일으키는 기구의 하나로 땅바닥에 장방형의 골을 판 다음 중간에 굴대를 가로 박고 그 위에 골에 꼭 맞는 널빤지를 걸쳐 놓은 것으로, 널빤지의 두 끝을 두 발로 번갈아 가며 디뎌서 바람을 일으킨다. 곧 활비비가 들어오면 골풀무의 뜨거운 열기로 녹여버리겠다는 뜻이다.

그 시절 내로라하는 기생들은 이처럼 당대 최고의 권력자 앞에서도 주눅 들지 않고 당당하게 맞받아치는 결기가 있었

〈가곡선생歌曲先生〉
머리를 올리지 않은 어린 기생 둘이
노래선생에게 노래를 배우고 있다.
김준근의 《기산풍속도첩》, 서울역사박물관 소장

다. 하긴 조선왕조사에 기생으로는 처음으로 이름을 올린 설중매는 태
조가 역성혁명에 성공한 뒤 개국공신들을 위로하기 위해 베푼 연회에서
배극렴의 동침 요구에 '동가숙 서가식'이란 기막힌 풍자로 응수해 좌중
을 숙연하게 하지 않았던가. 어차피 자신들이 양반들의 술 시중 밤 시중
을 들어야 하는 처지지만 결코 창기 취급은 당하지 않겠다는 자존심의
일단이었는지도 모르겠다.

　조선의 기생들은 어렸을 때부터 체계적으로 노래와 춤을 교습받음으
로써 조선 예능의 가교역할을 했고 개중에는 뛰어난 문학성으로 한 시대
를 풍미하기도 했다. 하지만 말하는 꽃 해어화解語花에 비견되던 그녀들
의 미모와 재능은 기실 술자리에서 양반들의 희롱거리에 지나지 않았다.

조선시대 규방에 꼭꼭 숨겨둔 양갓집 여인네들의 대용품으로서 지배 계층의 노리개가 되어 청춘을 바쳐야 했던 기생들의 뒤안길을 더듬어보자.

역사의 희생양으로 남은 장녹수

조선시대 신분의 강고한 사슬 속에 묶여 있던 기생 중에서도 인생역전의 홈런을 친 기생들과 영광의 정점에서 추락한 기생들의 이름이 사서에 전한다.

태조의 후궁으로 숙신옹주 1명을 낳은 화의옹주 김씨는 본래 김해의 관기로 이름이 칠점선이었다. 또 태종은 보천 관기 가희아를 사랑했다. 반대로 태종대의 기생 초궁장은 상왕 정종의 총애를 받으면서 양녕대군과 놀아나다가 신세를 망쳤다. 세조대의 옥부향, 자동선, 양대, 초요경은 4인조 기녀로서 출중한 가무실력을 인정받아 왕명으로 천역에서 벗어났으며, 성종대의 영흥 기생 소춘풍은 궁궐 잔치에서 성종을 기쁘게 하여 엄청난 하사품을 받고 기명을 천하에 떨쳤다.

이런 기생 가운데 연산군대의 장녹수는 가장 파란만장한 인생역정을 그려냈다. 그녀는 집안이 가난해 몸을 팔던 유녀였다가 노비의 아내가 되었고, 다시 노래와 춤을 배워 기생이 되었다가 연산군의 사랑을 받아 정3품 소용^{昭容}의 지위에까지 오르고 왕자를 셋이나 낳은 입지전적인 인물이다.

1502년(연산군 8) 11월 25일, 실록에 이름을 드러낸 장녹수는 제안대군의 여종이었는데 어렸을 때 집안이 가난해 몸을 팔아 생활했다. 그 와중에 제안대군의 남종과 결혼한 그녀는 아들 하나를 낳은 뒤 가무를 배워 창기가 되었는데 노래를 잘해 입술을 움직이지 않아도 소리가 맑고 청아했다고 한다. 당시 장녹수는 30세가 넘었는데도 16세처럼 어려 보였고, 미인은 아니었지만 교태와 아양을 견줄 여자가 없었다. 그녀에게 한눈에 반한 연산군은 당장 궁궐로 데려가 종4품 숙원에 봉하고 항상 곁에 두었다.

갑자사화가 한창이던 1504년(연산군 10) 4월 25일, 장녹수의 본가 담벼락에 한 여인이 익명서를 붙인 다음 노비 돌동에게 '이 글은 대궐과 관계있으니 떼어 가라.'라고 말했다. 당시 이극균, 이세좌, 윤필상 등을 불경죄로 치죄하던 연산군은 그 이야기를 전해 듣고 자신을 적대시하는 궁인들의 소행이라고 판단했다. 얼마 뒤 과연 궁인 전향과 수근비 등이 잡혀오자 두 사람을 귀양 보냈다가 능지처참한 뒤 수급을 궁중에 효수했다.

이는 분명히 갑자사화에 관련된 사건인데 사관은 아름다운 두 여인을 시기한 장녹수의 참소 때문이라고 주장하고 있다. 폭군에게는 간사한 신하와 요사스런 여인이 필수적인데 연산군에게는 장녹수가 바로 그 역할을 한 셈이다. 실록에는 당시 장녹수처럼 연산군의 총애를 받은 후궁 전전비나 김귀비 등이 있지만 사관은 오직 장녹수만을 집중 공격하고 있다. 그처럼 장녹수는 중종반정이 낳은 최고의 희생자였다.

1506년(연산군 12) 8월 23일, 후원에서 풀피리를 불던 연산군은 문득 '인생은 풀잎 이슬과도 같아서, 우리 만날 날이 많지 않구나[人生如草露, 會

습不多時'라고 탄식했다. 그러자 곁에 있던 장녹수와 전전비가 눈물을 머금었다고 한다. 그리고 운명의 9월 2일 중종반정과 함께 장녹수는 전전비, 김귀비 등과 함께 군기시軍器寺 앞으로 끌려가 참형을 당했다. 일개 유녀에서 소용의 지위에까지 오른 그녀의 전설이 끝나는 순간이었다.

청사靑史에 이름을 새긴 황진이

청산靑山은 내 뜻이요 녹수綠水는 님의 정이
녹수 흘러간들 청산이야 변할손가.
녹수도 청산을 못 잊어 울어 예어 가는고.

기명이 명월明月이던 황진이黃眞伊는 조선 중종대에 개성에서 활동한 명기다. 아버지 황씨는 양반이었지만 어머니는 천민인 맹인 진현금으로 알려져 있다. 종모법에 따라 천민 신분이던 그녀가 어떤 경로로 기생이 되었는지는 명확하지 않다. 다만 15세 때 이웃의 한 서생이 그녀를 사모하다 상사병에 걸려 죽자 자신의 운명을 예감하며 기생이 되었다는 야담만이 전할 뿐이다.

황진이는 기생이 된 후 뛰어난 미모와 예술적 재능으로 명성을 얻었다. 《송도기이》에 따르면 그녀가 개성유수 송공宋公의 연회에 참석했을 때 우아한 자태로 다른 기생들을 압도했다고 한다. 그 무렵 조선을 찾아온 중국 사신도 연회에서 그녀를 보고는 조선에서 천하절색을 보았다며 기뻐했다. 이처럼 재색을 겸비한 황진이는 당시 박연폭포, 화담 서경덕과 함께 송도3절松都三絶로 일컬어졌다.

그녀는 조선의 강고한 남존여비 풍토 속에서 수많은 남자를 굴복시켰는데, 30년간 면벽 수도한 지족선사를 미색으로 파계시켰고, 종친 벽계수를 시조 한 수로 말에서 굴러 떨어지게 한 일화는 유명하다. 오만한 남성들에게 조소를 보낸 황진이였지만 사랑하는 사람에게는 그리움에 눈물로 베갯잇을 적신 가련한 여인이기도 했다. 그중에 한 사람이 바로 소세양이다. 소세양蘇世讓은 이조판서와 우찬성을 지낸 정객이자 당대의 명문장가였는데, 황진이의 소문을 듣고 친구들에게 이렇게 호언장담했다.

"나는 황진이가 아무리 절색이라 해도 한 달만 같이 살면 능히 헤어질 수 있고, 그 뒤에도 추호도 미련을 갖지 않을 자신이 있다."

그런 다음 소세양은 우선 황진이에게 '류榴' 한 글자로 편지를 보냈다. 그러자 황진이도 '어漁' 한 글자로 답했다. 이들의 기묘한 문답의 해답은 다음과 같다. 소세양의 편지는 '석유나무유碩儒那無遊'로서 '여기 큰 선비가 있는데 어찌 놀지 않겠느냐'란 뜻이다. 황진이의 답장은 '고기자불어高妓自不語'로서 '뛰어난 기생은 스스로 말하는 법이 없으니 오든 말든 맘대로 하라'라는 뜻이다. 이렇게 상대의 수준을 알아본 두 사람은 만나자마자 꿈같은 나날을 보냈다. 이윽고 한 달이 지나자 황진이는 그의 손을 잡아끌고 누각에 올라 〈소세양 판서를 보내며〉라는 시를 지었다.

달빛 아래 오동잎도 지고

서리 속에 들국화도 시들었네.

누각은 높아 하늘에 솟았지만

사람일랑 석 잔 술에 벌써 취했네.

흘러가는 물이야 거문고 곡조 따라 차가워져도

매화 향은 피리 소리에 스며 퍼지리라.

날 밝은 아침이면 헤어질 사이지만

그리움은 푸른 물결처럼 끝이 없으리.

소세양은 그 시를 읽고 자신이 호언장담한 것처럼 황진이의 곁을 쉽게 떠날 수 없다는 사실을 깨달았다. 아니 오히려 그녀가 자신을 떠나보낼까 두려웠다. 그래서 소세양은 다음과 같은 화답시를 지었다.

달빛 아래 소나무만이 푸르고

눈에 덮인 한 포기 꽃들은 고개 떨어뜨렸구나.

강물은 하늘과 맞닿아 슬픈 줄을 모르고

쌓여가는 술은 그저 강물에 흘러갈 뿐.

흐르는 강물은 나의 마음을 실어 보내 주지 않고

저 멀리 절벽에서 살아남은 한 포기 꽃은

아름다운 낙화를 보여 주는구나.

내일 아침 그녀를 보내고 나면

슬픔은 비가 되어 나의 몸을 짓누르리.

속마음을 털어놓은 두 사람은 오랫동안 깊은 사랑을 나누었고, 소세양이 한양으로 돌아간 뒤에는 편지를 주고받으며 서로 그리워했다. 황진이가 소세양을 얼마나 사랑했는지는 그녀의 절창絶唱으로 알려진 〈소야월야蕭蓼月夜〉에 오롯이 담겨 있다.

소슬한 달밤 무슨 생각하시는지.	簫蓼月夜思何事
뒤채는 잠자리는 꿈인 듯 생시인 듯.	寢宵轉轉夢似樣
임이시여 제가 드린 말도 기억하시는지.	問君有時錄妾言
이승에서 맺은 연분 믿어도 좋을까요.	此世緣分果信良
멀리 계신 임 생각 끝없어도 모자란 듯	悠悠憶君疑未盡
하루하루 이 몸을 그리워하시나요.	日日念我幾許量
바쁠 때 생각해도 그리움일까, 괴로움일까.	忙中要顧煩惑喜
참새처럼 떠들어도 여전히 정겨운가요.	喧喧如雀情如常

소세양 외에도 황진이를 사랑한 인물은 많았지만 그중에 이사종李士宗의 이름이 뚜렷하다. 선전관으로서 노래를 잘했던 그는 송도의 천수원 시냇가에 누워 노래를 불렀는데, 때마침 근처에서 놀던 황진이는 노래에 감동했다. 그가 당대의 풍류객임을 알아본 황진이는 며칠 동안 자신의 집에서 함께 살다가 6년을 동거하기로 계약했다.

그때부터 황진이는 3년 동안 먹고 입을 만한 재산을 이사종의 집에 옮겨두고 첩이 되어 부모와 처자를 지성으로 섬겼다. 3년 뒤에는 이사종이 황진이의 집에 와 살면서 일가를 돌보았다. 마침내 정해진 6년 기한이 끝

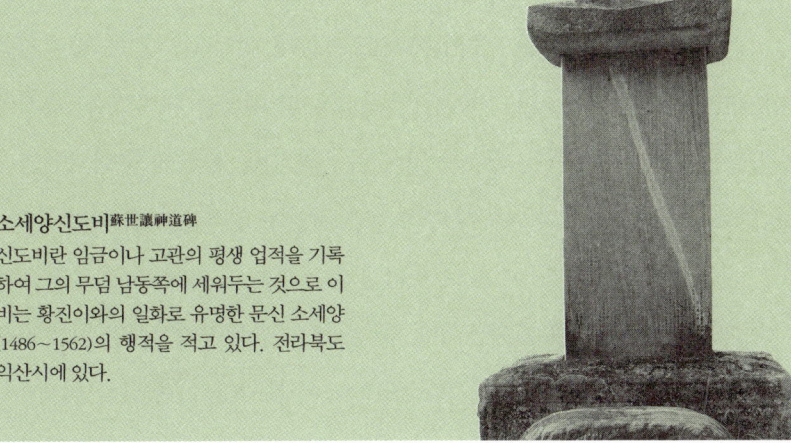

소세양신도비蘇世讓神道碑
신도비란 임금이나 고관의 평생 업적을 기록
하여 그의 무덤 남동쪽에 세워두는 것으로 이
비는 황진이와의 일화로 유명한 문신 소세양
(1486~1562)의 행적을 적고 있다. 전라북도
익산시에 있다.

나자 황진이는 깨끗하게 그와 헤어졌다고 한다. 야사가 사실이라면 황진
이는 계약결혼으로 세상을 놀라게 한 프랑스의 사르트르와 시몬느 드 보
봐리 부부보다 500여 년이나 앞선 여성운동가라고 해도 과언이 아니다.

뭇 남성들을 희롱하며 재기발랄한 삶을 산 황진이는 조선 최고의 기
생이자 여류문인으로서의 명성을 남기고 세상을 떠났다. 그로부터 한
세대가 흐른 뒤 서도병마사로 부임하던 기남아 백호白湖 임제林悌가 그녀
의 무덤에 제사를 지내고 지은 시조 한 수가 실로 애잔하다.

청초 우거진 골에 자는가, 누웠는가.
홍안은 어디 두고 백골만 묻혔구나.
잔 들어 권할 이 없으니 그를 설워하노라.

원화인가 수척인가

기생, 혹은 기녀라면 오늘날까지도 화류계 여성을 일컫는 말이지만 본래는 특별한 기술이나 기예를 가진 기능직 여성을 의미했다. 초기에 이들은 침선이나 의약, 가무를 익혀 나라의 각종 행사에 동원되었는데 세월이 지나면서 사회 변화에 따라 차츰 위안부 성격을 띠게 되었다.

이능화李能和의 연구에 따르면 기생의 유래는 크게 두 갈래로 구분된다. 첫째는 삼국시대 기원론이다. 이능화는 《삼국사기》 신라본기 진흥왕 37년조에 '원화源花를 바치다.'란 기록이 있는데, 이 원화를 여색女色, 화랑을 남색男色으로 보고 있는 것이다. 이 주장은 원화가 귀족들의 자제로 구성된 동맹집단이었다는 점에서 설득력을 잃는다. 다만 신라 때 김유신과 천관녀의 설화를 바탕으로 당시 세간에 한량들을 미혹할 만한 풍류가 있었음을 알 수 있다. 그 외에도 《후한서後漢書》와 《수서隋書》에는 고구려에 유녀遊女가 있었다는 기록이 보인다. 정복국가였던 고구려가 주변 제국을 정벌하는 과정에서 생포한 부녀자들을 유녀로 삼았을 것이다. 백제에도 화쟁花爭이라는 유녀가 있었다고 한다.

둘째는 고려시대 기원론이다. 이익의 《성호사설》에는 '우리나라의 기녀들은 양수척에서 나왔으며 양수척은 유기장이 되었다. 양수척은 고려가 백제를 공격하여 제압했을 당시 백제에 남아 있던 유민이었다.'라는 기사가 있다. 태조 왕건이 통일전쟁에서 승리한 뒤 수척水尺으로 전락한 후백제 유민들을 노비로 삼았는데, 그중에 미색이 출중하고 재주가 뛰어난 여성들을 선발해 교방敎坊에서 가무를 가르친 것이 여악女樂으로,

이들이 바로 기생의 원조라는 것이다. 정약용의 《아언각비》에는 이와 같은 학설을 뒷받침하는 내용이 실려 있다.

수척이란 관기의 별명이다. 지금 관비급수자를 무자이㝶玆伊라고 칭하는데, 이를 번역하면 곧 수척, 무㝶란 물(수)이고 자玆란 자(척), 곧 수척으로 만든 것이지 급수汲水로 인해 얻어진 이름이 아니다. ……고려 이의민의 아들이 지극히 영화롭게 살았는데, 양수척을 기적에 편입시키고 공부貢賦를 징수했다. 이로부터 이후에 남자가 나면 노奴로 만들고 여자가 나면 기妓로 만들었는데, 이것이 우리나라에 기생이 있게 된 시초다. 수척의 이름은 대개 여기에 근본이 된다.

일찍이 고려에서는 팔관회八關會, 연등회燃燈會, 채붕綵棚(대문이나 도로, 다리 등을 색실, 색종이, 색깔 있는 천으로 장식하는 행사) 등의 국가적 행사에 반드시 여악을 동원했다. 1077년(문종 31) 2월에 궁궐에서 열린 연등회에서는 교방의 여제자 초영楚英이 왕실연주단 55명과 함께 중광전에서 가무를 행하고 군왕만세와 천하태평의 네 문자 춤을 펼쳤다는 기록이 전한다.

한편 재위 시절 일본 정벌, 카다안哈丹의 침공 등 잦은 외환을 겪었고 아들 충선왕과 다툼을 벌였던 충렬왕은 말년에 연회와 사냥으로 세월을 보냈는데, 그를 위로하기 위해 유학자인 오잠과 김원상이 내시 석천보와 함께 미모와 가무에 뛰어난 기녀, 무당, 관비 등을 모아 여성악대를 만들었다. 이 여성악대는 개경성 밖에 있는 마제산 기슭의 수강궁에서 주로 공연했는데 대원들이 남장으로 출연했으므로 남장대라고 불렀다.

이들은 당시 유행하던 쌍화점, 삼장사, 우물, 술집 등의 노래를 불렀고, 지방에서 채집한 가요를 연극으로 만들어 공연하기도 했다.

유학자들은 육체적인 사랑을 노골적으로 표현하는 가요와 연극을 음탕하다는 이유로 배격했지만 자신들 역시 기녀와 즐기고 기생첩을 들이는 등 표리부동한 면모를 보였다. 이처럼 고려에는 기녀와 기생이라는 명칭이 혼용되었고 창기와 창녀라는 단어도 통용되었을 만큼 여러 종류의 기생이 존재했다.

일패에서 유녀까지

기녀는 열다섯 살부터 쉰 살까지 있었는데, 어린 기생을 동기라 부르고 나이가 든 기생을 노기라 불렀다. 동기가 열다섯 살이 되어 기생명부에 오르면 교방에서 음률을 익히기 시작하면서 기녀로서의 길을 걷기 시작한다. 일정한 교습 기간이 끝나고 나면 행수기생의 엄한 제재를 받았다.

동기童妓가 교양을 쌓고 기생이 되기 위한 수업을 어느 정도 마치고 15, 16세가 되면 남자를 받게 되는데 처음 이 동기와 동침하는 남자에게는 '머리를 얹어준다.'라는 표현을 쓴다. 즉 초야권初夜權을 얻는 것이다. 기생안배는 주로 호장戶長이 맡았다. 그래서였을까? 우리가 고전극에서 종종 볼 수 있듯이 아전과 기녀와의 관계는 매우 밀접했다.

한편 사가에서는 조선 중엽까지 창가비라 하여 성비와 가비가 있었다. 즉 사가에서 직접 가무를 가르쳐 기르거나 또는 관기를 거두어 성비를 만든 뒤 기첩 이하로 대우하는 경우이다. 이들 외에 매춘업에 종사한 여인들로 유녀화랑, 여사당패, 색주가 등이 있었다.

유녀화랑은 성종시대에 출현했는데 봄여름에는 어량세를 거두는 장소에서, 가을겨울에는 산속에 있는 승려의 거처에서 매춘업에 종사하던 여성들이다. 성종대에 이들은 직산 홍경원弘慶院 등의 사찰에 머물면서 여행객들에게 몸을 팔아 생계를 유지했다.

조선 후기에 기생은 일패一牌·이패二牌·삼패三牌로 등급이 나뉘었다. 일패는 관기의 총칭으로서 한국 전통가무를 익혀 상류사회의 각종 연회에 동원되었고 집에서도 사사로운 접객행위를 하던 진짜 기생이었다. 이패는 2급 기녀로서 밀매음을 일삼았으므로 은근짜殷勤者(隱君子)로 불렸다. 남몰래 정을 통하는 것을 은근이라고 하며 매춘을 뜻한다. 대부분의 은근짜들은 부인이 있는 사람의 첩이나 관기 출신이었다. 삼패는 공창公娼 기능을 맡은 3급 기녀로 탑앙모리搭仰謀利라 불렸는데 가무가 금지되었고 접객할 때는 잡가만이 허용되었다.

1894년 갑오개혁으로 공사노비제도가 폐지되면서 기생들도 천민 신분에서 해방되었지만 이제는 스스로 생계를 꾸려나가야 하는 현실 문제에 부딪치게 되었다. 그녀들이 할 수 있는 일은 술장사와 매춘뿐이었다. 관기들이 은근짜가 될 수밖에 없는 환경에 처했던 것이다. 때문에 삼패들은 정계 유력자들의 도움을 받아 조합을 창설하는 등 자구책 마련에 나섰다.

그 무렵 기생들의 거주지는 특별히 정해지지 않았지만 도성 남쪽의 시동詩洞에 많이 살았는데, 주거지를 상화실賞花室이라고 불렀다. 1909년 다동에 모여 살던 서도 출신 기생 30여 명으로 구성된 다동조합이 출범하자, 이에 대항하여 서울과 남도 출신 기생들이 광교기생조합을 결성했다. 1914년에는 이들 조합이 권번으로 이름을 바꾸면서 한성권번, 다동권번, 대동권번, 경천권번, 조선권번 등이 출현했다. 각 권번의 입회금은 10~20원이며 매월 50전의 회비를 납부했다. 당시 기생은 허가제로서 권번에 적을 두고 세금을 내야 했다.

각 권번의 우두머리들은 1번수, 2번수, 3번수로 서열이 매겨졌고, 그 밑으로 나이에 따라 한 살 위면 '언니', 두 살 위면 '형님', 다섯 살 위면 '아주머니'라고 불렀다. 지위에 따라 복색도 달리했는데, 우두머리들은 옥색치마를 입었고 보통 기생들은 남색치마를 입었다. 권번에서는 동기에게 가무음곡을 가르치며 기생수업을 시켰을 뿐만 아니라, 기생들의 요정 출입을 통제하고 화대를 배분했다.

일제 강점기에 권번 소속 기생들의 일터로 명월관과 국일관, 식도원이 유명했다. 특히 신흥 부자들이 애용하던 명월관이 가장 유명했는데 대궐의 숙수熟手(요리사)인 전선사장典膳司長(전선사는 대한제국 시기 대궐의 음식·잔치에 관한 일을 맡아보던 관청) 출신 안순환이 1909년 문을 열었다. 그해 관기제도가 폐지되었고 궁중의 연회에 동원되던 기생들이 이곳에서 일하면서 커다란 인기를 끌었다. 명월관 개업 초기에는 의친왕 이강, 박영효 등 고관과 이완용, 송병준, 이지용 등 친일파 인물 등이 단골이었고, 일제강점기 때 최남선, 이광수, 방인근, 김억 등 문인과 우국지사들이 많이 출입했다.

그들의 영향 때문이었는지 명월관 기생은 의기가 대단했다. 진주 출신 기생 산홍은 친일파 인사가 거금 1만 원을 미끼로 첩을 삼으려 하자 "기생에게 줄 돈 있으면 나라 위해 피 흘리는 젊은이에게 주라."고 단호

명월관 본점 현관 앞 기생
국립민속박물관 소장

히 거절했다. 또 기생 춘외춘은 남산에 있던 통감부에 끌려가 독립지사에 대한 정보를 대가로 건네받은 돈뭉치를 뿌리치기도 했다.

독립만세운동이 전국에 요원의 불길처럼 번지던 1919년 3월 29일, 수원기생조합 소속의 명월, 향화, 도홍, 매화, 연화 등 기생 20여 명이 검진을 받기 위해 자혜병원에 가다가 경찰서 앞에서 대한독립만세를 외쳤다. 이 사건의 주모자로 체포된 기생 김향화는 재판 끝에 6개월의 징역살이를 해야 했다. 명월관은 1918년경에 화재로 건물이 소실되자 인사동 순화궁 터로 자리를 옮기고 태화관으로 간판을 바꾸어 달았다.

고달픈 성 노예들의 영광과 좌절

조선의 기생은 원칙적으로 공천公賤인 관기였으므로 관청에 소속되었으며 신분상으로는 천민이었다. 관기는 경기京妓와 지방기地方妓로 구분되는데, 지방기 중에서도 자색이 뛰어나고 재주가 있으면 경기로 뽑히곤 했다. 세종대에 경기의 정원은 125명이었는데 수효는 가변적이었다. 《경국대전》에는 3년마다 기녀 150명을 뽑아 중앙에 올리라는 조항이 명문화되어 있다. 연산군대에는 궁궐에 불러들인 기생이 1만 명에 달했다는 기록도 있다.

경기는 장악원掌樂院에 소속되어 춤과 노래 등을 체계적으로 교육받은 뒤 진찬, 진연과 같은 궁중잔치에 동원되었다. 이처럼 궁중에서 가무음곡을 맡았던 경기 가운데 가장 특이한 부류가 약방기생으로 불리는 의녀였다.

"여인이 병에 걸렸을 때, 남의에게 진료를 받을 수 없어 그냥 죽는 일이 있다. 여의사를 양성하도록 하라."

의녀는 1406년(태종 6) 제생원濟生院 허도의 건의에 따라 만들어졌다. 반가의 부녀자들이 남의男醫를 꺼려 제대로 치료받지 못해 죽는 경우가 많았으므로 의녀에게 부인들의 병을 치료하게 한 것이다. 초기에 의녀는 서울의 관노비 중에서 선발했지만 세종대에 이르러 지방으로 확대하여 10세에서 15세 사이의 여노비 2명을 선발해 제생원에서 진맥과 침술을 배우게 했다. 《경국대전》에 따르면 3년마다 70명을 올려 보내도록 규정되어 있다.

의녀들은 의술뿐만 아니라 덕성을 갖추어야 했으므로 제생원에서 사서삼경 등을 배우고 시험을 치렀다. 그리하여 성적우수자에겐 3개월분의 급료를 상으로 주었지만 반대의 경우에는 관청의 식모인 다모茶母로 떨어뜨렸다. 그러므로 내의원 소속 장금이는 의술뿐만 아니라 학문에도 뛰어난 우수생인 반면 포도청의 여수사관 다모 남순이는 낙제생인 셈이다. 영조대에는 궁중에서 왕족들을 치료하는 내국의녀와 일반 부녀자를 치료하는 혜민서의녀로 의녀를 구분했다.

의녀들은 공조 상의원에서 침선비로서 대궐의 의복을 지으면서 내연內宴에도 참가하는 상방기생尙房妓生과 함께 약방기생으로 불렸다. 이들은 기생으로서 가장 높은 지위에 올랐다 하여 기생재상이라고도 했는데 그중에 약방기생의 지위가 조금 높아서 머리에 검은색 무늬가 있는 비단 두건을 썼고, 상방기생은 일반 천으로 된 검은 두건을 썼다.

조선 역사를 훑어보면 이름을 날린 의녀의 이름이 무척 많이 눈에 띈다. 세종대의 의녀 소비召非는 궁의 풍질을 치료했고, 중종대의 신비信非와 은비銀非는 대비전의 질병을 완쾌시켰다. 장금長今과 계금戒今은 임금의 병을 돌보았고, 명종대 선복善福은 대비전의 질병을, 선조대의 수련秀蓮은 내전의 질병을 진료한 의녀들이다. 특히 성종대 영노永老는 외과, 중종대 장금과 의정義貞은 산부인과 의녀로, 성종대 장덕長德, 귀금貴今, 분이粉伊는 치과 분야에서 이름을 떨쳤다.

하지만 의녀 역시 기생이었으므로 궐내의 각종 연회에 동원되었고, 사적으로 고관대작들의 술자리에도 참여해야 했다. 선조대의 의녀 애종愛鍾은 미인인 데다가 의술과 문학에 뛰어난 재원이었지만 약방기생이

평양 기생(좌)와 진주 기생(우)
채용신(1850~1941)의 〈팔도미인도〉

라는 운명을 벗어날 수 없었다. 일례로 1600년(선조 33) 6월 내전에 질병
이 있어 의술이 특출한 애종을 동참 입진入診시키려 하자 중신들이 그녀
의 신분이 창녀와 흡사하니 궐내에 출입할 수 없다며 반대해 그녀는 입
진은 고사하고 의녀 명부에서마저 제적당하고 말았다. 재수 없이 정계
에 발을 담갔다가 평범한 기생으로 전락하고 만 것이다.

한편 지방기에는 감사, 수령, 방백 등을 위한 잔치에 동원되거나 침실
수청을 드는 주탕酒湯 외에도 관가에서 물을 긷고 불을 땔 때는 여종 무자이
[水汲]까지 포함되었다. 정약용은 가장 불쌍한 기생이 급비로서 얼굴이 못

생긴 여인이라고 지적하며 수령들은 이들에게 특별히 은혜를 베풀라고 말하기도 했다. 기생은 비천하더라도 사랑해주는 자가 있다는 이유였다.

지방기 가운데서는 평양 기생이 가장 유명했고 그 다음이 진주, 해주, 의주 기생 순이었다. 미모와 교태를 두루 갖춘 평양 기생은 숱한 남정네들을 홀려 패가망신하게 만들었다. 그 때문에 구한말의 실권자 홍선대원군은 조선의 세 가지 병폐로 충청도 양반, 전라도 아전과 함께 평양 기생을 꼽았다.

멀리서 보니 말의 눈깔 같고	遠看似馬目
가까이서 보니 고름주머니 같네.	近視如膿瘡
두 볼에는 이가 하나도 없는데	兩頰無一齒
배 한 척 생강을 죄다 삼켰네.	能食一船薑

오늘날 전해지는 이 시구에는 평양 기생의 치마폭에 휩싸여 생강 배한 척을 몽땅 잃어버린 상인의 한탄이 배어있다.

평양 기생은 16세기 말까지 180여 명이 있었는데 평양감사가 새로 도임하면 녹의홍상 綠衣紅裳 을 갖춰 입은 기생들이 길가에 늘어서서 영접하곤 했다. 그래서 누군가 평양감사에 임명되면 당사자의 얼굴에는 미소가 끊이지 않았지만 부인은 남모르게 가슴을 쥐어짜야 했다.

지방기는 관아에 예속된 노예로서 세습되었고, 일단 기적에 오르면 딸이나 조카를 대신 기생으로 들여보내거나 속량되는 경우가 아니고는 평생 빠져나올 수 없었다. 10대의 어린 기생을 동기童妓, 30대가 넘은 기생을 노기^{老妓}, 더 나이가 든 기생을 퇴기, 혹은 퇴물이라고 불렀다. 젊음과 미모를 잃어버린 사람이 곧 퇴물이 되는 것이다.

《경국대전》에 따르면 관기는 50세가 되면 역이 면제되지만 대신 조카나 딸을 기적에 입적시켜야 했다. 그러므로 남원부 퇴기 월매의 외동딸 춘향은 기생이 될 수밖에 없었다. 그 외에 기적을 벗어나려면 국왕의 특명이 있어야 했다. 일례로 세종은 종친 이순몽의 기첩 패련향에게 내연^{內宴} 이외의 기역을 면제해 주었고, 성종대에는 기녀로서 왕실 종친의 첩이 되어 아들을 낳은 자에 한하여 내연 동원 외의 기역을 면제해 주었다.

말을 알아듣는 꽃, 해어화

일찍이 당나라 현종은 양귀비를 데리고 연꽃을 구경하다가 그녀를 가리키며 "연꽃이 어찌 나의 해어화만 하겠느냐?"라고 말했다. 이때부터 해어화^{解語花}란 경국지색의 여인을 일컫는 말로 쓰였는데, 조선 기생들을 일컫는 말로 해어화라는 단어가 곧잘 등장한다. 그래서 이능화도 기생에 관한 풍속사를 정리하면서 《조선해어화사》란 제목을 붙인 것이다. 기생의 이름으로는 만덕이니 윤옥이니 하는 평범한 이름도 있지만 대개는 사서에 나오는 미녀나 아름다운 꽃, 선녀 등을 썼다. 월나라 서시의 웃는 모습 같은 소서시^{笑西施}, 눈 속에서 고상한 향기를 흩날리는 내한매^{耐寒梅}, 하늘에서 지상으로 귀양 온 적선아^{謫仙兒} 등이 그러하다.

암행어사 이몽룡과 기생 춘향이의 아름다운 로맨스를 보여주는 《춘

<기녀탄금妓女彈琴>
기녀 한 명은 거문고를 뜯고
다른 한 명은 장죽을 물고 연주를 듣고 있다.
김준근의 《기산풍속도첩》, 서울역사박물관 소장

향전》에는 당시 기생의 신분과 지위에 대한 수많은 정보가 담겨 있다.
다음은 변사또가 남원부에 부임해 오자마자 기생안책妓生案冊을 펴놓고
관기들을 점고點考할 때 이방이 기녀 개인의 원씨명과 의미, 유래를 설
명하는 장면이다.

비도 그친 동산 기슭에 떠오르는 명월이, 고깃배는 강물을 따라 흘러
가고 산은 깊은데, 푸른 나무에 붉은 봄 안개 흘러가는 강물이라 도홍
이, 붉은 산의 봉황새 한 쌍, 푸른 오동나무에 와 살고 있는 자는 산과
물속의 영비충의 애벌레, 아무리 배고파도 밤은 갉아먹지 않는다고
하는 높은 절개로 유명한 만수문전의 채봉이, 푸른 연꽃의 절개는 휘

지 않으며 활짝 핀 백부용 꽃 중에 군자는 연심이, 강물에 잠긴 밝은 달 녹지 않고 그대로 머물러 있고 형산백옥이 되고 싶다면 명옥이, 바람이 부는 봄날 정오 버드나무 가지 위에서 우는 앵앵이, 달나라의 광한전 복숭아를 바치는 가인은 남몰래 우는 계향이, 소나무 아래서 울고 있는 저 아이 스승이 어디 계신지 묻는다면 산 그것도 깊은 산속 구름 속을 헤치고 들어간다는 운심이, 달나라 높은 곳에 올라 계수나무 한 가지를 애절이, 술집이 어디냐고 묻는다면 목동의 노래를 가르친다고 하는 행화, 아미산 반달 가을여행 그림자는 평차산으로 들어간다는 강선이, 오동나무로 판을 만들면 가야금 소리가 아름답다는 탄금이, 팔월의 부용은 군자의 모습이라는 만당추수의 홍련이, 붉은 홍식 실도 좋고 허리띠를 편안히 풀어놓고의 금난이, 봄도 다 갔구나 꽃에 내리는 눈 낙춘이……

여기서 맨 처음 호명된 명월이는 일행수로서 호장을 도와 기생 점고를 수월하게 한다. 호장이 이렇듯 기생들의 이름을 멋들어지게 설명하는데 아무리 기다려도 춘향의 이름이 나오지 않자 짜증난 변사또는 한 번에 열두세 명씩 부를 수 없느냐고 호통을 쳤다. 그래서 양대선, 월중선, 화중선, 금선, 금옥, 금연, 농옥, 난옥, 홍옥 등 이름이 줄줄이 불려나온다.

춘향은 퇴기 월매의 딸로 기생은 아니었지만 신분은 역시 천민이었으므로 반가의 이몽룡과는 도저히 이루어질 수 없는 신분이다. 소설 내용대로 그녀가 변학도의 수청을 거부한다면 물고物故를 당해도 그만이었다. 당시에는 왕명을 받든 관리가 지방에 나가면 각 관청에서 소속 기생을 천침薦枕시키는 것이 법도였기 때문이다. 이처럼 현실에선 도저히 불가능한 상황이 판소리와 소설을 통해 실현되고 있다. 그만큼 춘향전에는 밑바닥 인생을 살아가던 기생들의 인생역전에 대한 간절한 염원이 담겨 있다.

차라리 흥청망청

고려 여악의 풍습은 조선시대에도 그대로 이어져 궁중 의식에 많은 관기들이 동원되었다. 그런데 성리학을 신봉하던 조선의 위정자들은 신성한 대궐이나 종묘제례에 기생들이 출연하는 것을 부정하게 여기고 수시로 관기제도 폐지를 시도했다.

태종대에 세자와 기생 초궁장과의 스캔들, 나주판관 최직지가 관기 명화를 만경현령 윤강에게 수청 들지 않았다는 이유로 매질하여 죽이는 사건이 벌어지는 등 기생을 둘러싼 숱한 잡음이 일어나자 왕이 창기를 없애려 했지만 하륜의 반대로 무산되었다. 또 1430년(세종 12)에는 김종서가 여악女樂의 폐지를 강력히 주청하자 허조가 사람의 본능은 인위적으로 금할 수 없는 것이므로 창기를 없앤다면 관리들이 여염집의 여자를 범해 많은 인재들을 잃게 될 것이라고 주장했다. 또 윤수는 중국 송나라 때 편찬된 《고금사문유취古今事文類聚》에 제 환공이 과부들을 모아 군사들의 흥을 돋우는 창기로 삼았다는 기록을 내밀었다.

옛날에 이르기를 기생이란 아내가 없는 군사를 접대하기 위한 것이라고 했으니, 우리나라가 동남으로 바다에 이르고 북쪽으로 야인들과 이어져 있어 방어하는 문제는 해가 없으니 여악을 어찌 갑자기 혁파하겠습니까.

이 기록은 기생의 기원이 군대 위안부였음을 증명해주고 있다. 실제로 조선시대에 변방에서 수成자리 근무를 하는 군관 가운데 장교들은 장기간 현지에 머물렀고, 무과에 급제한 출신出身들도 의무적으로 1년 동안 변방에 근무해야 했다. 변방의 기녀들은 이들의 생활을 지원하면서 잠자리 시중을 드는 현지처 노릇을 했다. 그러다 1년 뒤 군관이 돌아가면 또 다른 군관을 맞아들여야 했다.

문종대에도 중신들의 유녀금론에 대한 설전은 계속되었다. 김종서가 또 다시 여악으로는 사악하고 더러운 것을 깨끗이 씻을 수 없으니 남악으로 대신하자고 주장했지만 여악을 대체할 음악이 없으며, 만일 기생이 없다면 누가 중국사신의 접대와 변방 군사의 뒷바라지를 할 수 있겠느냐는 여론에 밀려 유야무야되고 말았다.

그렇게 기생에 대한 논란이 종식되자 왕족과 고관들은 노골적으로 기생 놀이에 빠져들었다. 숙직하는 육조의 낭관들은 큰길에서 기생을 끼고 다니며 거들먹거렸고, 유생들도 향교에 기생을 불러 술을 마셨다. 사대부들의 행태는 더욱 가관이었다. 그들은 불법으로 관기를 첩으로 들여앉힌 뒤 나이가 비슷한 여종을 들여보낸 다음 아전을 매수해 그 여종의 사망신고를 하고 다시 집에 데려와 부려먹기도 했다. 지방 수령들은 그로 인해 관기의 수효가 줄어들어 문책을 당할 위험에 처하자 세간에 간통하는 여자를 잡아들여 강제로 기생으로 만들기까지 했다. 이런 세태가 조선시대 내내 관행처럼 이어지자 연산군 때 어무적魚無跡은 상소를 올려 여악의 폐해를 고발했다.

지금 서울기녀와 시골기녀가 있는데 경국대전을 상고해보면 이들은 군사 가운데 아내가 없는 사람을 위한 것으로 되어 있습니다. 아, 이것이 어찌 군사를 위해 설치된 것입니까. 가령 군사를 위해 설치된 것이라도 여자가 군중에 있는 것은 병법에서 꺼리는 것이며, 더구나 선왕의 정치에 군사를 위해 창기를 두었다는 말은 듣지 못했습니다. 신이 보는 바로 말하면 기녀들은 사대부들의 잔치 때에 노래하고 춤추는 도구에 지나지 않습니다.

《연산군일기》 7년(1501) 7월 28일

그는 한걸음 더 나아가 창기는 사람을 홀리는 재주가 있어서 아무리 지조 높은 사람이라도 한번 빠져들면 헤어나기 어려우니 하루빨리 폐지하는 것이 낫다고 역설했다. 현재 여악의 폐단이 불교와 도교보다 열 배는 더 심한데도 대간, 재상, 시종들이 비판하지 않는 것은 그들 자신이 여색에 빠져있기 때문이라는 것이다. 《목민심서》의 저자 정약용도 그런 사회현상을 비판하면서 차라리 사문화되어 있는 강도의 아내와 딸을 관기로 채우는 법을 부활시키는 것이 낫겠다고 한탄했다.

조선 중기 도덕정치를 표방하며 등장한 조광조가 기생제도를 폐지하려 했지만 훈구 세력에 의해 축출되면서 없던 일이 되고 말았다. 그 후 조광조의 후예들이 정권을 잡았지만 이에 대한 논란은 더 이상 일어나지 않았다. 일부일처제를 기본으로 삼는 유교국가 조선에서 남성의 성욕을 충족시킬 수 있는 수단으로 축첩제까지 제도화되어 있는 마당에 비인도적인 관기 제도가 전국적으로 행해졌다는 사실은 그 시절 사대부들의 도덕관념이 매우 편향적이었음을 말해준다.

조선에서 기생의 전성기는 연산군 때였다. 낭만주의자 연산군은 각 도에 채홍사와 채청사를 보내 자색이 뛰어나고 문학적 재능이 유별난 소녀들을 뽑아 무려 1300여 명에 이르는 기녀를 모집한 뒤 원각사의 승려를 쫓아내고 그곳에 머물게 했다.

연산군은 또 그중에 일류기녀 300여 명을 골라 대궐에 살게 하고 흥청興淸이라 했는데, 왕의 곁에서 시중하는 기녀를 지과흥청, 잠자리를 같이한 기녀를 천과흥청이라 불렀다. 연산군이 이들과 매일 연회를 벌이면서 국정을 도탄에 빠뜨리자 세간에 '흥청망청興淸亡淸'이란 말이 생겨나기도 했다. 연산군 폐출 이후 흥청들은 장 100대를 맞고 귀양을 갔다. 흥청과 망청은 한 몸이었던 셈이다.

조선 중기 이후에는 사대부의 유교문화와 융합하여 독특한 기생문화가 생겨났다. 황진이, 이매창 등은 시조시인으로 문명을 날렸으며, 열녀로 통하는 논개나 계월향, 애틋한 사랑의 주인공 홍랑과 효성이 지극했던 만향 등의 이름이 뚜렷하다. 하지만 조선의 거의 모든 기생은 사대부의 성적 욕망을 해소시켜 주는 위안부일 뿐이었다.

밤의 여인들

조선시대에 기생과 지배층이 관련된 사건은 손을 꼽을 수조차 없다. 건국 초기인 태종대에 가장 물의를 일으킨 사건은 세자 이제와 정종의 총애를 받고 있던 기생 초궁장의 밀통이었다. 이를 기화로 부왕의 신임을 잃어버린 세자는 또 다른 스캔들에 얽힌 끝에 충녕대군에게 보위를 빼앗기고 말았다.

세종대에는 정종의 아들 이무생과 이복생의 기생간통사건이 가장 유명하다. 이들은 효령대군 이보와 어울렸던 약계춘, 죽간매와 관계했고 또 다른 기생들도 다른 종친들과 관계를 맺은 여인들이라 문제가 되었다. 이무생은 세조 때에도 기생첩 탁금아 때문에 본부인을 쫓아냈다가 종부시의 탄핵을 받았는데 임금이 늙은 그를 차마 벌하지 못하고 탁금아만 소속된 읍으로 돌려보낸 일도 있었다.

세조대 난을 일으킨 이시애의 동생 이시합의 얼녀인 기생 산비山非의 활약상도 눈에 뜨인다. 함경도의 토호 출신인 이시애는 세조가 등극한 뒤 중앙집권체제를 강화하고 양전과 군액확장에 골몰하면서 부담이 커진데다, 남쪽 출신의 수령, 군관들의 영송, 해동청과 은 등 특산물에 대한 수탈이 극에 달하자 동생 이시합과 함께 북방 농민들을 선동해 난을 획책했다. 1467년 5월 기생 산비는 무사 최자치와 함께 순찰 도중 길주에 도착해 잠든 함경도 절도사 강효문을 죽임으로써 역란의 성공적인 스타트를 끊었다. 그 후 산비는 귀성군 이준과 강순, 허종, 어유소, 남이 등에 의해 이시애의 난이 진압된 뒤 삼족을 멸하는 법에 따라 처형되었다.

예나 지금이나 정치는 밤에 이루어지고, 밤은 술과 여인들의 시간이다. 그러므로 조선시대에 기생들은 정치적 사건에 연관되지 않을 수 없었다. 조선에서는 왕이나 왕비, 대비의 국상이 일어나면 관리들은 공무를 정지하고 애도의 뜻을 표시해야 했는데, 음주가무는 물론 기생과의 유희도 금지되었다. 부모님의 친상親喪 때에도 마찬가지로 짧게는 3개월에서 5개월까지 색을 금해야 했는데 이를 어기면 강상을 어긴 인물로 매도되어 관직을 삭탈당하고 유배까지 당하곤 했다.

연산군대 무오사화戊午史禍가 일어난 배경에도 기생이 관여되어 있었다. 《성종실록》의 편찬 책임자이던 이극돈이 사초를 검사하다가 김일손의 사초에서 자신이 세조 비 정희왕후 상중에 장흥의 기생과 어울렸다며 비판한 내용을 발견한 것이다. 그로 인해 김일손에게 깊은 원한을 품게 된 이극돈은 그의 스승 김종직이 쓴 《조의제문弔義帝文》과 《화술주시和述酒詩》를 빌미로 사림을 제거하려는 유자광과 손을 잡았다.

《조의제문》은 진나라 때 항우에게 폐위되고 죽은 초나라의 의제(회왕)를 애도하는 글이지만 실은 세조에게 폐위되어 죽은 단종을 애도하는 제문이었다. 《화술주시》는 도연명이 남조의 송나라 무제가 동진의 안제를 죽이고 왕위를 찬탈한 사실을 비난하면서 지은 〈술주시〉에 화답한 시로 역시 세조를 타깃으로 하고 있었다. 이는 세조의 증손인 연산군의 정통성을 정면으로 훼손하는 대역죄에 해당했다. 김일손은 《단종실록》과 《세조실록》에서 세조의 왕위 찬탈 부당성이 왜곡되자 이를 후세에 알릴 목적으로 사초에 스승 김종직의 글을 기재한 것이다.

그 결과 연산군은 1498년(연산군 4) 7월, 이미 죽은 김종직의 묘를 파내는 부관참시에 처하는 한편 그의 제자인 김일손, 권오복, 권경유, 이목, 허반 등을 능지처참하고 수많은 선비를 귀양보냈다. 그리하여 유자광과 노사신 등 훈척세력이 연산군의 신임을 받아 정사를 주도하게 되었다. 무오사화는 실록의 사초가 문제가 되어 사림이 대대적인 피해를 입은 사건이었으므로 사화 士禍가 아니라 사화 史禍로 기록되고 있다. 재미있는 일은 그 사건을 제기했던 이극돈까지 파면되었다는 사실이다.

선조대에 정여립의 난과 기축옥사로 정권을 장악한 동인이 남인과 북인으로 갈라진 이면에도 평양 기생이 연루되어 있다. 그 무렵 동인 내부에서는 정인홍과 유성룡의 불화가 심각했는데, 그 와중에 이발은 부친상을 당한 우성전의 집에 문상을 갔다가 평양 기생이 머리를 풀고 상주 노릇을 하는 것을 보고 깜짝 놀랐다.

"어찌 사대부의 상가에 일개 기생이 문상을 받을 수 있는가."

기실 그녀는 우성전의 부친이 함종 현령으로 있을 때 평양을 왕래하다가 알게 된 기생이었는데 그가 사직한 뒤 평양감사가 보내준 인물이었다. 그런 내막을 알 리 없던 이발은 우성전이 상례를 어겼다고 비난했고, 그에 따라 정인홍이 우성전을 탄핵한 것이다. 당시 이발의 집이 북악산 아래 있었으므로 그의 당을 북인이라 불렀고, 우성전의 집은 남산 아래 있었으므로 그의 당을 남인이라 불렀다. 동인 내부에서 일어난 사소한 오해가 남북 당파 분열의 계기가 되었다는 사실은 역사의 아이러니가 아닐 수 없다.

기생들의 기둥서방, 왈짜패

조선 후기부터 기녀들에게는 매니저격인 기부妓夫가 생겨나 재산 관리와 연회 출석, 양반의 소실이 되는 경우까지 관리했다. 기부를 거느린 기녀들은 기예만을 팔고 매음은 하지 않았다. 기부가 될 수 있는 신분은 각 전의 별감, 포도청의 군관, 승정원의 사령, 의금부의 나장, 궁가나 척리의 청지기, 무사 등 소위 왈짜패들이었다. 이들로부터 기둥서방, 기생 오라비와 같은 말이 나왔다.

왈짜란 조선시대의 조직폭력배로서 폭력계, 도박계, 화류계를 장악하고 있던 무리다. 그들은 재물을 물처럼 쓰고 예술 취향까지 있었다. 연암 박지원은 '발승암기髮僧菴記'라는 글에서 발승암 김홍연이라는 왈짜에 대해 기록해 놓았다.

김홍연은 승마와 활쏘기에 능해 무과에 급제한 인물로 손으로 범을 잡고 기생 둘을 끼고 몇 장의 담을 넘을 만큼 힘이 셌다. 집안도 부유해서 재물을 분토처럼 쓰고 고금의 법서와 명화, 거문고와 칼, 이기彝器(국가 의식에 쓰는 그릇), 기화이훼奇花異卉(기이한 꽃과 풀)를 모으는데 천금을 아까워하지 않았고 언제나 준마와 명응을 좌우에 두었다. 그는 이처럼 준걸이었지만 개성 출신으로 출세할 수 없다는 사실을 알고 전국을 떠돌며 화류에 몰입했다.

"서북인은 아무리 잘나도 소용없는 세상, 차라리 한량으로 통쾌하게 살겠다."

연암은 이런 그를 활자闊者라 칭하면서 낭탕우활한 협사 검객의 부류라고 부연 설명했다. 낭탕우활浪湯迂闊에는 '방탕하고 어리석다'란 뜻도 포함되어 있으니 생업을 돌보지 않고 낭비벽이 심하다는 비판을 담고 있다. 어쨌든 그는 왈짜로서 도박장과 창가, 술집을 무대로 일생을 보낸 것이다. 이들은 대체 어떤 부류였기에 기방에서 음풍농월하며 세월을 낚은 것일까. 국문소설 《게우사》(판소리 12마당 가운데 전하지 않는 무숙이타령, 혹은 왈짜타령의 사설본으로 알려져 있다)에는 김홍연 류의 왈짜들이 어떤 신분이었는지 자세히 묘사되고 있다.

첫째, 양반 가운데 무반인 내금위장內禁衛將, 선전관宣傳官, 비별랑備別郎이다. 둘째, 각 영문 교련관의 세도하는 중방, 각사 서리, 북경 역관, 좌우포청 이행군관移行軍官, 대전별감, 나장, 정원사령, 무예별감, 각전 시정, 남촌 한량 등이 있다. 이들은 중인과 경아전 등 조선의 대표적인 중간계급이다.

각 영문 교련관의 세도하는 중방이란 군대의 장교이고, 포청 이행군관은 포교, 나장은 의금부 나장, 정원사령은 승정원 사령이다. 나장과 사령은 천역이지만 그중에 의금부 나장과 승정원 사령은 위상이 높아 경아전에 버금간다. 대전별감은 임금 주위에서 잔심부름하는 사람이고 무예별감은 임금의 경호원이다. 각전시정이란 시전 상인, 남촌 한량은 무과를 준비하던 남촌의 한량들일 것이다. 이처럼 왈짜들은 조선의 중간계층에서 나왔다. 이들의 치부 과정은 익히 짐작이 가거니와 유흥과 사치에 돈을 쏟아붓는 것은 예나 지금이나 다를 바가 없겠다. 이들의 아지

트가 기방이었다.

그들은 기부妓夫를 뜻하는 조방꾼이나 후배 등으로 불리는 기생의 기둥서방 역할을 했다. 조선 후기 지방에서 서울로 올라온 기생들이 의식주 해결에 곤란을 겪으면서 기부들이 그녀들의 편의를 봐주고 영업이익 중 일부를 갈취했다. 이런 일은 대전별감, 포도청 포교, 의금부 나장, 승정원 사령 등 시장을 관리할 수 있는 힘을 지닌 관리들만이 가능했다. 이들이 바로 왈짜들의 중추세력이며 기방의 주요 고객인 셈이다.

왈짜들은 평소 사람들에게 주먹을 휘두르고 기방에서 놀고 마시면서 현대의 조폭처럼 무력으로 밤의 세계를 지배했다. 조선 사회에 살인과 강간, 강도를 일삼던 검계라는 폭력조직이 그들로부터 나온 것은 우연이 아니다.

언저리도 안 되는 것들 °백정

이제 꿈은
꿈꾸는 사람들에게
아무런 소용이 없다.
노래가
노래 부르는 사람들에게
아무런 소용이 없듯이

어떤 나라에서는
캄캄한 밤
그리고 차가운 철조망만이
소용되고 있다.
그러나 꿈은
돌아올 것이다.
그리고 노래는
철창을 부수고야 말리라.

랭스턴 휴즈 Langston Hughes, 〈억압〉

전국시대 양梁나라에 포정庖丁이란 자가 있었는데 어쩌나 소를 잘 잡던지 한번 칼을 들면 순식간에 뼈를 분리하고 살코기를 발라냈다. 그 장면을 지켜본 문혜군文惠君이 탄복하자 포정은 이렇게 말했다.

"제가 처음에 소를 보았을 때는 산과 같았는데 3년이 지나니 조각난 고기로 보였습니다. 지금은 눈으로 소를 보지 않고 마음으로 보면서 그 결을 따라 근육과 뼈의 틈새로 칼을 보내므로 조금도 부딪치지 않습니다. 평범한 백정은 한 달에 한 번 칼을 바꾸고 뛰어난 백정은 일 년에 한 번 칼을 바꾸지만 저는 19년 동안 한 번도 칼을 바꾸지 않았습니다. 그 동안 수천 마리의 소를 잡았어도 칼날은 막 숫돌에서 갈아낸 것처럼 날이 서 있습니다. 그럼에도 불구하고 아직 저는 뼈와 근육이 엉겨 있는 부분을 대하면 정신을 집중하고 조심스럽게 칼을 놀립니다."

그 말을 들은 문혜군은 이제야 내가 세상을 다스리는 이치를 배웠다며 기뻐했다.

《장자莊子》 양생주편養生主篇에 있는 포정해우庖丁解牛란 고사다. 여기에 나오는 주인공 포정이야말로 백정의 시조라 할 수 있다. 백정白丁이란 본래 중국 수나라 때 일반 백성을 일컫는 보통명사였다. 《북사北史》에 무관자無官者인 평민을 백정으로 칭했다는 기록이 있다.

흰 백白자가 들어간 낱말 가운데 과거에 급제하지 않은 사람을 백신白身이나 백두白頭, 훈련이 되어 있지 않은 병사를 백도白徒라고 표현했던 것처럼 일반 민정

民丁 가운데 일정한 역의 부담이 없는 자들을 백정이라고 부른 것이다. 고무래 정丁자는 사나이란 뜻 외에도 잡역에 종사하는 사람에게 한정된 글자로서 '병정兵丁'이나 '원정園丁'처럼 쓰였으므로 '백정白丁'은 평민 일반을 가리킨다.

고려시대의 백정 역시 수나라와 마찬가지로 특정한 역을 부담하지 않고 농사를 짓는 농민을 가리키던 고유명사다. 고려의 토지제도인 전시과에 의하면 일정한 직역에 대한 반대급부로서 토지, 즉 명전名田을 지급했는데, 백정은 명전 지급대상이 아니었다. 명전은 실제로 토지를 지급하는 것이 아니라 그 토지에 대한 조세의 면제를 뜻했다. 그러므로 백정은 면세의 혜택을 볼 수 없는 계급이었다.

백정 중 일부는 대대로 상속되었거나 자력으로 개간해서 얻은 토지를 붙여 먹고 살았지만 대부분은 양반전·군인전·사원전을 빌려 경작하는 전호佃戶였다. 그 와중에 놀고먹는 한인閑人이나 학생 등과 함께 군역에 차출되면 그 대가로 국가에서 정전丁田을 지급받았다. 이를 백정대전白丁代田이라고 한다.

고려의 위정자들은 자유민인 백정에게 각종 세금과 부역을 부담시키는 대신 과거에 응시할 수 있는 자격을 주었지만 명경과와 잡과에 한정시키고 고관으로 승진할 수 있는 제술과는 제외했다. 그러므로 백정이 상위계층으로 진입하는 길은 전란으로 군대에 결원이 생겼을 때 보충하는 선군제選軍制뿐이었다.

고려가 멸망하고 조선이 출범하면서 양인 남자들은 모두 군역 대상이 되었으므로 백정이란 명칭은 자연히 사라졌다. 그런데 귀화인으로 유랑생활을 하며 사회불안을 야기하던 화척과 재인들을 회유하는 과정에서 백정이란 단어가 부활하게 되었다.

박성춘과 박서양의 해방일기

1892년 미국 북장로회 소속의 사무엘 포먼 무어Samuel Forman Moore 선교사가 제물포항을 통해 조선에 들어왔다. 그는 모삼열毛三悅이라는 한국 이름으로 활동하면서 1893년 3월 19일, 서울의 곤당골에서 교인 16명과 함께 곤당골교회를 설립했다. 그 무렵 조선의 백정들은 자식들에게 신식교육을 시켜 천업을 벗겨주고자 했다. 관자골에서 살던 백정 박성춘도 예수교에서 무료로 가르치던 학당에 아들 봉출을 보내고 있었다.

1894년 청일전쟁이 발발하면서 나라 안은 어지러웠다. 전쟁 말기에 콜레라를 비롯한 각종 전염병으로 수많은 사람이 목숨을 잃었다. 박성춘도 발진티푸스에 걸려 신음했다. 무당을 불러 굿을 했지만 아무런 차도가 없었다. 그러던 어느 날 아들 봉출이 낯선 외국인 두 사람을 집에 데려왔다. 그들은 곤당골교회의 무어 목사와 제중원 의사인 에비슨이었다. 고종황제의 주치의이던 에비슨이 조선인들이 사람취급도 하지 않던 백정에게 왕진을 온 것이다. 이를 계기로 곧 자리를 털고 일어난 박성춘은 봉출과 함께 교회에 나가면서 아들의 이름도 서양瑞陽으로 바꾸어주었다.

"너는 부디 백정의 천형에서 벗어나 태양처럼 빛나게 살거라."

1895년 초, 무어 목사에게 세례를 받고 기독교인으로 거듭난 박성춘은 사회운동에 적극적으로 나섰다. 무어와 에비슨과 함께 내각총서로 있던 유길준에게 장문의 탄원서를 보내 '백정 차별 금지법'을 공포하고 실행해 갓과 망건을 허락해 달라고 요구했다. 그 요구가 받아들여지면서 백정들은 500년 동안 한 번도 써보지 못한 갓과 망건차림으로 거리를 활보할 수 있게 되었다. 1896년에는 백정들의 이름이 호적에 올랐다. 1898년 10월, 박성춘은 독립협회에서 주최한 만민공동회의에 연사로 나서서 조선의 자주독립과 평등사회를 열자고 열변을 토하기도 했다.

그 후 곤당골교회는 구리개 등지를 거쳐 승동으로 자리를 옮겼다. 1911년 승동교회에서 장로 1명을 선출하는데 백정 출신인 박성춘이 출마했다. 그때까지 백정과 한 자리에 앉는 것도 거부하던 한국 사회의 풍토에 비추어볼 때 실로 놀라운 일이다. 그런데 기적은 계속되었다. 교인들의 투표 결과 박성춘이 3분의 2 이상 표를 얻어 초대 장로가 된 것이다. 그러자 일부 양반과 평민 교인들은 반발했다.

"저런 비천한 백정을 교회의 어른으로 모실 수 없다."

그들은 곧 교회를 뛰쳐나가 홍문수골교회를 세우고 독립해버렸다. 박성춘은 이에 굴하지 않고 경충노회 회원으로 노회재정위원 등 임원직을 맡아 활발히 활동을 벌였다. 장로가 된 3년 뒤인 1914년에 왕족인 이재형이 승동교회의 장로로 취임했다. 그리하여 최고 신분 계층인 왕족과 최하 신분 계층인 백정이 어깨를 나란히 하고 당회를 하는 당시로서는 상상조차 못할 사건이 일어났다. 박성춘은 개화의 열풍 속에서 백정이라는 굴레를 안고서도 조선 기독교의 지도자로 환골탈태한 것이다.

이런 그의 활약은 아들 박서양의 인생에도 커다란 영향을 끼쳤다.

일찍이 박성춘을 치료해 감복시킨 제중원 의사 에비슨은 미국 클리블랜드의 사업가 L.H. 세브란스의 기부금을 받아들여 1904년 남대문 복숭아골에 세브란스병원을 설립한 다음 의학교도 병설하여 한국 청년들에게 의학을 가르쳤다. 그때 박서양도 세브란스병원 의학교에 입학해 열심히 공부했다.

1908년에 치러진 졸업시험에서 박서양은 김필순, 김희영, 신창희, 주현칙, 홍석후, 홍종은 등과 함께 합격하고, 실기시험도 무난히 통과했다. 그해 6월 3일 학교를 졸업한 박서양은 이튿날 내부 위생국으로부터 한국 최초의 의사 면허증인 '의술개업인허장'을 받았다. 졸업 후 박서양은 주현칙을 제외한 6명과 함께 학교에 남아 화학과 해부학 교수로 활동했다. 이들의 헌신으로 서양의학은 한국에 굳게 뿌리내릴 수 있었다.

교수로 활동하던 박서양은 한국이 일제의 식민지가 되어 국권을 빼앗기자 1917년 학교를 사임하고 간도 연길현으로 가서 구세의원을 개업했다. 1924년경 연길현에는 한국인 15만여 명, 일본인 1400여 명이 거주하고 있었는데 의사는 한국인과 일본인을 합쳐 52명뿐이었고, 대부분이 한의사였다. 게다가 한국인이 경영하는 병원은 구세의원이 유일했다. 그곳에서 박서양은 연인원 1만여 명의 환자를 진료했는데, 그중 3분의 1이 무료 진료를 받았다.

그는 또 초등교육기관인 숭신학교를 설립해 교장이 되었으며, 만주 지역에서 조직된 독립운동 단체인 대한국민회의 군사령부 군의로 활동하기도 했다. 1931년 만주사변 이후 일제의 독립단체 탄압이 극심해지면

세브란스병원의학교 1회 졸업생
1908년 우리나라 최초의 의사면허를 받은 졸업생들. 가운데 줄 오른쪽이 박서양이다.
연세대학교의과대학 동은의학박물관 소장

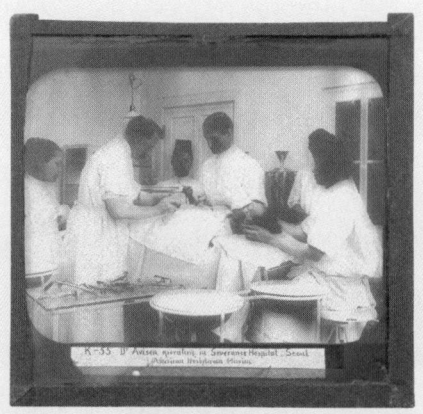

에비슨의 수술장면
세브란스병원에서 에비슨이 한국인 조수 박서양의 도움을 받아 수술하는 장면을 담은
유리건판 필름이다. 가운데 탕건을 두른 사람이 박서양이다.
연세대학교의과대학 동은의학박물관 소장

서 숭신학교는 불온사상을 전파한다는 이유로 폐교당했다. 1936년 국내로 들어온 박서양은 황해도 연안에 잠시 머물다 1940년 고양군 수색역 근처에 자리 잡았다가 그해 12월 15일, 55세의 나이로 세상을 떠났다.

구한말 활약한 백정 박성춘과 아들 박서양의 일대기는 제국주의 침략의 한가운데서 변화의 소용돌이에 빠져있던 조선의 혁명적인 상황을 대변해주고 있다. 특히 천대받는 신분에서 당대 최고의 엘리트인 의사가 되었지만 현실에 안주하지 않고 민족교육과 독립운동에 일생을 바친 박서양은 민족의 사표로 추앙받아야 마땅할 것이다.

한반도에 갇혀버린 유목민족의 후예들

993년(성종 12)부터 고려를 침입한 거란은 25년여 동안 수차례 압록강을 건너와 한반도에 피바람을 일으켰다. 그로 인해 고려군에게 투항하거나 생포된 수많은 거란인이 특수 지역에 격리되어 고립된 생활을 강요당했다. 하지만 유목민족 출신답게 성격이 활달한 이들은 농경 사회의 정적인 환경에 적응하지 못하고 거주지를 뛰쳐나가 목축과 수렵에 종사하거나 가무를 연주하면서 유랑생활을 했다. 이들 외에도 고려 땅에는 여진족과 왜구, 가깝게는 원나라 출신까지 다양한 이민족 출신 귀화인들이 화척, 양수척, 재인 등의 이름으로 불리며 소외된 삶을 살았다.

500년 전통의 고려왕조를 무너뜨리고 새 시대를 연 조선의 지도자들은 그 동안 일반 백성과 유리되어 있던 귀화인을 사회 내부에 끌어안고자 했다. 개국 초기 태조는 재인과 화척을 호적에 등재시킨 다음 토지를 주어 농사를 짓게 하고 이를 어기면 엄벌에 처하도록 했다. 그렇지만 이들은 땅에 뿌리내리지 못하고 소나 말의 도살을 주업으로 삼아 위정자들을 갈등에 빠뜨렸다. 그 때문에 1392년 태종은 농우를 재인, 화척에게 파는 자들을 단속하는 한편, 1419년 의정부를 통해 재인과 화척을 한곳에 두고 평민과 혼인해 살도록 하라고 명했다. 이 모두는 화척과 재인을 농민화하기 위한 조치였다.

그때부터 귀화인들은 전래의 생활방식을 유지하면서 범죄자로 몰리느냐 국가의 요구에 따라 농민으로서 합법적인 생활을 영위하느냐 하는 기로에 놓였다. 그런데 우연한 사회변화가 이들의 운명을 막다른 골목으로 내몰았다. 민간에 가죽신이 유행하면서 화척과 재인들의 기술이 절실하게 된 것이다. 그 때문에 한편에서는 가축의 도살을 범죄로 몰면서도 한편에서는 수요에 따라 끊임없이 소가죽을 요구하는 악순환이 계속 이어졌다. 이에 1423년(세종 5) 10월, 병조에서는 이들에 대한 대책을 내놓았다.

재인과 화척才尺은 본시 양인으로서 업이 천하고 칭호가 특수하여, 백성들이 모두 다른 종류의 사람으로 보고 그들과 혼인하기를 부끄러워하니 실로 불쌍하고 민망합니다. 원컨대 저들의 칭호를 백정白丁이라고 고쳐서 평민과 서로 혼인하고 섞여서 살게 하며, 그 호구를 적에 올리고, 경작하지 않는 밭과 묵은 땅을 많이 점령한 사람의 밭을 나누어 주어서 농사를 본업으로 삼게 하고, 사냥하는 부역과 버들그릇과 피물과 말갈기와 말총, 힘줄과 뿔 등의 공물을 면제하여 그 생활을 안정시키며, 가계가 풍족하고 무재가 있는 자는 시위패侍衛牌°로 삼고, 그 다음은 수성군守城軍°°을 삼으며, 그 가운데에도 무재가 특이한 자는 도절제사로 하여금 재능을 시험하여 본조에 통보하여 다시 시험케 한 후 갑사직甲士職에 서용하고, 만약 그대로 옛 업을 가지고서 농상農桑에 종사하지 않고 이리저리 떠도는 자는 법률에 의하여 죄를 논단한 다음 호적에 따라 즉시 본거지로 돌려보내고, 그 가운데 사가의 노비로 있는 자는 본주인의 의견을 들어 처리하도록 하소서.

《세종실록》 5년(1423) 10월 8일

누가 보더라도 온건하고 합리적인 대책이었다. 농사짓고 싶은 사람은 농사를 짓게 하고 사냥으로 사는 사람은 그 사냥물에 세금을 물리지 않으며, 무예가 뛰어난 사람은 군인으로 삼음과 동시에 승진까지 보장한다는 것이다. 현군 세종이 이 대책을 가납함으로써 수척水尺·화척禾尺·양수척楊水尺 등으로 불리던 다양한 귀화인들의 명칭이 백정白丁으로 통일되었다. 고려의 백정처럼 평민으로 대접한 것이다.

그렇게 여러 부류의 유랑민을 싸잡아 백정이라고 부른 만큼 그들의 직업도 다양했다. 민간의 요구에 따라 도축을 해주고 그 대가로 받은 피와 내장, 가죽 등을 시장에 팔아 생계를 유지하는 화백정禾白丁, 키나 고리

° 고려 말·조선 초 중앙군의 한 부류. 번상 숙위를 담당했다
°° 성을 지키는 지방군

짝 등 고리버들제품을 주로 만드는 고리백정(갖바치), 궁중이나 시장 마당
에서 연희에 종사하는 재백정才白丁이다, 형조나 감옥에 소속되어 사형집
행을 맡은 회자수(망나니)까지도 있었다. 각종 사서에 백정은 재우군宰牛
軍·포정庖丁·도우탄屠牛坦·포노庖奴·도척刀尺·피장皮匠·피한皮漢·유
기장柳器匠·도한屠漢 등 다양한 이름으로 기록되고 있다.

당시 조정의 백정 포용정책에 내심 동의하지 않던 관리와 백성들은
그들과 자신들을 구별하기 위해 신백정新白丁이라 불렀지만, 고려의 유
풍이 남아 있던 그때까지 신백정과 평민과의 차이는 크지 않았다. 일례
로 1426년(세종 8) 8월 경상도 사천현에 사는 평민 잉읍실이 임신한 백정
박문의 아내 웅덕을 발로 차서 죽였다가 교수형에 처해졌다. 그때까지

백정이 법률의 테두리 안에서 보호받고 있었음을 보여준다.

세종대까지 백정은 노비와 달리 신역이 정해져 있었다. 일례로 태종이 상왕으로서 어린 세종에게 국왕실습을 시키던 1421년(세종 3) 11월 28일의 실록에는 사옹원에 수유酥油, 즉 버터를 만들어 바치던 수유적酥油赤을 폐지했다는 기록이 전한다.

당시 황해도와 평안도에 달단韃靼(몽고족 가운데 하나로 달자韃子 혹은 달달인達達人, 서구에서는 타타르라고 부른다) 일파인 수유적 수백 호가 도살업을 하면서 살고 있었는데 한 호마다 수유 한 정丁을 사옹방司饔房에 바치고 부역을 면제받고 있었다. 그 때문에 군역을 피하려는 사람이 많았고 서흥군의 한 호에 21명의 건장한 남자가 있는데 부역을 피하기 위해 수유적이 되었다. 그런데 버터는 당시에도 만들기 어려워서 한 집에서 몇 해가 나도 정해진 양을 채우지 못했다. 그 무렵 변경 방비에 심혈을 기울이던 태종은 병조에 명해 수유적을 모조리 군역에 집어넣으라고 명했다. 윤회가 '수유는 어용의 약으로도 쓰이고 때론 늙어 병든 신하들에게 내리는 것이니 폐지하면 안 된다.'고 진언했지만 소용이 없었다.

조선의 1급 요시찰 대상

일찍이 정자程子(중국 북송의 유학자 정호程顥와 정이程頤 형제)는 나라에 흉년이 드는 것은 소를 잡는 데서 비롯된다고 주장했다. 농민들이 소의 힘을 빌어 농사를 짓는데 그 은혜를 저버리고 쇠고기를 먹기 때문에 소의 원한

이 쌓여 천지의 화기를 손상시키고 자연의 운행질서를 깨뜨려 비가 오지 않는다는 것이다.

이런 재이론을 신봉하던 조선의 위정자들은 《경제육전》에 금살도감 禁殺都監을 설치하는 규정을 만들어 민간에서 쇠고기 유통을 인위적으로 막으려고 했다. 1425년(세종 7)에는 소를 밀도살했다는 이유로 무악산 아래에 모여 살던 신백정新白丁들을 도성 90리 밖으로 쫓아냈다. 그와 함께 이전에는 밀도살한 쇠고기를 사먹는 자를 태형 50대로 벌했지만 이제부터는 제서유위율制書有違律, 즉 임금의 명을 어긴 죄로 다스리도록 했다. 이 조치는 정권에 위험요소로 지목된 신백정을 일반 백성과 분리키 위한 편법이었다.

실제로 신백정은 남녀 모두 기마술과 궁술에 능해서 가까이하기엔 먼 당신이었다. 그들의 용맹은 일찍부터 인정받아 무과 가문에서는 자식들의 양육을 맡기기까지 했다. 숙종 때 간행된 《견첩록見睫錄》에 따르면 세종대 여진 정벌의 명장인 최윤덕이 어린 시절 강 건너 외따로 사는 양수척의 집에 맡겨 길러졌다고 한다. 당시 그는 양수척과 함께 사냥에 나서 맨손으로 수많은 짐승을 때려잡았고 창으로 대호를 찔러죽이기까지 했다.

조정에서는 이처럼 용맹스러운 백정을 여러 지방에 분산시킴으로써 사전에 집단화를 차단하고자 했다. 이들이 단합하면 치명적인 변란의 화를 당할 수도 있다는 것이 명분이었다. 그런데도 안심이 되지 않았던지 신백정을 변방의 화살받이로 쓰는 이른바 꿩 먹고 알 먹기 식의 정책을 수시로 시행했다. 이런 환경 속에서도 백정들은 활달한 성정을 주체하지 못하고 조선 초기 많은 문제를 일으켰다.

1427년(세종 9)에는 정종의 음란한 두 아들 이무생과 이복생의 간음사건에 신백정의 딸 보금이 연루되어 벌을 받았다. 당시 이무생은 이의생의 첩 매소월의 중매로 기생 자동선·간설매·죽간매와, 이복생은 약계춘·보금과 간통했다. 그런데 그들이 놀아난 여인들은 모두 종친들과 관련되어 있었다. 약계춘과 죽간매는 효령대군의 사랑을 받았고 신백정의 딸 보금은 의성군 이용이 관계했던 여인이었다. 또 간설매도 봉녕군의 아들과 관련이 있었다. 이 사건은 이들이 자중하지 못하고 태종의 기일에 광대패를 불러 가무음곡을 즐겼다가 발각되어 전모가 드러났다. 그 결과 이무생과 이복생은 유배형, 이의생은 강화에서 살게 했고, 연루된 기생은 모두 곤장을 때린 후에 소속된 고을로 돌려보냈지만 보금만은 예빈시禮賓寺(손님들에게 잔치를 베풀어 주고, 종실宗室·중신重臣에 대한 음식 대접 등을 맡은 관아)에서 일하게 했다.

1428년(세종 10) 윤4월에는 함경도 강음현 천신사 부근에서 신백정 남녀 10여 명이 말을 타고 불을 지르며 도둑질을 했다. 고을 수령이 군사를 이끌고 가서 접전 끝에 1명을 사살하고 남녀 7명을 생포했지만 2명은 개성 방면으로 도주했다. 또 평산 원적동 산봉우리에 말을 탄 도적 8인이 활과 화살을 차고 있었는데 횃불로 배천의 호국산 동쪽 봉우리에 있는 도적과 신호를 나누었다. 황해도 감사는 이들이 개성에 사는 백정과 재인이라고 보고하면서 이들을 평민과 섞여 살게 하고 무리 짓지 못하게 해달라고 주청했다. 그해 10월에는 황해도에서 체포한 신백정 강두언·홍득희·홍상좌·홍석이를 참형에 처했다.

1433년(세종 15)에는 병조의 건의에 따라 충청, 경기, 황해도에 거주하는 신백정을 선발해 북방의 여연군에 파견했다. 압록강 상류 변방지역인 여연군을 방위하는 데는 일반 군사보다 튼튼하고 날랜 신백정이 제격이라는 이유였다. 그해 11월 23일에는 경기도 광주의 죄수인 강도 신권거작지申權巨作只를 붙잡아 참형에 처했다. 1436년(세종 18)에 조정에서는 평안도 도절제사에게 이이제이以夷制夷의 수단으로 신백정을 쓰도록 권유하기도 했다. 이는 신백정을 동족상잔하게 하려는 음험한 발상이었다.

1451년(문종 1) 10월에 형조참판 안완경은 각 도의 죄수 가운데 살인 강도범이 380여 명인데 재인과 신백정이 절반을 차지한다며, 이들에게 아킬레스건을 자르는 월형刖刑을 시행하자고 건의했지만 임금은 허락하지 않았다.

1462년(세조 8)에는 각 도의 관찰사에게 재인과 화척을 모여 살지 못하도록 하고 연유를 보고토록 지시했다. 당시 집현전 직제학 양성지가 올린 상소에 따르면 백정은 이미 조선 백성이기를 거부하고 도살과 도적질을 일삼는 범죄자 집단으로 낙인찍혀 있었다.

…… 크고 작은 도적의 태반이 백정으로 친인척들이 팔도에 흩어져 사는데 적으면 기아에 허덕이고 많으면 난리를 일으킵니다. 이제부터 따로 1호도 짓지 못하게 하고 갑사나 시위, 진군의 봉족으로 그 틈에 끼어 살게 하고, 다른 군으로 왕래를 금지시켜야 합니다. 또 자기들끼리 혼인하거나 도살, 도적질, 악기를 타며 구걸하는 일을 엄금하고 이

를 어기면 벌하되 3대에 걸쳐 법을 지키면 백정으로 칭하지 않게 하십
시오.

조선의 위정자들은 강인한 기질을 가진 백정을 양민과 강제로 혼인
시키는 한편 유교적인 충효정신을 고취시켜 유화적인 성향으로 교화시
키려 했다.

《조선왕조실록》에서 최초로 긍정적인 이름을 올린 백정 출신 인물은
교동 출신의 별장 이제의 아내였다. 백정 조장수의 딸인 그녀는 1395년
(태조 4) 5월 왜구에게 사로잡혔을 때 몸을 더럽히지 않으려고 자결하여
정려문을 받았다.

1423년(세종 5) 11월에는 9세에 불과한 옹진의 백정 양귀진이 오랫동
안 병환에 시달리던 아버지 양인길에게 인육이 즉효라는 소문을 듣고
자신의 손가락을 잘라 구워 먹여 낫게 했다는 황해도 감사의 장계가 올
라왔다. 임금은 효행을 크게 칭찬하면서 정문旌門을 세워주게 하고 양귀
진의 흩어진 가족이 함께 살도록 허락했다. 또《신증동국여지승람》에는
경상도 안음현에서 아버지의 눈병을 고치기 위해 백정이 되어 1000개의
쇠간을 봉양했다는 효자 조귀천의 일화가 실려 있다.

1451년(문종 1) 6월에 열린 경연에서 검토관 하위지는 양색백정, 즉 화
척과 재인이 평민과 섞여 살면서 혼인하지 않고 구별하면 태평한 때 염
려할 것이 없지만 유사시에 난을 일으킬 것이니 평민과의 혼인을 장려
해야 한다고 주장했다.

1489년(성종 20) 12월 9일 경연에서 대사간 이평李枰은 재인과 백정 무

리는 모아둔 재산도 없고 사역이 괴로워 도둑이 되는 것이 당연하니 살 길을 마련해 주자고 제안했다. 그는 이미 양민과 혼인하는 것을 허락한 일은 좋지만 고을에서 다른 종류로 취급하고 이웃사람으로 하여금 감시 하게 하며 별패別牌를 만들어 부리면서 양민에 끼지 못하게 하기 때문에 그들이 산업에 종사하지 못하고 도적이 될 수밖에 없다면서 백정들의 입장을 변호한 다음, 재인이나 백정이란 이름을 모두 없애고 일체의 부 역을 모두 양민과 같이 하면 수십 년 후에는 모두 양민화할 것이라고 진 언했다. 하지만 이 획기적인 대책은 영의정부사 노사신의 반대로 유야 무야되었다.

《대전회통大典會通》에는 매년 이런 백정의 실태를 조사하여 서울과 각 지방에 골고루 배치하여 백정 명부를 작성하고 생활을 엄격히 감독 하게 규정되어 있다. 그럼에도 불구하고 백정은 천인으로서 국가에 대 한 여러 가지 부담이 없었으므로 평민 가운데 생활이 곤란해지면 백정 이 되는 자가 많아 백정의 수는 날로 증가했다. 성종대에 이르면 한 고을 에 사는 재인이 평민의 3분의 1, 혹은 4분의 1에 달했다. 중종대에는 남 원부 내에 재인과 백정이 2000여 명인데, 한 명의 관리가 무려 30~40명 을 거느리고 있었다. 《세종실록지리지》에 남원도호부의 인구가 5000여 명으로 조사되어 있으므로 이를 감안한다면 남원 인구의 거의 반수가 백정이라는 계산이 나온다.

이와 같은 현상은 백정이라는 신분이 인기가 있었다는 것이 아니라 그 무렵 양민들의 살림살이가 신분에 연연할 수 없을 만큼 피폐해졌다 는 사실을 말해준다. 더불어 당대의 위정자들이 체계적인 국가관리에 실패하고 있었음을 증명한다.

사회의 최하층 계급인 백정으로서 타고난 신분을 바꾸는 지름길은 역모에 참여하는 길이 최선이었다. 1506년 9월, 강도로 수배된 김포 출신의 백정 당래唐來와 미륵彌勒 형제는 김포현령 박영창의 신임과 박영문의 천거로 중종반정에 참여하여 원종공신原從功臣에 올랐다. 그로부터 1년 뒤 영의정 유순, 좌의정 박원종, 우의정 유순정, 무령군 유자광 등은 그들의 강도죄를 풀어주고 포도장捕盜將(도적 체포를 전담하던 벼슬)에 임명했다. 백정으로서 강도짓까지 일삼던 무리가 도둑을 잡는 벼슬을 하게 되었으니 실로 인생역전의 산 모델이라고 하지 않을 수 없겠다.

이색적인 한양의 백정, 반촌 사람들

박제가의 《북학의》에 따르면 조선에서는 하루에 도살되는 소가 500 마리였는데 그 용도는 국가의 제사나 음식물을 풀어 신료나 군사를 위로하는 호궤犒饋, 성균관과 한양 5부 안의 푸줏간 24곳, 300여 고을의 관아에 있는 고깃간에 공급되었다고 한다. 18세기 후반 서울에 술집과 음식점이 출현하면서 소고기 수요는 더욱 늘어났다. 《한경지략漢京誌略》에 의하면 당시 소의 도축과 판매를 전담한 것은 성균관 주변의 반촌泮村에 사는 반인泮人들이었다.

반촌은 고려시대 문성공 안유, 즉 안향이 1301년(충렬왕 27) 국학에 노비 200명을 회사함으로써 시작되었다. 그는 1303년 유학 진흥을 위해 사대부들을 대상으로 모금운동을 벌여 섬학전贍學錢을 조성한 다음 그 돈으로 중국 강남에서 제기와 악기, 경적 등을 수입해 성균관의 분위기를 크게 바꾸었다.

100년 뒤 조선이 개국하면서 한양으로 천도하자 국학에 있던 노비들의 자손 일부가 한양으로 터전을 옮겼다. 당시 그들은 입역노비로 책정되어 문묘제향과 유생들의 조석지공에 종사하게 되었고, 개성에 남아 있던 노비들은 신공을 바쳐 성균관에서 소용되는 연료 구매와 시설 확충비용을 조달했다. 그때 서울의 입역노비들이 모여 살던 곳이 바로 반촌이다.

반촌이라는 지명은 고대 중국에서 유래했다. 천자국이던 주나라에서 설립한 학교를 벽옹辟雍이라고 했고 여타 제후국에 설립한 학교를 반궁泮宮이라 했다. 벽옹은 둥근 연못 가운데 건물을 지었으므로 출입하려면 동서남북으로 놓은 다리를 건너야 했다. 이에 비해 반궁은 반달 모양의 연못 가운데 세워 벽옹의 절반이므로 반수泮水라고 하고, 그 안에 있는 학교를 반궁이라 했다. 때문에 제후국인 조선의 학교 성균관成均館을 반궁으로 불렀고, 주변 지명에도 반드시 반泮자를 붙였다. 그래서 성균관 주변 마을은 반촌泮村, 그 안에 사는 주민들을 반민泮民이라고 부르게 된 것이다.

성균관에는 대사성 이하 관료들과 교수진, 유생들이 있었는데 반인은 이들을 위해 건물을 관리하고 식사를 준비하는 등 다양한 잡역을 맡았다. 그 대가로 반민 남자가 성균관 소속의 계집종과 혼인해 자식을 낳으면 아들은 성균관의 직동, 곧 재직이 되었다. 재직은 성균관 기숙사인

동재와 서재의 각방에 소속되어 유생들의 잔심부름을 했다. 이들이 장성하면 성균관 내 제향과 관련된 노동자인 수복이 되었다. 또 반인이 성균관 밖의 계집종과 관계하여 자식을 낳으면 성균관 서리가 될 수 있다.

반인들이 언제부터 백정의 일을 하게 되었는지는 분명치 않다. 어쨌든 그들은 조선 전기에 성균관에 도사屠肆를 설치하여 문묘의 제향에 쓰일 고기를 잡았고, 성균관의 재원이 부족해지자 도사를 현방懸房(푸줏간)으로 재편하고 고기를 판매함으로써 그 수익으로 비용의 부족분을 보충했다. 그러므로 현방은 서울에서 도살업과 쇠고기 독점판매권을 자진 시전의 하나인 것이다.

《한경지략》 현방에는 '성균관의 노복들로 고기를 팔아서 생계를 잇게 하고, 세稅로 바치는 고기로 태학생들의 반찬을 이어가게 한다.'라는 기록이 있다. 이 때문에 과거에 연구자 가운데 일부가 서울의 명륜동에 백정, 동숭동에 갓바치들이 산다고 판단했지만, 18세기경에 반인들은 현방을 운영하는 도성 각처에 거주하고 있었다.

숙종대에 4000여 명에 달하던 반인은 현방 운영만으로는 생계유지가 힘들었으므로 18세기 들어서 쇠기름, 쇠가죽 판매 등 다양한 상업 활동을 했고, 예로부터 전승해오던 연희를 발전시켰다. 반인들은 나례儺禮(고려 정종 이후 음력 섣달그믐 밤에 민가와 궁중에서 마귀와 사신邪神을 쫓기 위하여 베풀던 의식)나 중국 사신 영접시에 연희자로 동원되던 산대놀이의 주인공이었다. 그들은 서소문 밖에 있던 애오개의 현방을 근거지로 애오개본산대놀이를 발전시켰다.

매우 배타적이던 반인들은 자신의 영역에 외부인의 거주를 허락하지 않았다. 그 때문에 조선 후기 모든 금란^{禁亂}(소나무 벌채 금지, 임의적 도살 금지, 양조 금지)에도 반촌만은 치외법권지역으로 남아있었다. 금란을 어긴 범인들이 반촌에 숨으면 포교가 추적할 수 없었다. 영조 때 북부 장의동 주위에 금송의 영을 어긴 자들이 포교들의 추적을 피해 반촌 안으로 숨어들자 분노한 영조가 성균관 대사성에게 명해 반촌의 수색을 명했다. 그러자 성균관 유생들이 이에 항의하며 일제히 권당^{捲堂}, 곧 단식투쟁에 돌입하며 저항하기도 했다. 반촌이 성역이 된 것은 성균관 안에 공자의 사당 대성전이 있었기 때문이다.

1743년(영조 19) 11월에 외인 입주가 불허된 반촌을 재상의 자식들이 점거한 사건이 일어나자 지평 조재덕이 임금에게 이들을 벌하라고 청했다. 1765년(영조 41) 5월에는 사간원 포교가 반촌에서 도둑을 잡았다가 성묘 인근을 어지럽혔다는 죄목으로 파직되기도 했다. 조선시대에 반촌에서 일어난 가장 큰 사건은 1787년(정조 1) 10월 이승훈과 정약용 등이 반인 김석태의 집에 모여 천주교 서적을 공부하다가 발각되어 유생들의 공격을 받은 반회사건^{泮會事件}이다.

반인은 백정이 아니었지만 백정에 준하는 천대를 받았고 외부인과 친교, 결혼 등 일체의 사회적 관계를 맺지 않았다. 그들은 매우 사치스러운 복색과 호협한 기질, 폭력적인 성향을 가졌는데, 말소리도 서울 사람이 아닌 개성 사람들과 유사했다고 한다.

일제강점기에도 반인들은 여전히 소를 도살하고 판매했으며, 교육사업에 열심이었다. 이는 당대 백정들과 조금도 다르지 않았다. 1910년 1월 25일 그들은 혜화동에 보통학교 과정의 사립 숭정학교를 세워 반촌

아이들을 가르쳤는데 학교가 재정적으로 어려움을 전혀 겪지 않았다고 한다. 이 학교는 공립 혜화초등학교로 바뀌었는데 경기중학교 진학률이 전국에서 다섯 손가락 안에 꼽을 정도로 명문이었다고 한다.

극단적인 백정 차별

　백정 사회는 배우 배타적이어서 자기들끼리 무리를 이루어 유랑하거나 별도로 부락을 이루어 살았으며 일반민과 통혼하지 않았다. 백정 마을은 일반인이 출입하기 어려운 특수 구역이었다. 이들 중에는 세월이 지나면서 항복한 왜인이나 몽골인, 여진인, 심지어 쫓기던 역적의 자손들도 있었다. 그런 만큼 조선 사회에서도 이들에 대한 차별은 매우 심했다.

　역대 수많은 법전에도 백정을 규제하는 규정만 있을 뿐 하등의 보호 정책은 없다. 그들은 국민의 의무인 조세나 군역, 부역에서도 제외되고 노비들도 기재되는 호적도 없었고, 호패도 쉽게 발급되지 않았다. 그러므로 학교 입학이나 과거 응시는 꿈도 꿀 수 없었다.

　조선의 위정자들은 그 외에도 다양한 차별 정책을 통해 백정들의 사회적인 고립과 멸시를 유도했다. 백정의 집은 기와를 올릴 수 없었고 명주옷, 갓, 망건, 탕건, 가죽신 착용이 금지되었다. 의복은 갓끈에 쇠가죽 털이 달린 것을 하도록 하여 일반인과 한눈에 구별하도록 했다. 외출할 때는 봉두난발에 평량자(패랭이)를 착용해야 했다. 관혼상제에서도 마찬가지였다. 백정들은 초상을 당해도 상복은커녕 상여도 쓸 수 없었고, 결

하회별신굿탈놀이 가운데 백정놀음에서 백정 탈과 평량자를 쓴 모습

혼식에는 말이나 가마 대신 소와 널빤지를 이용했다.

한편, 남자들은 상투를 묶지 못했고 여자들은 쪽을 찔 수 없었으며 가묘도 쓸 수 없었다. 그들은 일반인 앞에서 음주와 흡연은 물론 대중모임에 쉽게 참석할 수도 없었다. 또한 일반 백성들도 연령에 관계없이 백정에게는 반말을 했으며, 조금이라도 잘못을 저지르면 집단 구타를 가하기도 했다.

백정은 이름조차 마음대로 짓지 못했다. 성도 분명하지 않고 혹 성이 있어도 관향을 알지 못했다. 이름에 인의효충 등의 글자를 사용할 수도 없었다. 대개 돌乭, 만석萬石, 억석億石, 무검武劍, 소개小介 등의 노비나 예복의 이름을 써야 했다. 백정의 3대 명문으로 알려진 변씨, 길씨, 홍씨 3 성은 스스로 변계량, 길재, 홍경래의 후손이라고 자처했지만 아무런 근거가 없었다.(차천자, 〈백정사회의 암담한 생활상을 거론하여 형평전선의 통일을 촉함〉, 《개벽》 49호, 1924) 소설가 최명희의 표현대로 백정들은 조선시대 내내 성 아랫것일 따름이었다.

> 노비·승려·백정·무당·광대·상여꾼·기생·공장工匠 등 여덟 종류의 팔천八賤 천민을 나라에서 정하여 구분한 세월이 얼마나 되었는가. 그중에서도 가장 천한 것이 백정과 무당이다. 이 세상에서 짐승 말고는 노비보다 더 심한 차별 대우를 받는 것이 백정인지라 일반 양인들과는 같이 섞여 살지도 못하고 성문 바깥 멀찌감치 물러나 저희들끼리 모여 사니 다른 사람들한테는 '성 아랫것'이라는 비칭 낮춤말을 들었다. 그것은 부성府城 고을이 아니어도 마찬가지였다. 사부士夫·반촌班村의 마을에는 말을 꺼낼 것도 없고, 민촌民村이라 할지라도 그 마을 안에 버젓이 섞여 살 수 없었다. 안에는 그만두고 언저리도 안 되었다.
>
> 최명희, 《혼불》 중에서

구한말 한반도 남부에서는 하층민과 머슴들의 조합인 농청農廳이 극심하게 백정을 탄압했다. 농청은 지주나 고용주의 하수인으로서 백정들에게 여러모로 무리한 요구를 했고 불응하면 폭력도 불사했다. 특히 반상의 차별이 심하던 경상북도 예천 지방에서는 해마다 7월 13일에 노동위안회란 잔치를 열면서 백정각시놀이라 하여 농청꾼들이 북과 꽹과리를 치며 둘러앉은 가운데 백정 부녀자를 끌어다가 치마를 벗기고 소처럼 끌고 다니거나 말처럼 기게 한 다음 그 등에 올라타 모욕을 주며 즐거워했다. 그때 백정들은 소머리나 계란 등의 공물을 바치고 읍소해야만 딸이나 아내를 돌려받을 수 있었다.

한편 경상남도 진주에는 22곳의 동이 있는데 각 동에 있는 농청에는 20명 내지 200여 명이 단체원으로 있었다. 농청은 백정에 대한 감독권을 행사했는데 자칫 불손한 눈치를 내비쳤다가는 농청에 끌려가 태형을 맞곤 했다. 시대가 달라지면서 백정들의 태도도 달라지자 농청에서는 남자백정은 관의 갓끈을 가죽으로 하고 여자백정은 치마 부분에 검은 천을 달게 하여 누가 봐도 즉시 신분을 알 수 있게 했다. 백정들은 이 요구를 완강히 거부했지만 고기 불매운동을 일으켜 생계를 위협하는 농청의 위세에 굴복할 수밖에 없었다.

그 무렵 조선의 선각자들은 최제우처럼 여종이 둘 있으면 하나는 양녀, 하나는 며느리를 삼는 식으로 노비해방의 모범을 보여주었다. 기자들은 민중계몽에 열중했고 소설가들은 노예해방을 소재로 계급의식 타파에 힘을 기울였다. 하지만 백정을 노비보다 더 천시하던 사회 풍조는 좀처럼 바뀌지 않았다. 견디다 못한 백정들은 직업을 바꾸거나 신분을 숨길 수 있는 타지로 이사하곤 했다. 그로 인해 1900년대 40만 명을 헤아리던 백정은 20여 년 후에는 7538호, 3만 3712명으로 줄어들었다.

백정들의 피눈물을 씻어다오

일제강점기인 1923년 4월, 조선왕조 500년 동안 설움받고 핍박받던 백정들이 마침내 한마음 한뜻으로 뭉쳐 인권회복의 기치를 내걸고 신분 해방투쟁에 돌입했다. 백정들의 조합인 형평사의 형평운동衡平運動이 바로 그것이었다.

1909년 3월 진주교회에 부임해 온 선교사 리알D. M Lyall은 백정과 일반인과의 동석예배를 추진했다가 일부 신도의 반발로 취소했다. 그때부터 백정과의 동석예배, 백정 자녀의 학교 입학 문제가 관심사로 대두되었다. 그해 8월 30일 교회 내에 설립된 남학교 안동학교와 여학교 정숙학교가 통합되어 광림학교가 되었는데, 이 학교의 통합을 추진한 멤버들이 1910년대 백정차별 철폐운동의 주역이 된다.

그 무렵 동학과 기독교를 통한 평등과 해방 사상을 접하게 된 진주의 백정들은 1919년 3.1운동과 1922년 일본의 특수부락민인 에타[穢多]의 해방운동인 수평운동水平運動에서 직접적으로 영향을 받았다. 형평사 결성에는 조선 사회의 불평등한 신분 질서에 대한 저항뿐만 아니라 진주의 역사적 경험이나 사회 문화적 배경이 바탕에 깔려 있던 것이다.

1923년에 백정의 자식도 다닐 수 있는 소학교 설립을 추진하는 과정에서 형평사 창립 논의가 구체적으로 시작되었다. 최초에 설립기금을 모으기 위해 설립자들은 보천교도를 가장해 보천교普天教(1911년 차경석이 전라북도 정읍에서 창시한 증산교 계통의 신종교)에서 도움을 받았지만 기대에 못 미치자 새로운 기금 마련 방안으로 백정들의 재력에 기대려 했다. 그 결

형평사 전국대회 포스터

과 백정들이 육류판매의 계량으로 쓰는 저울을 본떠 백정과 상민이 저울과 같이 고른 사회를 만든다는 뜻에서 형평사라는 조직을 구상하게 되었다. 그런데 형평사 결성 추진 과정에서 진주 대안동의 백정 이학찬의 자제 학교 입학문제가 제기되었다.

그 무렵 다른 지방 백정들은 자식들을 공립학교나 일본 등지에 유학 보내는 데 아무런 문제가 없었다. 이에 고무된 이학찬은 기부금을 100원 내고 제3야학교에 아들을 입학시켰지만 학부모들이 항의하는 바람에 수포로 돌아갔다. 또 1923년 3월에는 새로 설립되는 일신고등보통학교에 입학시키려 부역에 참여했다가 거부당했다. 분개한 이학찬은 언론인 출신으로 형평사 설립을 추진하고 있던 신현수와 강상호 등에 억울한 사연을 호소했다. 이 사건은 형평운동의 추진을 가속화시키는 계기가 되었다. 그 무렵 메이지대학을 중퇴하고 호적에 도한屠漢이라는 기록으로 인해 총독부 취직을 단념한 장지필이 형평운동에 합세했다.

1923년 4월 24일 진주청년회관에서 약 70여명의 사회운동가와 백정이 모여 신분해방을 모토로 형평사 발기기성회를 열었다. 이튿날인 4월 25일 같은 장소에서 약 80여 명이 참석한 가운데 형평사 발기 총회를 열고 다음과 같이 시작되는 주지主旨를 발표했다.

공정公正은 사회의 근본이고 애정愛情은 인류의 본량本良이다. 그런고로 아등我等은 계급을 타파하고 모욕적 칭호를 폐지하며 교육을 장려하여 아등도 참다운 인간이 되는 것을 기하는 것은 본사의 주지이다. 지금까지 조선의 백정은 어떠한 지위와 어떠한 압박을 받아 왔던가. 과거를 회상하면 종일토록 통곡하여도 혈루를 금할 길 없다. 여기에 지위와 조건 문제 등을 제기할 여가도 없이 목전의 압박을 절규하는 것이 오등吾等의 실정이다. 이 문제를 선결하는 것이 아등의 급무라고 인정하는 것은 적확한 것이다. 비卑하고 빈貧하고 열약劣弱하고 천하게 굴한 자는 누구였던가? 아아 그것은 아등의 백정이 아니었던가? 연然이나 이 같은 비극에 대하여 사회의 태도는 어떠했던가? 소위 지식계급을 위한 압박과 멸시만이 아니었던가! 직업의 구별이 있다고 하면 금수의 생명을 빼앗는 자 아등만이 아닌 것이다. 본사는 시대의 요구보다도 사회의 실정에 응하여 창립되었을 뿐 아니라 아등도 조선민족 이천만의 분자分子로서 갑오년 6월부터 칙령으로써 백정의 칭호가 없어지고 평민이 된 우리들이다. 애정으로써 상부상조하며 생명의 안정을 도모하고 공동의 존영存榮을 기하려 한다. 이에 사십여 만의 단결로써 본사의 목적인 그 주지를 선명하게 표방코자 하는 바이다. (하략)

이날 회의에서 참석자들은 형평운동을 전국적 사회운동으로 확산시키기로 결의하고 전국 조직을 구성했다. 주요 임원으로는 강상호, 신현수, 천석구, 장지필, 이학찬 등이 선임되었다. 5월 13일에는 진주좌에서 회원 400여 명이 참석해 창립축하회를 열었는데 부산, 마산, 밀양, 김해, 거창, 의령, 통영, 창원, 함안, 합천, 남해, 산청, 진해, 하동 등 경남 지역뿐만 아니라 대구, 논산, 대전, 옥천 등 중부권에서 온 대표자도 있었다.

백정 수백 명이 모여 백정 해방과 인권 평등을 공개적으로 주창한 이 행사를 통해 형평운동은 전국 백정들의 관심사로 더욱 확실하게 자리 잡았고, 진주는 형평운동의 발원지자 메카가 되었다. 형평사 간부들은 경남 경찰부를 방문하여 민적民籍의 백정 신분 표시를 삭제해줄 것을 요구해 관철시켰다. 이후 형평운동은 급속도로 발전해서 1923년 말경 형평사 조직은 전국에 지사 12곳, 분사 67곳에 이르렀다. 이처럼 초기의 형평 운동은 지도자들의 적극적인 노력과 일반 회원들의 열렬한 호응으로 전국에 빠르게 확산되었다. 그러자 이에 대한 반동으로 형평의 메카 진주에서부터 반형평운동이 일어났다.

5월 13일 형평사 창립 축하식을 마친 후 여흥을 즐기기 위해 진주기생조합에 출연을 부탁했지만 거절당했다. 5월 24일에는 진주 주변 마을 24

곳 농청 대표자들이 모여 반형평운동을 결의한 뒤 소고기 불매 운동을 추진하고 시민들에게 형평사 협조자들과의 절교를 요구했다. 7월에는 경남 삼가에서, 8월에는 김해와 충북 제천에서 형평운동 반대가 일어났다.

그럼에도 불구하고 세를 확대하던 형평사는 1923년 11월 7일 대전에서 열린 전 조선 형평대표자회의에서 본사 이전 문제를 둘러싸고 의견이 나뉘었다. 격론 끝에 혁신파들은 본사를 서울로 이전하고 형평사 잡지 발간과 피혁 공장 설립을 추진하기로 하고 서울 도렴동에 사옥을 마련했다. 그때부터 형평사는 진주와 서울 두 곳에 본부를 갖고 남파와 북파로 분열되었다.

양측 사원들은 공히 차별 철폐와 인권 존중, 교육을 강조했으나 전통산업 문제에 대한 이견이 많았다. 진주파는 이념 중심이었지만 서울파는 피혁회사 설립, 도부 고정 임금제 도입, 제품의 공동 판매 추진 등 경제 중심이었다. 이처럼 지도 세력의 분열로 형평운동은 행보가 지연되었다. 그럼에도 불구하고 형평운동은 다른 사회운동과 긴밀하게 맞물리면서 발전해 나갔다. 형평청년회, 전북 형평청년연맹, 전 영동嶺東 형평청년연맹, 전국 규모의 형평청년연맹이 조직되었고, 정위단正衛團, 형평학우회, 형평영성회와 같은 하위조직도 결성되었다. 이들의 세력 확산 추세는 1930년까지 지속되었다. 이 과정에서 형평운동은 다음과 같은 중요한 성과를 거두었다.

첫째, 차별을 철폐하고 인권을 신장시켰다. '백정'이란 호칭이나 반말과 같은 일반적 차별은 물론, 입학 제한이나 강제 구별과 같은 제도적 차별에도 반발했다.

둘째, 사원들의 교육과 계몽을 통해 생활을 향상시켰다. 이를 위해 야학과 강습소 설치, 정규 학교 취학, 신문 잡지 구독, 강연회 개최 등이 활발하게 추진되었다.

셋째, 사원들의 경제적 권익을 보호했다. 일본 자본이 빠르게 한국 시장을 잠식해가는 상황에서 형평사는 예전처럼 사원들의 도축장과 건피장 운영권을 유지해 달라고 당국과 교섭했고, 도부들의 작업환경 개선과 임금 인상을 요구하며 파업을 벌이기도 했다. 이들은 가죽제품의 공동구매와 판매, 피혁공장의 설립과 무역도 추진했다.

이처럼 형평운동은 다양한 성과를 거두면서 일제 강점기 동안 가장 오래 지속된 사회운동으로 자리매김했다. 형평운동가들은 백정의 집단이익을 추구하면서도 고려혁명당과 신간회를 지지하는 등 사회운동과 독립운동에도 적극 간여했다. 고려혁명당은 만주의 민족주의자들이 결성한 정의부와 국내의 천도교, 형평사 지도자들이 결성한 민족해방운동단체로 양기탁과 형평사 중앙집행위원 이동구가 책임 비서로 일했다. 1926년 4월에 결성된 뒤 곧 일경에 포착되어 핵심간부들이 체포되었는데 형평사 출신으로는 서울파의 핵심지도자인 이동구, 오성환, 서광훈, 유공삼, 조귀용, 장지필이 검거되었다.

이때부터 형평사는 청년회나 학우회 등 하위 단체를 이끌던 젊은 활동가들이 지도 세력으로 성장하면서 매우 급진적인 성격을 보이게 되었다. 이들은 특히 다른 사회운동 단체와의 협력을 강화했는데 그중 하나가 1927년 좌우익 민족 해방운동가들이 합작하여 결성한 민족 유일당 신간회였다. 당시 신간회와 형평사는 양측을 교차 지지하고 상호 간 적극적인 협조를 아끼지 않았다. 대표적인 사례로 1925년 민중대회 참여, 1927년 조선 사회단체 중앙협의회 결성 참여, 1929년 원산 총파업 노동자 지지 등을 들 수 있다. 1928년에는 청년운동 단체의 결속을 위하여 형평청년연맹을 해체하고 각 지역 청년운동 단체에 가입하기도 했다. 이처럼 1920년대 중반 이후 형평운동은 신분 해방을 뛰어넘어 민족 해방과 계급 해방으로까지 확대되었다.

그런데 1931년 수원분사에서 급진적인 좌파사원들이 형평사를 해체하고 노동조합 건설에 참여하여 계급투쟁을 벌여야 한다는 주장을 펼치며 논쟁을 벌였다. 때마침 전 세계를 휩쓴 공황으로 전통산업이 시들해지면서 사원들의 생활은 어려워졌다. 엎친 데 덮친 격으로 대륙 침략을 준비하던 일제의 강압통치가 이어지면서 형평운동은 고개를 숙이기 시작했다.

때맞춰 일제는 일부 형평사원이 공산주의 활동을 목적으로 형평청년 전위동맹을 결성했다는 이유로 이동안을 비롯한 14명을 구속하고, 51명을 불구속 기소했다. 이 사건은 4년 뒤 피고 전원이 무죄판결을 받았다. 하지만 이때 형평사 내부에서 가장 급진적이며 활동적인 젊은 지도자들이 무력화되면서 형평운동 자체가 위축되었다. 시간이 지날수록 유명무실한 분사들이 늘어났고 총본부에 회비를 납부하는 분사가 10여 곳 정도로 줄어들었다.

형평사는 그 후 형평운동을 부흥하기 위하여 유력자 영입, 사원들의 경제활동 지원 강화, 수육판매조합 설립, 비백정 출신 업자의 침투 저지, 피혁조합 설립 등을 주도했고, 1933년에 저금리 자금 지원, 사원들의 상호부조 등을 목표로 하는 동인공제사同人共濟社를 설립했지만 운동의 퇴보 추세를 막을 수는 없었다. 1933년 2월 중앙집행위원회에서 해체안이 제기되기도 했다.

1935년 4월 24일 서울 YMCA 강당에서 형평사 제13차 정기 전국대회가 열렸다. 이때 참석자 140여 명은 단체의 명칭을 대동사大同社로 바꾸고 새로운 활동을 벌이기로 결정했다. 대동사는 1936년 1월 11일 대전에서 임시대회를 열고 집행위원장 이성순, 부위원장 강상호 체제를 갖추었다. 얼마 후 총본부를 대전으로 옮긴 대동사는 부분적으로 인권과 차별 철폐를 주장했지만 기본적으로 사원들의 경제 권익 옹호를 위해 활동했다. 그 후 대동사는 피혁판매회사 설립, 고기자율결정 등 부유한 사원의 이익 강화에 치중했고 1938년 7월, 본사에서 일제에 비행기 대동호를 헌납하고 영천 지부장이 기관총 대금을 헌금하는 등 친일로 돌아서면서 형평운동은 역사의 뒤안길로 사라져버렸다.

신나게 한번 놀아보세 °광대

이리 오너라. 업고 놀자. 사랑 사랑 사랑 내 사랑이야. 사랑 사랑 사랑 내
사랑이지. 이히 내 사랑이로다. 아마도 내 사랑아. 네가 무엇을 먹으랴느
냐. 둥글둥글 수박 웃봉지 떼뜨리고 강릉의 백청을 다르르르 부어 씨는
발라 버리고 붉은 점 움뿍 떠 반간 진수로 먹으랴느냐. 아니 그것도 나는
싫소. 그러면 무엇을 먹으랴느냐. 당 동지 지루지허니 외가지 단참외 먹
으랴느냐. 아니 그것도 나는 싫소. 그러면 무엇을 먹으랴느냐.
앵도를 주랴. 포도를 주랴. 귤병사탕의 회화당을 주랴. 아니 그것도 나는
싫소. 시금털털 개살구 작은 이도령 서는데 먹으랴느냐. 아니 그것도 나
는 싫소. 저리 가거라 뒤태를 보자. 이리 오너라. 앞태를 보자. 아장 아장
걸어라. 걷는 태를 보자. 방긋 웃어라. 아마도 내 사랑아. 사랑이여.

〈사랑가〉(판소리《춘향전》중에서)

우리나라 광대의 원조는 《삼국사기》 악지에 나오는 신라의 오기五伎인 금환·월전·대면·속독·산예의 연희자들이다.

금환金丸은 잡희 무용을 하는 가운데 곡예를 하는 예능의 하나로, 중국 산악散樂의 탄도呑刀, 토화吐火, 농환弄丸, 환검丸劍, 도비환跳匕丸, 주색走索 가운데 농환弄丸으로 추정하고 있다. 또 월전月顚은 농악대의 잡색무雜色舞처럼 가면이나 분장을 한 광대들의 골계적인 잡희가면무, 대면大面은 황금 가면을 쓴 사람이 손에 구슬 채찍을 들고 귀신을 몰아내는 시늉을 하면서 봉황새같이 우아하고 단아하고 태평스러운 춤을 추는 가면무의 일종이다.

속독束毒은 머리털이 흐트러진 남색 가면을 쓴 이국적인 분위기의 연희자가 일행과 함께 뜰에 나와 북장단에 맞춰 춤을 추는 것이고, 산예狻猊는 사자춤이다. 사자춤은 민속놀이 가운데 하나인 봉산 탈춤에도 나오는데, 사자가 부처님의 심부름꾼으로 노승을 타락시킨 팔먹중 하나를 잡아먹고 그들을 징계하는 장면이 있다.

이익은 《성호사설유선》에서 조선시대에도 청국 사신을 영접할 때 오기가 연행되었음을 밝히고 있다. 그 외에도 고구려 수산리 벽화에 등장하는 재주꾼, 고려시대의 괴뢰패, 또 오랫동안 전승되어 온 춤꾼, 악공 등을 포함해 창우, 기생, 무당, 판소리꾼, 심지어 마을의 탈춤꾼이나 풍물꾼까지 광대의 반열에 포함된다.

조선시대에 활동하던 광대로는 재인청에 소속된 재인才人, 북방 유목민 계통의 수척水尺과 반인泮人, 재승 계통의 승려, 사장社長(조선 전기의 사장은 고려시대 재승^{才僧} 계통 연희자들의 후예로서 조선 후기에 사당, 거사, 남사당 등이 되었다), 사당, 남사당, 조선 후기의 각종 유랑예인집단 등 매우 다양한 부류가 있다. 한강 이북에서는 양수척의 후예인 고리백정들이 연희업에 종사하면서 재인이란 명칭을 얻었고, 한강 이남에서는 세습무가 출신의 무부들이 주로 활동했다. 이들은 공히 광대 외에도 악공이라고 불렸다. 하지만 사회적으로 '악공'보다는 '광대'라 불리는 경우가 많았다.

> 악공을 시켜 북, 피리, 필률을 연주하게 하니 …… 음악 연주가 끝나자 여러 악공들이 북을 치며 광대담廣大談과 창우倡優의 여러 놀음을 하니 보는 사람들이 곧 크게 웃었다.
>
> 신유한,《해유록》중에서

이들은 세종대에 신량역천으로 규정되어 대부분 신백정에 편입되었는데 재주를 팔아먹는 백정이라 하여 재백정才白丁이라고도 불렸다. 조선시대에는 놀이꾼인 재인과 도살을 업으로 하는 화척 등 여러 계층을 싸잡아 백정이라고 칭했다.

《경국대전》형전에 따르면 서울과 지방의 재인, 백정들은 각 방坊과 각 촌村에 분산 수용하고 장적帳籍을 만들어 각 관청에 보관한 다음 매년 출생, 사망, 도망을 자세히 살피게 규정되어 있다. 이에 따라 재인들은 일명 광대촌이라 불린 재인촌에 모여 살면서 연희 연습을 하는 한편 농업과 상업에 종사하기도 했다. 이들은 평민들에게 광대, 재인, 경잔이 등의 이름으로 불렸지만 자신들끼리는 사니라고 칭했다.

〈창배보삭倡俳步索〉
고깔을 쓴 어린 광대는 춤을 추며 줄을 타고,
그 밑의 어릿광대와 장구를 치는 사람이
장단을 맞추며 흥을 돋우고 있다.
김준근의 《기산풍속도첩》, 서울역사박물관 소장

　　재인들의 교육기관이던 재인청은 경기, 충청, 전라도에 있었는데 신
청神廳, 악사청樂師廳, 광대청廣大廳, 화랑청花郎廳 등 다양한 이름을 갖고 있
다. 기록상으로는 1784년부터 확인되는 재인청의 계원은 본래 세습무
인 단골과 굿 음악을 연주하는 화랑, 곡예와 무악을 연주하는 재인, 가무
예능인이며 무악을 연주하는 광대 등이 포함되어 있었다.

　　광대들은 여러 행사에 동원되어 땅재주, 솟대타기, 줄타기, 방울받기,
만연어룡지례, 대접돌리기, 무동, 불 토해내기, 판소리 단가, 판소리, 12
가사, 가곡, 검무, 각종 가장 동물춤, 우희, 유희, 홍패고사, 인형극, 탈춤
등을 공연했는데, 반인泮人과 기타 연희자들이 담당한 탈춤과 인형극을
제외하고는 대부분 재인청 재인들에 의해 행해졌다. 조선 후기에 이들

이 완성한 판소리는 한국 공연 예술의 백미라 할 수 있다.

재인들과 함께 연희에 참여했던 반인泮人들은 성균관에 소속된 노비의 후손들로 지금의 명륜동 근처인 반촌에 살면서 도살업으로 생계를 유지한 천민들이었다. 이들은 서울 근교에서 전승되는 가면극 산대놀이의 주요 연희자들이었다. 산대놀이는 경기도 가면극인 별산대놀이, 황해도 가면극인 탈춤, 경상남도 가면극인 야류와 오광대로 분화되었다.

수척水尺은 물가를 떠돌며 사냥과 갖바치를 주업으로 삼는 양수척의 후예들이었다. 양수척은 일찍이 고려 태조가 후백제를 공격할 때에도 통제하기 어려웠던 자들의 후손으로 명부도 없고 부역도 없었다. 이들은 고려의 국외인들로 일찍이 이의민의 아들 이지영이 애첩 자운선에게 소속시켰다. 그런데 최충헌이 이지영을 죽이고 자운선을 첩으로 삼은 뒤부터 공물 요구가 심해지자 분개하면서 고려를 침공한 거란군의 길잡이 노릇을 하기도 했다.

왕의 남자 공길

조선에서는 고려 때와 마찬가지로 한 해의 마지막 날에 궁중과 지방 관아, 민간에서 구난 의식인 나례儺禮가 행해졌다. 이때 연희자들은 잡귀 잡신들이 두려워하는 가면을 쓰고 타악기를 두들기며 구나驅儺 의식을 벌이고 처용무와 불꽃놀이 등을 벌였다. 그 행사가 어떠했는지는 성현의 《관나희觀儺戱》에 잘 나타나 있다.

궁궐의 봄빛이 채붕 위에 일렁이고
붉은 옷 노란 바지 입고 종횡으로 오가네.
신묘한 방울놀이는 의료의 솜씨인 듯
줄 타는 모습은 비연처럼 날렵하네.
네 벽 두른 좁은 방에 인형을 놀리고
백 척 솟대 위에서 잔 잡고 춤추네.
우리 임금님 광대놀이 즐기진 않지만
신하들과 태평성대 누리려 함이라네.

나례희의 클라이맥스는 화극이라 불리는 연극이었다. 조선 전기만 하더라도 광대들은 사회적으로 심각한 문제를 연극으로 꾸며 임금 앞에서 공연했다. 고답적인 유교사회에서 그와 같은 연희를 허용한 것은 광대의 말을 통해 민심을 파악할 수 있다는 정치적인 목적 때문이었다.

《조선왕조실록》을 보면 임금은 구중궁궐에 거처하므로 정치의 잘잘못과 풍속의 미악을 들을 수 없으니 비록 광대의 말을 통해서라도 세상의 일을 알아야 한다고 기록되어 있다. 그런 전통이 이어져오면서 연말 나례희 행사가 벌어지면 임금을 비롯해 여러 종친과 신하 등이 배석한 가운데 광대들이 시정의 여러 일을 화극으로 꾸며 공연했다.

임금이 왕비와 더불어 사정전에 나아가서 나례를 구경했다. 왕세자가 입시하고, 종친, 재상, 승지 등도 또한 입시했다. ······잡희가 시작되어 밤 2고鼓에 역귀를 쫓은 우인優人들이 잡희를 통하여 스스로 서로 문답하면서 관리의 탐오하고 청렴한 모양과 항간의 비세鄙細한 일까지 들춰내지 아니하는 바가 없었다.

《세조실록》10년(1464) 12월 28일

궁중에서 광대놀이를 즐긴 대표적인 임금은 연산군이었다. 실록을 들춰보면 영화 '왕의 남자'의 주인공 공길孔吉이 두 차례 나온다.

첫 번째는 1499년(연산군 5) 12월 30일의 나례희 때였다. 당시 연산군은 인양전에서 나례를 행한 다음 배우 공결의 풍자극을 구경했다. 이때 공결은 공연의 와중에 농부들의 고통을 담은 민농시憫農詩를 읊었다.

벼를 김매는 데 한낮이 되니
벼 포기 아래로 땀이 떨어지누나.
그 누가 알아주랴, 소반 위의 저녁밥이
알알이 모두 고통의 결과인 것을

그러자 평소 시를 좋아하던 연산군은 감탄하면서 승전색을 시켜 공결이 문자를 아는지, 글을 얼마나 읽었는지를 물었다. 그러자 공결이 자신은 글을 알지 못하고 다만 전해 들은 것이라고 대답했다. 왕이 물러가 계속 놀이를 하라고 하자 이미 할 바를 다했다며 거부했다. 화가 난 연산군이 의금부에 끌고 가 장 60대를 때리고 역졸에 소속시키라고 명하자 승지가 본래 광대들은 예절을 모른다고 말렸다.

공길의 두 번째 등장 역시 1505년(연산군 11) 12월 29일에 행해진 연말 나례희 때였다. 화극의 주인공으로 등장한 공길은 늙은 선비 놀음을 하면서 연산군에게 이렇게 쏘아붙였다.

전하는 요순과 같은 임금이요, 나는 고요皐陶와 같은 신하입니다. 요순은 언제나 있는 것이 아니지만, 고요는 항상 있는 것입니다. ······임금은 임금다워야 하고, 신하는 신하다워야 하며, 아비는 아비다워야 하고, 자식은 자식다워야 한다. 임금이 임금답지 못하고, 신하가 신하답지 못하면, 비록 곡식이 창고에 가득한들 내 어찌 먹을 수 있겠습니까?

임금이 임금노릇을 제대로 하고 있지 못하다는 직설적인 비유였다. 분개한 연산군은 공길을 매질하게 한 다음 유배형에 처했다. 그러고도 분이 풀리지 않은 연산군은 나례 행사 자체를 금지시켜 버렸다.

광대들이 서울에 떼를 지어 모이면 몰래 물건을 훔쳐 도둑이 되니 앞으로 나례를 베풀지 말라.

이처럼 광대는 최고 권력자의 위협에도 아랑곳하지 않고 비판과 풍자를 아끼지 않았다. 기록으로 볼 때 공길과 공결은 동일 인물로 추정된다. 연산군이 반정으로 축출된 뒤 나례희는 부활되었지만 인조 이후부터 잘 시행되지 않으면서 화극도 사양길을 걷게 된다. 그러자 광대들은 이전의 화극 요소에 소리를 곁들여 재담소리를 만들어냈고, 이 재담소리가 서사적인 요소를 갖추고 성악의 수준까지 높아지면서 판소리로 발전했다. 그리하여 조선 후기에는 문희연에서 판소리가 가장 중요한 공연물로 등장했다.

노는 물이 달라

재인청 소속 광대들은 중앙과 지방의 산대희, 궁궐과 지방 관아의 나례(儺禮), 과거 급제자 축하연 등 각종 공식 행사를 위해 관이 확보하고 있던 고급 연희 집단이었다. 궁궐이나 국가기관의 행사에 공식적으로 동원된다는 것이 이들이 다른 광대들과 다른 특징인데, 가장 대표적인 임무는 역시 중국 사신 영접이었다.

중국 사신들이 압록강을 건너오면 조선의 놀이꾼들은 평양과 황주, 모화관 앞마당이나 서울의 광화문 앞에 무대장치로 산대와 채붕을 가설하고 백희를 공연했는데 광대, 서인, 수척, 승광대, 악공 등이 총동원되었다. 악공이 음악을 연주하는 동안 광대와 서인은 줄타기, 방울받기, 땅재주 등의 연희를 펼쳤고, 수척과 승광대는 일종의 개그와 코미디를 담당했다. 성현이 남긴 《관괴뢰잡희觀傀儡雜戱》에는 이들의 놀라운 연희 수준이 잘 묘사되어 있다.

번쩍이는 금빛 허리띠 붉은 옷에 빛나는데
거꾸로 매달렸다 몸을 날리니 새가 나는 듯하다.
줄타기, 방울받기 기술도 많은데

나무인형에 실 꿰어 신기한 동작 자유롭다.
어찌 인형놀이가 아름다움만 보였겠는가.
한 고조는 평성에서 풀려날 수 있었다네.
공경코자 조정에서 여러 예를 베푸노라니
대국의 사신 눈이 커져 마땅히 비난하리라.

임금이 부묘의^{祔廟儀}·친경의^{親耕儀}·배릉례^{拜陵禮}를 마치면 광대들의 연회가 이어졌다. 부묘의가 끝난 뒤 임금이 종묘에서 나오면 의금부와 군기시의 주관 아래 나례가 펼쳐졌고, 어가가 환궁할 때면 광화문에 채붕을 설치한 다음 성균관 유생들이 가요를 올렸고, 교방에서는 가요와 정재를 바쳤다.

사대부의 과거급제 축하 잔치에도 광대들은 어김없이 불려나갔다. 조선시대 과거제도와 관련된 행사로는 은영연^{恩榮宴}, 유가^{遊街}, 영친의^{榮親儀}, 홍패고사^{紅牌告祀}, 문희연^{聞喜宴} 등이 있었다. 과거제는 2년에 한 차례 정도 식년시^{式年試}와 증광시^{增廣試}가 실시되어 생원 100명, 진사 100명, 문과 33명, 무과 28명을 뽑았고, 9개월에 한 차례 각종 별시^{別試}가 치러졌다.

중앙에서 급제자 명단을 공표하는 방방^{放榜} 의식이 행해지면 의정부에서는 급제자를 위해 은영연을 베풀었는데, 이때 접시돌리기, 방울받기, 땅재주 등의 공연이 이루어졌다. 급제자들은 세악수^{細樂手}, 광대, 재인을 대동하고 서울 시가를 사흘 동안 돌았는데 이를 삼일유가라 한다. 일종의 카퍼레이드인 셈이다.

영친의는 지방 출신 급제자가 고향으로 돌아왔을 때 수령이 급제자와 그 부모를 관아에 초청해 베풀어주는 잔치다. 그런 다음 광대가 집안 뜰에 놓인 쌀을 놓은 소반에 합격증인 홍패를 올려놓고 고사를 지내거나 사당에서 홍패 고사를 지낸다.

또 문희연은 급제의 영광을 부모에게 알리고 집안에서 벌이는 성대한 잔치로 전문적인 광대들이 동원되었다. 과거가 임박하면 수많은 지방 재인청 소속 놀이꾼들이 서울에 몰려들었는데, 급제자 집안에서는 이들의 기량을 가늠해본 다음 제일 잘하는 놀이패를 집안에 불러들였다. 문희연에서는 반드시 선비를 풍자하고 유가를 희롱하는 유희가 포함되었다. 1750년 진사에 급제한 신광수의 시를 보면 문희연에서 검무와 줄타기가 행해졌음을 알 수 있다.

홍의소년 검무로 연꽃 피우더니
일곱 걸음에 번 듯 줄 위로 날아오르네.
홀연 몸 뒤집어 평지로 떨어지니
요지연 잔치 끝나 돌아오는 듯.

광대들은 그 밖에도 읍치제의邑治祭儀, 동제洞祭, 왕족의 태를 태봉에 묻을 때, 정월 보름날 궁중에서 풍년을 기원하기 위해 행하는 모의농경 의례인 내농작內農作을 거행할 때, 새 감사의 부임을 환영할 때 등 각종 행사에 동원되어 연희를 펼쳤다.

이처럼 광대들은 천민이었음에도 불구하고 지배계층의 각종 행사에 동원되는 필수 인적 자원이었으므로 사회 제도적 차원에서 특수 신분으로 취급되고 관리되었다. 그러므로 재인청 소속 광대들과 조선 말기 불법 집단으로 규정되어 탄압받은 사당패 계통의 광대와는 완전히 달랐다.

유랑연예인의 시조 사당패

농경사회에서 토지가 없는 집단이 원래의 경제적 환경에서 쫓겨나 새로운 경제적 토대를 마련한다는 것은 거의 불가능에 가까웠다. 대표적인 집단이 본거지인 사찰에서 쫓겨나 광대패가 되어 전국을 유랑하게 된 사당패다.

오늘날 조선의 광대가 민중적인 유랑예인집단이라는 오해를 받게 된 것도 사당패 때문이었다. 사당패는 남자인 거사와 여자인 사당이 짝을 이뤄 보통 4~6명이 한 패를 이루었다. 기본적인 연희로 승려들이 하던 염불과 산타령, 사당벅구춤, 줄타기 등을 공연했지만, 공공연히 사당을 이용한 매매춘까지 행했다.

남자가 여자를 등에 업고 각지로 돌아다니면서 기예를 팔고 몸을 파는 것을 업으로 삼았다. 그 흥행에 있어 남자가 손에 소고를 잡고 공연장에 벌려서고, 여자가 마주서서 먼저 앞소리를 매기면 남자들이 일제히 뒷소리를 받는다. 혹 먼저 하기도 하고 혹 뒤에 하기도 하여, 혹 소고를 두드리기도 하고 혹 노래를 부르기도 한다. 공연이 절정에 이

〈가두매점〉
길 위에서 호객행위를 하는
사당패들이 부적을 팔고 있다.
김홍도의 《행려풍속도》,
프랑스 기메박물관 소장

〈유행매음 遊行賣淫〉
이들은 떠돌아다니며 매춘행위를 하는 무리로서
남자 두 명과 여자 한 명이 짝을 이루는 사당패를 묘사했다.
김준근의 《기산풍속도첩》, 서울역사박물관 소장

르면 청중이 갈채를 보내며 돈을 던져서 상을 준다. 혹 동전을 입에 물
고 돈! 돈! 하고 외치면 여사당이 와서 입으로 돈을 받으며 입을 맞추
는 방식은 기묘하다고 할 만하다. 이것이 매개가 되어 밤에 몸을 주고
돈을 받는 것을 화채花債, 혹은 해의채解衣債라고 한다. 이것이 사당패
의 영업이었다.

이능화, 《조선해어화사》 중에서

사당패는 조선 전기 불교 탄압과 함께 사찰이 사라지는 과정에서 민
간으로 쏟아져 나온 집단으로, 승려들이 거사가 되고 여자 노비들이 사
당이 되었다. 이들의 관계는 매우 밀접해서 거사는 사당을 업고 다녔고

세수까지 시켜줄 정도였다. 그러다 손님이 오면 사당을 내놓고 거사가 하인 노릇을 했다. 일종의 기둥서방 노릇을 한 것이다. 그 때문에 유생들은 이들의 관계가 짐승과 다를 바 없다고 비난했다.

남녀가 한곳에 뒤섞여 사는 사당패야말로 인륜을 파괴하는 온상이다.

때문에 조정에서는 사당패의 매매춘을 엄중하게 단속했고, 숙종 때에는 예조에서 사당패에 관련된 법률을 제정하기도 했다.

…… 이제 유녀라 칭하고 혹은 화랑이라 칭하며 음란한 짓을 제멋대로 하니, 이를 금제禁制하는 조목을 다음과 같이 기록합니다. 첫째, 화랑과 유녀가 음란한 짓을 하여 이득을 꾀하고, 승려와 속인이 서로 즐겨 괴이하게 여기지 아니하여, 남녀의 도를 어지럽게 하여 강상을 훼손하는 자는 소재지의 수령, 만호, 찰방, 역승으로 하여금 엄중하게 규찰하게 하여 범한 자는 범간율犯奸律에 한 등을 더하여 논죄하고, 양가良家의 여자와 중은 영원히 잔읍殘邑의 노비로 삼는다.

사당패와 사찰은 매우 밀접한 관계를 맺고 있었다. 사당패는 사찰을 본거지로 하여 새로운 공연 종목을 연습하고 승려들이 내준 부적을 팔아 수입의 일부를 절에 바쳤다. 고려시대 나옹화상이 주석했던 안성군의 청룡사, 황해도 문화 구월산의 패엽사, 경상도 하동 쌍계사, 전라도 강진 정수사, 경상도 남해의 화방사 등이 대표적인 장소로 인근에 사당골이라는 지명이 아직도 남아 있다.

안성의 사당패는 개다리패, 오명선패, 심선옥패, 안성 복만이패, 이원보패 등의 패거리 이름만이 전한다. 청룡사 사당 가운데 가장 유명한 사람이 바우덕이란 여인이다. 그녀는 행색이 아름답기 그지없어 양귀비에 비견되었다고 한다. 소고에 능했던 그녀는 마흔두 살인 남편과 짝을 지어 연희를 펼쳤는데 스물한 살에 요절했다. 지금도 그녀를 빗대어 부른 노래가 안성 땅에 전해오고 있다.

안성 청룡 바우덕이 소고만 들어도 돈 나온다.
안성 청룡 바우덕이 치마만 들어도 돈 나온다.
안성 청룡 바우덕이 줄 위에 오르니 돈 쏟아진다.
안성 청룡 바우덕이 바람을 날리며 떠나가네.

그래도 우리는 논다

조선의 광대들은 사당패, 솟대쟁이패(높은 장대를 중심에 세우고 줄을 늘어뜨려 놓은 뒤 곡예를 펴던 패거리), 대광대패, 초라니패, 걸립패, 중매구패(중이 매구를 치는 패거리), 광대패, 굿중패, 각설이패, 얘기장사, 남사당패 등 다양한 이름으로 불렸다.

여기에서 각설이패는 거지집단이기도 하지만 구성진 장타령이 일품이었고 그 나름대로의 예술성을 인정해주어야 하겠다. 얘기장사는 1인의 이야기꾼과 1~3인의 잽이가 당대의 인기소설을 읽어주고 돈을 받았다. 중국에 이야기를 해주는 직업 강담사가 있듯이 조선에도 전문 이야기꾼이 있었는데 이들이 판소리의 서사구조에 영향을 끼쳤다.

이중에 가장 자료가 많고 실상이 잘 알려진 것은 가장 늦게 형성된 남사당패다. 1900년 전후 성립된 것으로 추측되는 남사당패는 우두머리인 꼭두쇠를 정점으로 한 남자들만의 유랑예인집단이었다. 이들은 전국의 각 지방을 순회하면서 연희를 펼쳤는데, 주로 농어촌의 성벽 밖 서민층 마을을 돌며 모심는 계절부터 추수가 끝나는 늦은 가을까지 놀곤 했다.

이들은 꼭두쇠를 비롯하여 공연을 기획하는 곰뱅이쇠, 놀이를 관장하는 뜬쇠, 연희자인 가열, 새내기인 삐리, 나이 든 저승패와 등짐꾼 등으로 이루어져 있으며, 40~50명이 한 패를 이루었다. 꼭두쇠는 패거리의 대내외적 책임을 지는 우두머리로서 한 사람이었으나 그를 보좌하는 곰뱅이쇠는 규모에 따라 두 사람일 때도 있었다.

남사당놀이는 조선 백성들에게 많은 사랑을 받았지만 풍기문란을 이유로 양반들로부터 박대를 당해 마을에서 공연 허가를 받기 어려웠다. 남사당패가 과거 사당패의 여사당 대신 나이 어린 남자들을 여자로 분장시킨 남사당을 데리고 다닌 이유도 그 때문이었다. 곰뱅이쇠는 그런 양반들을 설득해 허가, 즉 곰뱅이를 트는 중요한 존재였다.

각 놀이의 중심 연희자가 되는 뜬쇠는 남사당놀이 각 연희 분야의 선임자로 14명 내외가 있다. 풍물의 우두머리 상공운님, 징수 중의 우두머리 징수님, 장고잽이 중의 우두머리 고장수님, 북수 중의 우두머리 북수님, 날라리와 땡각잡이의 우두머리 회적수님, 버꾸잽이 중의 우두머리

버꾸님, 무동 중의 우두머리 상무동님, 선소리꾼 중의 앞소리꾼인 회덕님, 대접돌리기를 하는 버나잽이의 우두머리 버나쇠, 요술장의 우두머리 얼른쇠, 땅재주꾼의 우두머리 살판쇠, 줄꾼 중의 우두머리 어름산이, 덧뵈기 탈꾼의 우두머리 덧뵈기쇠, 덜미 조종자의 우두머리 덜미쇠 등이 있다.

뜬쇠 밑에는 각기 연희자인 가열이 있고 그 밑에 삐리가 있다. 삐리는 초입자로 뜬쇠들의 합의와 판별에 의하여 적당하다고 인정되는 연희에 배치되어 잔심부름부터 시작해 한 가지씩 기예를 익혀 가열이 된다. 삐리들은 가열이 되기 전까지 여장을 했는데, 남색조직인 남사당패는 수동모와 암동모로 짜여졌다. 수동모는 가열 이상이, 암동모는 삐리들이 담당했다. 한편 부족한 인원은 가난한 농가의 아이들이나 고아, 가출아 등으로 보충했다.

남사당패의 사당들은 어린 시절부터 암동모와 수동모로 정해져 기량을 전수받는다. 그로 인해 여성성이 강화된 암동모들은 농촌의 노총각 집단인 머슴이나 천민들의 남색 대상이 되었다. 이들의 성행위를 계간鷄姦이라고 불렀다. 중국 영화 '패왕별희'와 같은 남성예인집단의 성문화가 우리나라에도 실재했던 것이다.

남사당패의 기본 종목은 풍물을 바탕으로 탈춤인 덧뵈기, 줄다리기인 어름판, 곤두박질을 하는 살판, 접시 돌리는 버나 등이었다. 남사당놀이는 풍물, 버나, 살판, 어름, 덧뵈기, 덜미 등으로 이루어진다.

풍물은 일종의 농악놀이로 공연 시작을 알리면서 구경꾼을 유도하기 위한 놀이라고 볼 수 있다. 충청, 경기 이남 지방에서는 웃다리가락을 시작으로 진풀이와 무동(새미), 채장(열두 발 상모) 등 다양한 기술의 놀이가 펼쳐진다. 인사굿이 시작된 후, 돌림벅구, 선소리판, 당산벌림, 양상치기, 허튼상치기, 오방감기, 오방풀기, 무동놀림, 쌍줄백이, 사통백이, 가새벌림, 좌우치기, 네줄백이, 마당일채, 밀치기벅구 등 판굿을 놀고, 그 다음으로 상쇠놀이, 딱벅구, 징놀이, 북놀이, 장고놀이, 시나위, 새미받기, 채상놀이 등을 한다.

버나는 중국의 접시돌리기와 비슷하게 쳇바퀴나 대접 등을 막대기나 담뱃대 등으로 돌리는 묘기다. 예전에는 버나놀이판에 얼른(요술)이 같이 행해지기도 했다. 접시돌리기 외에도 버나잽이와 소리꾼인 매호씨(어릿광대)가 서로 주고받는 재담과 소리가 있어 극적인 요소가 강하다. 돌리는 물체에 따라 대접버나, 칼버나, 자새버나, 체바퀴버나 등으로 분류된다.

살판은 오늘날의 재주넘기와 같은 땅재주로, 잘하면 살판이요 못하면 죽을판이란 뜻에서 붙여진 이름이다. 원래 대광대패나 솟대쟁이패의 주된 놀이 중의 하나로 남사당놀이에도 유입되었고, 연희자 역시 대광대패나 솟대쟁이패에서 초빙되었다. 앞곤두, 뒷곤두, 번개곤두, 자반뒤지기, 팔걸음, 외팔걸음, 외팔곤두, 앉은뱅이팔걸음, 수세미트리, 앉은뱅이모말되기, 숭어뜀 등의 재주가 있으며, 살판쇠와 매호씨가 재담을 주고받으면서 잽이(악사)의 장단에 맞춰 묘기를 부린다. 기예와 재담의 구성 비율은 반반으로 나타난다.

어름은 줄타기 곡예를 이르는 말로 얼음 위를 조심스럽게 걷는 것만큼 어렵다 하여 남사당패 내에서만 쓰이던 말이었지만 점차 많은 사람들이 사용하게 되었다. 초청에 의하여 관가나 양반집에 불려 다니던 광대줄과는 달리 일정한 보수 없이 서민들을 대상으로 순연했기 때문에 역시 민중 취향으로 짜여져 있는 것이 특징이다. 어름산이(줄꾼)와 매호씨가 재담을 주고받으며, 줄 위에서 가창하고 잽이의 장단에 맞춰 진행된다. 앞으로 가기, 장단줄, 거미줄 놀이기, 뒤로 훑기, 콩심기, 화장사위, 처녀총각외호모거리, 허궁잽이, 가새트름, 외 허궁잽이, 쌍 허궁재빙, 양반걸음, 양반 밤나무 지키기, 녹두장군 행차 등이 오늘날까지 전해진다.

덧뵈기는 탈을 쓰고 하는 일종의 탈놀이다. 덧뵈기는 덧(곱)본다는 뜻으로 탈이라는 뜻을 담고 있다. 타 지역의 탈놀이에 비해 제의성이나 행사성에 관계없이 그때그때 지역민의 갈구와 흥에 부합하여 공연되었다. 춤보다는 재담과 동작이 우세하며, 양반과 상민의 갈등을 상민의 편에서 의식적인 저항의 형태로 나타낸다. 탈은 샌님, 노친네, 취발이, 말뚝이, 먹중, 옴중, 피조리, 꺽쇠, 장쇠 등이 등장하며, 바가지 위에 종이 찢은 것을 붙여 만들고 아교단청으로 색을 내어 탈의 특징을 나타낸다. 전체적으로 마당씻이, 옴탈잡이, 샌님잡이, 먹중 취발이 잡이의 네 마당으로 구성되어 있다.

덜미는 남사당패의 유일한 민속인형극으로 '목덜미를 쥐고', '몽둥이를 쥐고' 놀린다는 의미에서 붙여진 이름이다. 사방을 포장으로 가리고 전면이 무대가 되는 공간을 통해 인형을 놀리며, 주조종자인 '대잡이'가 중심이 되고, 양 옆에 '대잡이보'가 앉아 등퇴장을 돕는다. 포장 밖 무대면을 향하여 비스듬한 앞자리에 대잡이와 재담을 주고받는 소리꾼인 산

받이가 앉고 그 옆에 꽹과리, 징, 북, 장고, 날라리 등의 잽이(악사)가 앉아 놀이를 진행시킨다. 꼭두각시놀음에선 지배층의 지배구조와 횡포에 대한 저항, 파계승에 대한 풍자를 통한 외래종교에 대한 비판, 서민들의 우직한 관념 등이 희화화되어 표현되고 있다. 극에 나오는 주요등장인물에 따라 꼭두각시놀음, 박첨지놀음, 홍동지놀음이라고 부른다.

자유를 대가로 차별을 얻다 ◦공장

나무를 베어 남산이 민둥이가 되고
불을 피워 연기가 해를 가리었지.
푸른 자기 술잔을 구워내
열에서 가려 뽑아 하나를 얻었네.
아름답게 푸른 옥 빛 나니
몇 번이나 푸른 연기 속에 파묻혔었나.
영롱하기는 물의 정령과 같고
단단하기는 돌에 못지 않네.
이제 알겠네. 만든 솜씨는
하늘에 재주를 빌었나 보구려.
가늘게 꽃무늬를 넣었는데
묘하게 화가의 솜씨 같구려.

이규보

풍성한 오곡은 백성들의 보물이지만	五穀芃芃民所寶
알맹이만 거두고 짚은 버렸네.	斂精食實委枯稿
유씨 노인 이것으로 일생을 보냈으니	惟叟得之以終老
살아서는 신을 삼았고 죽어서는 거적에 싸여 갔네.	生也爲履葬也藁

조선 말기 강화군 하도에 살던 이건창이 짚신을 삼으며 생계를 잇다가 70세에 세상을 떠난 갖바치 유군업을 애도하며 지은 시다. 조선 장인들의 외롭고 아픈 삶이 절절히 배어있는 듯하다. 박지원의 소설 《허생전》을 살펴보면 조선시대 장인들의 사회적 신분이 어떠했는지를 미루어 짐작할 수 있다.

허생은 남산 아래 묵적골에 살았는데 초가삼간에 살면서 가솔들이 굶주림에 시달려도 일할 생각은 하지 않는 전형적인 잔반殘班이었다. 그 때문에 바느질품을 팔아 생계를 유지하던 아내는 어느 날 남편에게 과거도 보지 않을 양이면 장인바치 일이라도 하라고 채근한다. 허생이 자신은 본래 장인바치 일을 배우지 못했다고 항변하자 아내는 장사나 도둑질이라도 해서 가장의 의무를 다하라고 바가지를 긁는다.

조선의 몰락 양반들은 이처럼 결심 여하에 따라서 장사는 할 수도 있지만 장인匠人의 일은 그렇지 않다는 것을 보여준다. 실제로 장인의 일은 천부적인 재능보다는 오랫동안 쉼 없는 반복학습을 통해 기술을 체화시켜야 가능하다. 더군다나 결과물에 대한 완성도를 갖추는 것은 또 다른 조력이 필요할 것이다.

미국의 노동사회학자 리처드 세넷 교수에 따르면 장인이란 일 자체를 위해 일을 훌륭히 해내는 데 전념하고 있는 사람이다. 그들의 작업은 생활과 직결되어 있지만 그렇다고 목적이 따로 있는 수단은 아니다. 그들이 가장 자랑스러워하는 것은 단순한 반복을 통해 원숙해져가는 그의 기능이다. 장인이 장인다우려면 그 기능은 계속 진화해야 한다.

역사적으로 우리나라 장인들의 입지는 매우 공고했다. 일찍이 백제에서는 기와 장인을 와박사瓦博士라고 부르는 등 장인을 높게 대우해줬다. 588년 백제의 위덕왕이 왜국에 노반박사爐盤博士와 와박사를 보내 절 짓는 일을 도와주었다는 기록이 전한다. 신라의 탈해왕은 대장장이인 야장冶匠 가문 출신이었다. 지금도 신라의 고분에서는 집게, 망치, 숫돌, 받침모루 등 많은 대장간 도구들이 출토되고 있다.

고대사회의 장인들은 왕족이나 귀족 등 지배계급의 일원이었지만 국가체계가 바로잡히고 사회가 다변화하면서 그 신분이 급전직하했다. 특히 조선시대에 이르러 이들은 더 이상 귀하신 몸이 아니라 승려들과 함께 부역에 동원되어 건물을 짓거나 무기와 생활도구를 만들어내는 단순한 기술자로 취급받게 되었다.

조선 최고의 장인 장영실

세종은 즉위 초기에 전제와 세제 개혁이라는 커다란 과제를 눈앞에 두고 있었다. 목적을 달성하기 위해서는 우선 농업 생산성을 향상시켜야 했다. 그런데 농지 확충이나 생산성 증가는 일조일석에 가능한 일이 아니었다. 때문에 세종은 전제조건으로 근대적 농법의 보급과 농업과학의 창설을 고안해냈다. 《농사직설》이나 《칠정산》 내외편 등은 이런 목표를 향한 일관된 행보였다. 파격적으로 장영실을 기용한 일도 세종의 이런 의도에 부합되는 것이었다.

"자연의 변화를 계수화하기 위한 도구가 필요하다."

자신의 농업 발전 프로젝트에 조선 최고의 발명가 장영실을 영입한 세종은 그가 각종 농업 진흥에 필요한 과학기기를 개발할 수 있도록 인적·물적 투자를 아끼지 않았다. 그런 기구를 통해 세종은 농부들이 적기에 종자를 파종하고 더 많이 수확할 수 있는 방법을 찾아내고자 한 것이다. 장영실의 이름이 실록에 등장하는 것은 1412년이다. 그때 장영실은 관상감 출신의 남양 부사 윤사웅의 추천으로 이미 궁중에 들어와 기술자로 일하고 있었다.

《아산장씨세보》에 따르면 장영실은 항주 출신인 장서蔣壻의 9세손으로 아버지의 이름은 장성휘蔣成暉다. 고려 때 중국에서 망명한 아버지는 조선에 귀화한 인물로 신량역천일 가능성이 높지만 어머니가 기생이었으므로 종모법에 따라 그는 천역을 벗어날 수 없었을 것이다. 어렸을 때 동래현의 관노이던 장영실은 농기구와 무기 수리에 뛰어난 재주를 보인 덕분에 중앙무대로 진출할 수 있었다. 그가 뛰어난 과학 지식을 쌓은 건 세종 때 저명한 천문학자인 매형 김담金淡의 가르침이 있었기 때문이다.

세종이 보위에 오른 뒤 장영실은 1421년(세종 3)에 윤사웅, 최천구와 함께 명나라에 특파되어 각종 천문기구 사용법을 익히고 돌아와 양각혼

의성상도감에서 많은 천문 관측기구를 만들었다. 1424년에는 수동 물시계인 경점기更點器를 대폭 보완해냄으로써 자신의 실력을 입증했고, 이에 탄복한 세종은 장영실에게 상의원(왕의 의복과 궁중에서 사용하는 물품을 담당하는 기관) 별좌別坐(종5품의 문반직, 월급은 없는 무록관無祿官) 직을 제수했다. 그와 같은 임금의 두터운 신임과 지원 속에 그의 능력은 일취월장했다.

1432년부터 세종은 농업 생산성을 높이기 위한 과학기술 프로젝트에 총력을 기울였다. 천문 관측기구를 제작하는 의표창제儀表創製를 시작한 것이다. 총지휘는 예문관 제학 정인지에게 맡겼다. 우선 천문 관측 관청인 서운관을 확장하는 한편, 대형 천문대인 대간의대大簡儀臺를 경복궁 안에, 소형 천문대인 소간의대小簡儀臺를 북부 광화방 근처에 지었다. 여기에 필요한 각종 기구 제작에는 공조 참판을 역임한 과학자 이천에게 맡겼는데, 여기에 장영실이 참여했음은 물론이다.

그들은 오늘날의 각도기와 비슷한 간의簡儀를 만들어 한성의 위도를 새로 측정하는 한편, 간의를 기준으로 각종 기구를 제작했다. 간의簡儀는 중국 원나라의 천문학자 곽수경이 만든 천문 의기다. 현대 천문학에서 적경에 해당하는 천체의 '적도수도赤道宿度'와 적위에 해당하는 '거극도去極度'를 측정하는 데 쓰인 관측기기로, 혼천의를 구성하는 부품 가운데 적도환, 백각환, 사유환만 따로 떼어내 간략하게 만든 것이다. 혼천의가 천체의 위치뿐만 아니라 시각을 측정하고 태양이나 달의 운동을 측정할 수 있는 데 반해, 간의는 주로 천체의 위치 측정에 쓰이도록 만들었다.

그 과정에서 세종은 장영실을 정5품 무관직인 행사로 승진시켰다. 이에 더욱 힘을 얻은 장영실은 1년 만에 천체의 운행과 위치를 측정하는

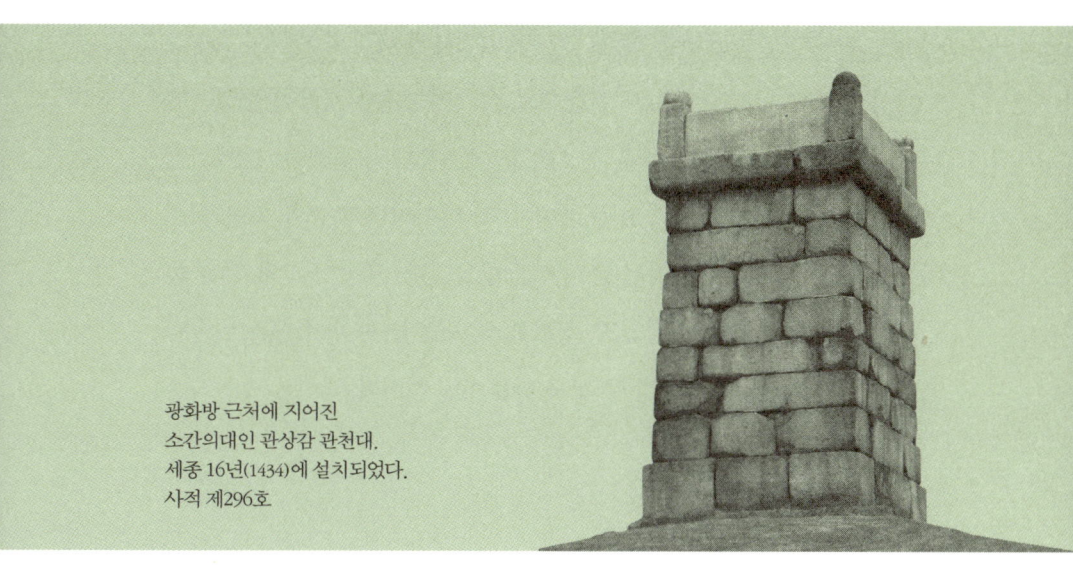

광화방 근처에 지어진
소간의대인 관상감 관천대.
세종 16년(1434)에 설치되었다.
사적 제296호

천문시계 혼천의를 완성했다. 혼천의는 선기옥형璇璣玉衡 또는 기형璣衡
이라고도 불리는 일종의 측각기다. 천구의天球儀인 혼상渾象(하늘의 별을 둥
근 구형에 표시한 의기)과 함께 물레바퀴를 동력으로 해서 움직이는 시계장
치와 연결되어 천체의 운행에 맞게 돌아가도록 되어 있으므로 혼천시계
라고도 불린다. 1437년 4월 15일자 실록에는 '규표의 서쪽에 작은 집을
세우고 혼의와 혼상을 놓았는데 혼의는 동쪽에 있고 혼상은 서쪽에 있
다. 혼의는 물을 이용하여 기계가 움직이는 공교로움은 숨겨져서 보이
지 않는다.'라고 씌어 있다.

　장영실은 또 개인적인 창의력을 발휘해 자동 물시계인 자격루自擊漏
를 만들었다. 누각漏刻, 또는 경루更漏라고 불리는 물시계는 기원전 7세
기경 중국에서 발명되었는데 매일 물을 갈아주고 항상 사람이 지켜서

시간을 재야하는 불편함이 있었다. 1091년에는 송나라의 과학자 소송蘇頌이 사람의 손이 가지 않아도 자동으로 움직이는 물시계를 만들었는데 너무 크고 복잡해서 그가 죽은 뒤 아무도 재현해내지 못했다. 12세기경에는 아라비아인들이 쇠로 만든 공이 굴러 떨어지면서 종과 북을 쳐서 자동으로 시간을 알리는 자동 물시계를 만들었다. 세종이 그와 같은 물시계를 원하자 장영실이 정인지, 정초 등의 도움을 받아 소송과 이슬람 물시계를 비교 연구한 끝에 자격루를 만들어낸 것이다.

영실의 사람됨이 비단 공교한 솜씨만 있는 것이 아니라 성질이 똑똑하기가 보통보다 뛰어나서, 매일 강무할 때에는 나의 곁에 두고 내시를 대신하여 명령을 전하기도 했다. 그러나 어찌 이것을 공이라고 하겠는가. 이제 자격궁루를 만들었는데 비록 나의 가르침을 받아서 했지마는, 만약 이 사람이 아니었다면 결코 만들어 내지 못했을 것이다.

《세종실록》 15년(1433) 9월 16일

그의 능력에 새삼 감탄한 세종은 정4품 무관 벼슬인 호군을 제수했다. 장영실이 뛰어난 작품을 완성할 때마다 세종은 벼슬을 올려주어 발명 의욕을 자극했다. 그리고 경복궁 경회루 남쪽에 보루각報漏閣을 짓게 한 다음 그 안에 자격루를 설치했다. 이듬해인 1434년 7월 1일 드디어 세종은 자격루를 조선의 표준 시계로 선포했다.

"이제 우리 조선의 시간을 찾았다."

이 자격루는 보루각에 설치했다고 해서 보루각루報漏閣漏라고 불렸고,

천안 아산역 광장에 세워진 장영실 동상

궁궐 안에 있다고 해서 금루禁漏라고도 불렀다. 그때부터 보루각의 자격루에서 시간을 알려주면 궁궐 밖 종루에서 오정(낮 12시)이나 인정(밤 10시경) 등의 시각을 북이나 종을 쳐서 백성에게 알렸다. 서울의 종로鐘路 거리 이름은 바로 이 종루에서 유래되었다. 안타깝게도 이 자격루는 임진왜란 때 소실되었다. 현재 전하는 자격루는 숭례문과 흥인지문에서도 시간을 알려주기 위해 1536년 추가로 제작된 것이다.

장영실은 1438년 더욱 정교한 자동 물시계인 옥루玉漏를 만들었다. 옥루는 시간을 알려주는 자격루와 천체의 운행을 관측하는 혼천의 기능이 합쳐진 다목적 시계였다. 이로써 시간은 물론 계절의 변화와 절기에 따라 해야 할 농사일까지 알려주는 기계가 탄생한 것이다. 세종은 집무실인 경복궁 천추전 서편에 흠경각을 짓고 옥루를 설치한 다음 수시로

양부일구(위) · 현주일구(가운데) · 정남일구(아래)

관찰했고, 우승지 김돈에게 〈흠경각기欽敬閣記〉를 짓게 했다. 장영실 회심의 작품인 이 옥루는 명종대인 1553년에 화재로 소실되었다. 이듬해 다시 제작했지만 역시 임진왜란 때 불타버려 현재는 전하지 않는다.

그때 장영실의 손으로 만들어진 과학기기로는 혼천의를 간소화한 대간의와 소간의, 휴대용 해시계인 현주일구, 천평일구, 시간과 함께 남북의 방위도 알려주는 해시계인 앙부일구, 밤낮으로 시간을 잴 수 있도록 만든 천문 관측기구인 일성정시의, 해의 그림자에 따라 절기를 알 수 있게 만든 규표 등이 대표적이다. 이 기구들은 1434년에 완성된 경복궁의 대간의대 안팎에 설치했다. 대간의대는 높이가 9.5미터에 이르는 왕립 천문대로서 당시 세계에서 가장 큰 규모였다.

세종은 옥루 발명으로 7년여에 걸친 의표창제 사업이 완결되었다고 판단하고, 장영실에게 새로운 임무를 맡겼다. 그 가운데 하나가 1434년에 주조한 금속활자인 갑인자다. 우리나라의 금속활자 개발은 고려 고종 때인 1234년에 세계 최초의 금속활자본《상정고금예문詳定古今禮文》인쇄 이후 답보 상태에 빠졌다. 조선에서는 1403년 금속활자인 계미자癸未子를 만들었는데, 크기도 일정하지 않고 활자를 고정하는 데 밀랍을 사용했으므로 인쇄물을 많이 찍을 수가 없었다. 1420년, 이천李蕆은 김돈, 김빈, 장영실 등과 함께 계미자보다 작고 정교한 경자자更子字를 만들었다. 이를 다시 개량한 것이 갑인자다. 대소 활자 두 종류로 20여만 자가 넘는 갑인자의 효용은 대단했다. 아름답고 선명한 인쇄는 물론이고 종전보다 2배나 빨리 인쇄할 수 있었다. 주자소에서는 이 갑인자를 이용해 수많은 서적을 인쇄함으로써 세종대 문화 발전에 일익을 담당했다.

갑인자 인쇄본

　장영실이 만든 또 하나의 회심의 작품이 바로 측우기測雨器다. 농업국 가인 조선에서는 농산물의 생산량이 곧 국력의 바로미터가 된다. 때문에 정밀한 강우량 측정은 농사의 질과 양을 좌우할 수 있는 중요한 자료였다. 그때까지 조선에서는 비가 땅 속에 스며든 깊이를 재서 강우량을 측정하는 원시적인 방법을 쓰고 있었다.

　1436년 전후 심한 가뭄과 폭우로 흉년이 거듭되자 세종은 장영실에게 측우기 개발을 명했다. 그리하여 1441년 세자 향과 장영실 등이 아이디어를 짜낸 끝에 높이 41.2센티미터, 직경 16.5센티미터 크기의 원통형 쇠그릇을 만들었는데, 이것이 바로 세계 최초의 측우기다. 이 측우기는 이듬해 높이 30.9센티미터, 직경 14.1센티미터로 규격이 통일되었다. 이

때 만들어진 측우기는 현재 남아 있지 않고, 1837년(현종 3년)에 만들어진 금영錦營 측우기가 보물 제561호로 지정되어 기상청에 보관되어 있다.

그런데 측우기는 정밀한 만큼 대량 제작이 어려웠다. 그 때문에 좀 더 간략하고 편하게 강우량을 알 수 있도록 고안된 것이 바로 수표水標였고 청계천의 마전교 서쪽과 한강변에 설치했다. 수표교水標橋란 수표가 설치된 다리를 말한다. 이는 쉽게 강우량을 알아볼 수 있다는 점에서 매우 실용적이었다.

장영실은 이처럼 조선의 과학 발전에 이바지한 공으로 종3품인 대호군까지 승진했다. 천민에서 일약 당하관의 지위에까지 오른 것이다. 하지만 그의 말년은 쓸쓸했다. 1442년 세종이 어가御駕에 올랐다가 어가가 부서지는 사고가 일어났다. 어가는 장영실이 설계하고 장인 임효돈이 제작한 것이었다. 그 일로 대간의 탄핵을 받은 장영실은 졸지에 죄인의 몸이 되고 말았다.

"전하의 옥체를 상하게 한 죄 죽어 마땅합니다. 파직과 함께 곤장 100대에 처해야 합니다."

"저간의 공이 있으니 80대로 감해주어라."

천재 발명가 장영실을 내내 아끼고 중용하던 세종은 이처럼 냉정한 조치를 취했다. 그 후 장영실의 자취는 역사의 기록에서 사라졌다. 사생활은 물론이고 말년의 행적조차 깨끗하게 묻혀버렸다. 대체 장영실과 세종 사이에 무슨 일이 있었던 것일까. 그가 천민이라는 출신 성분 때문에 사가들로부터 외면당한 것은 아닐까? 어쩌면 갑작스런 지위 상승으로 인해 오만하고 나태해져서 완벽주의자 세종에게 버림받은 것은 아닐까.

물론 단초는 있다. 한때 그가 대사성 황현 등과 함께 뇌물수수죄로 태형 20대를 맞은 적이 있기 때문이다. 그렇지만 저간의 공적으로 볼 때 장영실에 대한 처분은 적잖은 의문을 남긴다. 그 뒤 장영실의 행적에 대한 기록은 사서에서 깨끗이 사라졌다. 이 사건에 대하여 혹자들은 간의대 사업으로 명나라와 외교 분쟁이 생겨 그를 보호하기 위한 쇼였다고 주장하기도 한다.

귀천이 엄연했던 전제정치 시대에 강고한 신분의 벽을 뚫고 조선 최고의 과학자가 된 장영실, 매 순간마다 뜨겁게 열정을 불살랐던 그는 아직도 조선 최고의 발명가로서, 성공을 꿈꾸는 모든 이들의 표상으로 남아 있다.

조선의 기술 공무원, 공장

공장工匠이란 전근대사회에서 각종 수공업에 종사한 장인을 말한다. 기술이 곧 국력이던 옛날 장인들은 국가에 소속되어 각종 무기류와 생활용품을 만들어내야 했으므로 공장이란 명칭을 얻었을 것이다. 현재까지 전해오는 고대의 청동기나 철기, 금은제 장신구 등을 미루어볼 때 우리나라에는 고조선대부터 공장이 유지되어 왔음을 유추할 수 있다.

고대에는 왕실과 관청의 영조물營造物을 건조하는 공장, 무기를 만드는 공장, 지배계급의 생활용품과 장신구 등을 만드는 공장이 있었다. 삼국시대와 남북국시대에는 당나라의 장인제도를 받아들여 궁정수공업

〈금은공金銀工〉
금과 은을 녹이는 작은 화로와 이를 이용해
무언가를 만드는 장인.
금은공은 우리나라 금속공예의 중심이었다.
김준근의 《기산풍속도첩》, 서울역사박물관 소장

또는 관영수공업체제를 확립하고 온갖 수공업품을 생산하는 장인과 이를 관리하는 여러 관아官衙가 등장했다. 한편 일반 농가에 필요한 농기구나 생활용품을 관영수공업만으로 제공할 수 없던 점으로 미루어 광범위한 농민의 수요품을 제작한 민간수공업이 일어났다. 이들이 관영수공업 발전의 밑바탕이 되었음은 분명하다.

전란이 잦던 고려시대에는 관영수공업이 매우 성해서 개경과 그 주변에는 관공장官工匠이, 외방에는 소所에 소속된 공장, 또 여러 사원寺院에 소속된 공장이 있었다. 관공장은 무기를 총괄하는 군기시軍器寺, 왕실과 관청의 영조물 등을 건조하는 선공시繕工寺, 철기와 금속류를 담당하는 장야시匠冶寺 등에서 일했다.

금소金所·은소銀所·자기소磁器所 등의 전업적 수공업집단으로 유지되던 소所는 생산물을 나라에 공물로 바쳐야 했다. 장인 집단의 특수한 거주지이던 소는 중앙집권제가 강화되면서 해당 지역의 군·현에 흡수되어 독자성을 잃고 차츰 사라져갔다. 고려시대의 장인 계층은 고려가 멸망한 뒤 유민으로 전락했고 양수척이나 재인들처럼 백정 취급을 받았다.

유민의 무리들이 각각 장인匠人을 업으로 삼는 것처럼 산협에는 수철장水鐵匠, 마조장磨造匠이 있고 포택에는 유기장柳器匠이 있는데, 모두 옮기는 것이 일정하지 않고 떠나고 머무는 것이 기한이 없다.

《숙종실록》1년(1675) 9월 26일

조선이 출범하면서 고려에서 내려온 공장 제도는 새로운 형태로 바뀌었다. 군기시, 훈련도감, 각 군영 등에 설치된 관영수공업장에 장인들이 삼번제三番制로 출역하는 관공장 제도를 운영하게 했다. 이와 함께 개인이 경영주체가 되는 사공장私工匠도 용인해 주었다. 이에 따라 장인들은 해당 아문에 전속되어 관역官役에만 종사하는 장인과 관역에 종사하면서 사적 생산도 하는 장인, 장포匠布만 소속 아문에 내고 전적으로 사적 생산만 하는 장인 등으로 갈라졌다.

관공장은 서울에서 왕실과 관청의 수요품을 생산하는 경공장京工匠과 지방의 병영, 주·군·현에 소속된 외공장外工匠이 있었다. 《경국대전》에 따르면 '경공장과 외공장의 장적을 마련하여 공조, 해당 관아, 각 도와 각 읍에 보관한다.'라고 규정되어 있다. 당시 경공장의 정원은 직종이 129종에 약 280명으로 공조^{工曹}를 비롯한 각 관청에 소속되어 있었다. 지방관청의 외공장은 약 3600명으로서 경공장보다 수는 많았지만 직종은 27종에 지나지 않았다.

관공장에 소속된 장인은 공역이 있는 날엔 2~3교대 형태로 소속 공장에서 60세까지 종사했고, 공역이 없는 날엔 공장세^{工匠稅}를 납부했다. 일정한 작업 일수를 채우고 기술이 우수한 자에게는 종7품 이하의 체아직^{遞兒職}을 주었다. 이들은 체아직공장이라 불리며 소정의 녹봉을 받았으나 극소수에 불과했다.

당시 관영수공업장의 제조과정은 고도로 분업화되어 있었다. 분업화는 당시 장인들이 매우 전문화되었음을 전제로 한 것이며 높은 전문성 때문에 제품의 질은 대체로 우수했다. 사공장은 공역을 부담하지 않는 대신 신역^{身役}과 각종 요역^{搖役}을 부담했다. 이처럼 조선 초기의 공장제도는 장적제도^{帳籍制度}에 따른 작업 동원체제였다.

경공장은 조선 초기에 130장에 달했고, 여기에 소속된 장인의 수도 2841명이었다. 그중에 사기장^{沙器匠}이 386명으로 제일 많았고, 보유직종은 공조와 상의원이, 인원수는 군기시가 644명으로 제일 많았다. 제일 드문 장인은 주장^{珠匠}과 인장^{印匠}으로 2명에 불과했다. 이런 업종에 따른 장인의 수 차이는 도성에서 현저했다.

서울에서도 사기장은 가장 많은 인원을 자랑하며 조선 도공의 주체였다. 이는 식기의 수요가 많았기 때문으로 보인다. 도성은 또 식자계급의 중심지였으므로 지필묵 수요가 많았다. 세종 2년에 창의문 밖에 제지소가 설치된 것도 그런 이유였다. 또 교환경제수단인 주화, 제수와 식용 가치가 큰 쇠고기 등도 모두 장인에 의해 주조되거나 가공되었다.

외공장은 지방관청에 소속된 장인匠人들이었는데 가장 많은 수를 차지한 직종은 제지업製紙業으로 722명의 지장紙匠이 포함되어 있다. 다음으로는 야장冶匠이 462명, 돗자리 수공업자인 석장席匠이 385명, 화살을 만드는 시인矢人이 350명, 목공업의 목장木匠이 340명, 피혁수공업에 종사하는 피장皮匠이 313명의 순서로 되어 있다.

이들 외공장도 경공장과 마찬가지로 대부분 민간수공업자로서 지방관아에 작업이 있을 때마다 수시로 동원되었다. 지방관아에서는 감영·군·현·수영·병영 등 관청 자체의 수요품과 공물, 진상품 등을 마련할 필요가 있을 때 공장을 동원하여 물품을 제조했다. 이 경우 장인 중에서 가장 기술이 우수한 자가 동원되었고, 그들 중 일부는 관아에 거의 전속되어 일정한 급료를 받고 작업에 종사했다.

외공장 분포 상태를 살펴보면, 시인·궁인弓人·목공木工·칠장漆匠·궁현장弓弦匠·갑장甲匠·유장鍮匠 등은 전국 350곳 군현에 거의 빠짐없이 배치되어 있고 인원도 상당히 많았다. 그러나 일부 특정 지역을 제외하고는 한 분야에 1·2명 혹은 3·4명의 수공업자가 존재하고 있었다.

이런 점에서 볼 때 중앙의 경공장과 달리 지방수공업의 분업발전이 극히 미비했음을 알 수 있다. 외공장제 역시 16세기 이후 농업생산력 발달, 상품화폐경제의 발달을 배경으로 국역제國役制가 변질되는 과정에서 대부분 납포장納布匠 형태로 변질되었다. 이제 중앙·지방 관청을 막론하고 필요한 물품을 시장에서 구입하게 되었고, 이에 따라 외공장도 부역노동에서 해방되어 시장을 대상으로 한 상품생산에 전념할 수 있게 되었다.

조선 초기에는 장인 가운데 노비가 많았으며, 이후 양인 수공업자도 증가했는데, 이들 가운데에는 신량역천인 자도 꽤 있었고 직종 간에도 차별이 있었다. 대체로 활과 화살을 만드는 궁인弓人·시인矢人이 높은 대우를 받았다. 이들의 직무는 세습되었고 거주 지역 역시 일터 주변에 한정되었다. 성균관 주변의 반촌이나 상여꾼 마을 상도동, 활자를 제조하던 주자동 일대가 차별받는 천민촌이었음은 주지의 사실이다.

관장에서 사장으로

사농공상士農工商이라는 관념하에 기술을 천시하던 조선 사회에서 장인들의 처지는 실로 서글펐다. 초기에 양민 신분이 대부분이던 장인은 시간이 지나면서 조정의 차별 정책에 휘말려 낮은 최하층 계급으로 떨어졌다. 심지어 백정 계급에서 파생되어 나온 갖바치나 대장장이, 옹기장이 등은 같은 천민들에게까지 무시당하는 존재가 되었다. 《조선왕조실록》의 구석구석에는 추락하는 장인들의 역사가 자세히 나와 있다.

장인에 대한 최초의 실록 기사는 1393년(태조 2)에 한양 건설에 동원된 장인들을 돌려보낸다는 내용이다. 그 다음으로는 1406년(태종 6) 승려 해선의 건의에 따라 별와요別瓦窯를 설치하고 도성의 지붕 개량에 돌입했다는 기사가 뒤따른다. 한양의 집 대부분 띠로 지붕을 이었는데 중국 사신이 왕래할 때 보기 좋지 않고 화재가 나면 번지기 쉽다는 이유 때문이었다. 당시 별와요에는 충청도와 강원도에서 승려 50명과 와장 6명, 경

〈기와이기〉
김홍도의 《단원풍속도첩》
보물 제527호, 국립중앙박물관 소장

상도에서 승려 80명과 와장 10명, 경기도와 풍해도(황해도)에서 승려 30명과 와장 5명, 전라도에서 승려 30명과 와장 8명이 징발되었다.

이듬해인 1407년(태종 7년) 1월 19일 영의정부사 성석린은 임금에게 각도 주현에서 병선兵船과 군기軍器를 만들게 하자고 건의했다. 각궁角弓이나 환도環刀 같은 명품은 만들기 어렵지만 지포엄심紙布掩心(지포紙布로 만든 가슴을 가리는 갑옷)이나 두구頭具와 창槍은 누구나 만들 수 있다는 이유에서였다. 그에 따라 태종은 선공감繕工監 각사에 흩어져 있는 장인을 일괄 군기감軍器監에 소속시켜 병기를 만들게 했고, 금은으로 만든 그릇은 궁내와 국가행사에서만 쓰도록 하며, 민간에서는 사기沙器와 칠기漆器를 쓰도록 했다. 그때부터 장인들은 군기감에서 병기 생산을 도맡았다.

"장인들의 실력이 나날이 향상되고 있음은 매우 기쁜 일이다."

1407년(태종 7) 12월 30일 태종은 군기감의 화약장火藥匠 33명에게 각각 쌀 1석씩을 내려 주었다. 이는 제야에 대궐에서 행한 화산대火山臺, 즉 폭죽놀이에서 화약의 폭발력이 이전에 비해 두 배가량 강해졌기 때문이었다. 그 후 태종은 각사 공장의 정년을 70세로 정했다가 다시 66세로 낮추면서 신역을 면제해주었다. 조선시대에도 전문직종의 정년은 일반 사역자들보다 길었던 셈이다.

공장은 상인과 함께 조선 경제의 주축이었다. 태종대에 한성부에서는 공장과 상인 장부를 만들고 월말이 되면 세금으로 저화楮貨(고려시대부터 조선 초기까지 유통되던 닥나무 껍질로 만든 지폐) 1장씩을 징수했는데, 그 부담이 너무 커서 일을 포기하고 도망치는 자가 많았다. 당시 저화는 인기가 없어서 공장과 상인들이 쌀과 포로 거래를 일삼자 이를 벌하려 했지만 태종은 오히려 저화의 징수를 금하는 용단을 내리기까지 했다.

"공장과 상인들을 겁박하면 나라의 경제가 죽는다. 차라리 저화 제도를 재고함이 옳다."

다양한 국가 제도를 정립하고 과학기술 발전에 매진했던 세종대에 공장의 쓰임새는 실로 다양했다. 1424년(세종 6)에는 중국 사신들이 오가는 평안도에 자기를 굽는 공장이 없어 접대에 문제가 생기자 충청도의 자기 공장 2명을 파견했다. 이듬해에는 공조에서 장인이 부족하다고 호소하자 양민이나 공천, 사천을 막론하고 재주 있는 자를 등용하기 시작했다. 특히 희귀한 금박장과 연금장, 나전장, 붓장, 도장장, 홍정장 등은 각 관청의 노비를 뽑아 견습생으로 삼게 했다. 당시 공조에서는 노비 310명을 선정했는데 형조에서 노비의 품귀현상을 항의하자 견습생을 100명으로 한정하고 나이는 13세 이상 20세 이하로 못 박았다.

그 무렵 북방의 정세가 어지러웠으므로 무기를 만들 철의 수급이 시급해졌다. 세종은 중군총제 이천의 건의에 따라 은장銀匠 김생 등을 동원해 각 지방의 장인을 동원해 금화, 고성, 김해 등지에서 철광산을 찾아보게 하고, 일본에서 들여온 심중청석深重靑石과 수은석水銀石을 발견하는 자들을 포상하게 했다. 한편 염초장을 변방인 평안도, 함길도, 강원도, 황해도 등지에 파견해 화약 제조법을 가르치게 했다.

세종대에는 집현전을 통해 학술과 출판 활동이 왕성하면서 여러 공장 중에 주자장鑄字匠에게만 급료를 지급했는데 이 일이 다른 공장의 불만을 사 조정에서 논의되기도 했다. 또 관습도감慣習都監에 소속된 악사 가운데 맹인에게는 벼슬을 주었고 천민도 재주가 있는 자를 등용하게 했다.

이처럼 세종의 적극적인 장인우대정책에 따라 1439년(세종 21)에 이르면 상의원의 공장 정원수가 401명에서 66명을 더해 467명에 이르렀다.

그 후 공장의 수효가 급증하면서 관직을 제수받는 천인들이 늘어나자 양천 구별이 문제가 되었다. 1444년(세종 26) 윤 7월 5일 의정부에서는 공장의 인원과 관직을 제한하자고 세종에게 건의했다. 그 결과 사용원의 각 품 내의 사직 4명, 부사직 4명, 사정 4명, 부사정 4명, 급사 8명, 부급사 8명에게는 그대로 계속 사용 제원의 벼슬을 주게 하고, 사직 4명, 부사직 4명, 사정 8명, 부사정 12명, 급사 12명. 부급사 16명을 제외하고는 상림원上林園에 예속시켜서 공장, 잡기를 가진 자와 천인 등에게 제수하도록 법제화했다.

당시 장영실 등 세종의 신임을 받는 장인의 갑작스런 신분상승을 경계한 것이다. 그럼에도 불구하고 공장에 대한 전체적인 인식은 매우 나빴다. 이는 백정 출신 공장들이 수시로 문제를 일으켰기 때문이다. 1448년(세종 30) 세종은 이렇게 말했다.

"대개 공장이란 것은 거의 다 천한 무리들이라, 비록 감장관監掌官이 엄하게 조사하여 단속하여도 반드시 틈을 타서 도둑질을 하여 간사하고 거짓됨을 금하기 어렵다."

이런 경향은 후대에도 이어져 1450년(문종 즉위년)에 공조의 공장들이 체아직遞兒職을 요구했지만 들어주지 않았다. 체아직이란 현직을 떠난 문무관에게 녹봉을 주기 위하여 각사各司에 두던 정원 외의 명예직을 말한다.

《경국대전》의 완성으로 완전한 법치가 가능하게 된 성종대에는 면천되어 양인이 된 자들을 갑사에 소속시키지 않고 정병이나 장적匠籍에 예속시켜 양천 구분을 명확하게 했다. 그 무렵 장인들의 지위가 천민으로 추락했음을 알 수 있다. 이런 상황에서 수철장水鐵匠들을 군역에 정하고 세철稅鐵까지 거둠으로써 장인들의 삶이 곤궁해졌다. 그로 인해 민간에서는 농기나 생활도구의 품귀현상까지 벌어졌다.

1477년(성종 8)에는 약장藥匠, 즉 화약수들의 처우가 논의에 올랐다. 본래 약장은 변방에서 전투가 벌어지면 화포를 들고 참전하는 자들인데 군인이 아니라 장인으로 불리면서 다른 생업을 금지해 자원하는 사람이 점차 줄어들고 있었다. 세종대에는 약장에게 두 끼를 먹이고, 봉족奉足(평민이나 천민이 출역出役할 경우 집안일을 도와주던 사람) 2명을 주었고, 양인이면 6품 벼슬을, 천인이면 장원서掌苑署의 관직을 주었으므로 매우 인기가 높았다. 하지만 성종대에 이르러 모든 대우가 사라진데다 체아직도 8품 두 자리와 7품 한 자리만이 남아 다른 장인들과 경쟁하는 상황이었다. 때문에 약장의 정규 인원이 180명인데 그 무렵 80명밖에 남지 않았던 것이다. 그리하여 정인지와 조석문, 김질 등 정승들의 협의하에 약장을 파진군破陣軍으로 호칭하고 세종대의 전례를 따르게 하면서 능력 있는 약장은 산관 6품을 보장해 주었다.

조선의 내정이 혼란에 빠진 연산군대에 들어서면서 공장 역시 호된 시련을 겪었다. 1502년(연산군 8)에 임금은 북경으로 가는 사행 길에 능라장綾羅匠을 동행시켜 대홍大紅·초록草綠 등 여러 색깔의 저사紵絲의 염색도 익히고 직조도 익혀서 각각 4, 5척尺씩 가져 오게 했다.

낭만주의자 연산군은 각 고을에서 내수사內需司로 이속된 수철장水鐵

匠들의 전문성을 고려해 조수를 주었고, 공조의 유기공들에게 하루 두 끼를 먹이는 등 우대했다. 그가 대궐 안에 화청畵廳을 두고 장인을 모으자 의정부에서 관청의 비용이 많이 든다고 항의했다. 하지만 당시 사사건건 정사에 트집을 잡는 중신들에게 불만이 많던 연산군은 냉랭하게 대답했다.

> 유기공鍮器工을 일시키는 것은 정지시킬 수 없다. 온 천하에 임금의 신하가 아님이 없는데 사공私工을 부역시키는 것이 무슨 불가함이 있겠는가? 모두 그 주인의 성명을 적어서 아뢰라. 그 주인이 시끄럽게 퍼뜨려서 경들에게까지 듣게 한 것이니, 이것은 사문私門이 강성하고 공실公室이 약한 풍조다.
>
> 《연산군일기》 8년(1502) 8월 4일

이와 같은 반응은 장차 폐비 윤씨 문제로 다가올 피바람을 예고하는 징조이기도 했다. 1503년(연산군 9)에는 각 관사의 화장花匠을 전원 출동시켜 들국화 200포기를 캐어오게 했고, 이듬해에는 거울을 가는 마경장磨鏡匠 15명을 데려오지 않은 공조와 상의원의 해당 관원을 국문하게 했으며, 의대衣襨와 장롱 제작을 늦게 끝낸 공장에게 장 80대를 때리게 했다. 이처럼 연산군은 수많은 공역을 일으켰고, 그 과정에서 공장이 모자라면 민간의 사장私匠까지 부리게 했다. 때문에 여항閭巷(여염閭閻)의 장인들은 부역을 피하기 위해 직업과 이름을 숨기고 도망치기 바빴다.

그 후에도 연산군의 변덕은 끝이 없어서 백옥을 채취하는 옥장에게 말을 주기도 하고 서총대의 석장과 야장, 거장에게 월급을 주었으며, 악기 만드는 장인을 잡아들이는 한편, 다리미 자루를 소나무로 추하게 만들었다는 이유로 공인을 국문하기까지 했다. 그 와중에 손재주가 좋던 궁대장弓袋匠 이불지李佛知에게 4등 록祿을 하사하기도 했다.

연산군이라면 빠지지 않는 것이 운평, 홍청 등으로 알려진 기생에 대한 특별 대우다. 1506(연산군 12) 6월 12일 5부와 의금부 관리들에게 공사의 화장을 모아 당일 오전 중에 취홍聚紅·뇌영蕾英·진향珍香·함방含芳 등 원院의 나인의 머리에 장식할 꽃을 만들라고 명하고 이를 어기면 중벌로 다스리겠다고 전교했다. 이처럼 연산군대의 장인들은 광태狂態에 빠진 임금의 변덕에 허덕여야 했다.

임진왜란이 끝나고 광해군이 등극하면서 조선의 장인들은 전쟁물자 생산에 열을 올렸다. 1609년(광해군 1) 훈련도감에서 화약 제조에 필요한 함토鹹土 채취에 사대부들이 협조하지 않는 문제를 제기했다. 세력가들이 흙을 캐러 온 염초장焰硝匠을 구타하고 채취 도구까지 빼앗는다는 내용이었다. 왜란 이후 도성에 민가가 뜸한 상태에서 사대부 집안의 흙을 캐지 못하면 염초 제조가 불가능했기 때문이다.

국방과 관련된 사안에 대한 광해군의 조치는 단호했다. 각 부部·각 리里에 귀천을 논하지 말고 호수戶數를 계산하여 파내되, 각 부의 관원이 파내고 파내지 않은 대소가大小家의 호수를 대조 점검하여 책자로 만들어 월말마다 도감에 보고하도록 하며, 만일 한 호수라도 누락시키고 파내지 않은 곳이 있으면 해당 부의 관리는 무겁게 죄를 다스리며, 파내도록 허락하지 않은 가장은 죄를 다스리게 했다. 당시 사대부들은 집안 측간의 흙도 소중하게 다룬 모양이다.

광해군대에 장인들을 괴롭힌 것은 경덕궁과 인경궁 등의 궁궐조성공사였다. 수많은 장인이 대가 없이 공사에 동원되면서 생활이 곤궁해진 것이다. 그런 판국에 양반 관료들까지 자신을 부려먹으려 하자 일을 버리고 도망치는 장인이 부지기수였다. 그와 같은 장인들의 도망 풍조는 인조대까지 계속되어서 1627년(인조 5) 청도의 수포장收布匠 51명이 단체로 행방불명되는 사례도 있었다. 정약용은 조선 장인들의 뛰어난 능력이 공납의 폐단과 관리들의 수탈 때문에 사장되고 있음을 시를 지어 증명했다.

그대 못 보았더냐.

궁복산 가득한 황칠나무를

금빛 액 맑고 고와 반짝반짝 빛이 나네.

껍질 벗겨 즙을 받기 옻칠 하듯 하는데

아름드리나무에서 겨우 한 잔 넘칠 정도

상자에 칠을 하면 검붉은 색 없어지니

잘 익은 치자 물감 이와 견줄쏘냐.

서예가의 경황지˚가 이로 인해 더 좋으니

납지˚˚, 양각˚˚˚ 모두 다 무색해서 물러나네.

이 나무 명성이 자자해서

˚   황지는 당지의 이름으로 노란 물감을 먹인 종이
˚˚ 백랍 먹인 종이
˚˚˚ 염소 뿔을 고아 얇고 투명한 껍질로 만들어 씌운 등

박물지에 왕왕이 그 이름 올라 있네.

공납으로 해마다 공장工匠에게 옮기는데

서리들의 농간을 막을 길 없어

지방민이 이 나무 악목이라 여기고서

밤마다 도끼 들고 몰래 와서 찍었다네.

지난 봄 조정에서 공납 면제 해준 후로

영릉에 종유 나듯 신기하게 다시 나네.

바람 불어 비가 오니 죽은 등걸 싹이 나고

나뭇가지 무성하여 푸른 하늘 어울리네.

《여유당전서》제1집 제4권 '황칠黃漆'

이 시에서 '영릉에 종유 나듯'이란 표현은 유종원의《영육복유혈기》에 나오는 이야기다. 영릉(영주)에 석종유가 나서 공물로 바쳤는데, 그 채취가 힘들 뿐 아니라 보상도 해주지 않아서 그 지방민들이 석종유가 다 없어져 버렸다고 거짓으로 보고했다. 그런데 훗날 지방관이 어진 정사를 베풀자 백성들이 다시 석종유가 되살아났다고 아뢰었다고 한다.

결국 조정에서는 현실을 직시하고 새로운 정책을 시행하기로 결정했다. 운영이 까다로운 관영수공업체제를 포기하는 대신 장인이 관장에게 면포를 가포價布로 바치게 함으로써, 그 돈으로 국가에서 필요한 물품을 구입하도록 한 것이다. 이렇게 시작된 장인가포제匠人價布制는 1년에 무명 2필 또는 3필을 받고 입역을 면제해주는 제도다. 이때부터 관장들도 부역에서 벗어나 납포만 하면 자유롭게 개인적으로 제품을 제조, 판매

할 수 있는 길이 열리게 되었다.

점店 또는 점촌店村이라 불린 사장의 민영수공업장은 조선 후기에 상대적으로 늘어난 시장 수요 때문에 매우 번성했다. 그렇지만 조선은 대량생산, 대량 소비 사회가 아니었으므로 판매망을 갖추지 못한 장인은 물건 값을 먼저 주는 선대제를 이용한 상인들에게 좋은 먹잇감이 되었다. 더군다나 유군업처럼 생활용품을 만드는 장인은 노동에 대한 정당한 대가를 받지 못해 끼니조차 잇기 어려웠다.

백자의 신기원을 연 분원 사기장

사기장沙器匠은 사기그릇을 만드는 장인을 말한다. 서민적이면서 활달한 조선 분청사기와 단아한 선비의 향을 담고 있는 조선백자는 한국적 정감과 멋을 나타내는 전통 공예기술로 가치가 높다. 이를 만드는 사기장은 현재 문화재 보전 차원에서 중요무형문화재로 지정되어있다.

우리나라 도자기는 고려시대부터 천하제일의 비색청자로서 명성을 떨쳤으며 국가기관인 사옹원司甕院에서 제작했는데 조선시대에는 왕실에서 사용하기 위해 경기도에 분원을 설치하여 특별히 제작했고 조선 후기에는 관요官窯가 폐쇄되면서 도공들이 문경, 괴산, 단양 등 지방으로 흩어져 민요民窯가 번창했다. 오늘날에도 세계적으로 각광받는 도자 공예제품은 만드는 방식에 따라 제와장·옹기장·도기장·사기장으로 장인을 분류할 수 있다.

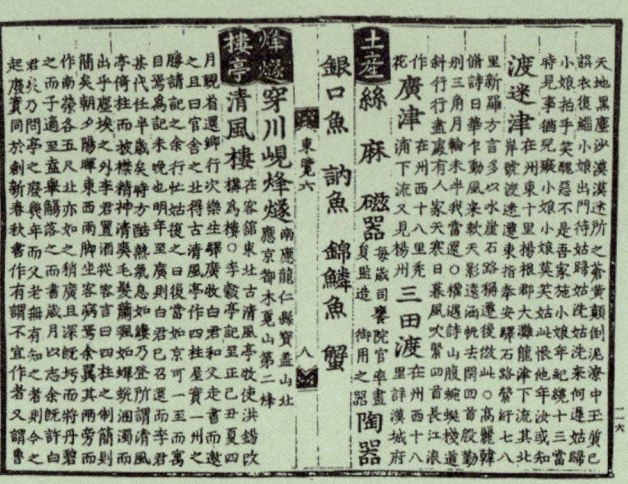

《신증동국여지승람》에 나타난 광주목 토산조의 사옹원에 관한 기록

    사기를 제작하는 과정은 사토를 채굴하는 것부터 구워내는 작업까지다. 우선 모래흙(사토)을 구한 후 물에 넣어 이물질을 제거하는 수비과정을 거친다. 이 과정이 끝나면 순수 흙으로 그릇의 형태를 만드는 물레작업을 한다. 만들어진 그릇을 가마에 넣고 초벌구이와 유약을 바른 뒤 다시 재벌구이를 해서 구워낸다. 전통적인 나무로 만든 발물레를 시계방향으로 회전시키는데, 이 특별한 물레 돌리는 방법이 한국 도자기 장인들의 기술이다.

《경국대전》에는 사옹원 소속으로 사기장 380명이 등재되어 있으며, 인력은 전국의 사기장인 1140명이 3교대로 나뉘어 3년마다 한 번씩 분원分院에 들어와 노역하는 방식으로 충당되었다.

분원이란 본래 왕실의 어기와 관청에 공납하던 도자기를 생산하는 곳으로 중앙 관리부처인 사옹원의 '분사옹원'을 약칭하지만 기록에는 분원이란 이름을 많이 썼으며 분주원分廚院으로 개칭되기도 했다. 사옹원에서 어기 제조와 공납을 맡은 것은 고려시대부터며 조선 태조 1년(1392)에 사선서司膳署를 설치했다가 사옹방司饔房으로, 세조 13년(1467) 사옹원으로 개칭하여 조선 말기까지 존속했다.

분원사기란 광주분원에서 만든 도자기로서 백자, 염부染付와 유리유琉璃釉, 진산辰砂, 철사鐵砂, 진산의 삼채三彩 등 여러 종류의 자기가 생산되었다. 현재 고요지古窯址는 분원초등학교 중심부에 남아있고 분원 자리에는 사옹원관선정비司饔院官善政碑가 있다.

조선 후기에는 분원 운영이 효율화되면서 분원 장인의 수효가 급증했다. 특히 1752년부터 1883년에 이르는 분원리 시기에는 변수邊首를 우두머리로 수비장, 조기장, 화청장, 부호수, 화장, 파기장과 같은 전문적인 사기장을 비롯하여 공사군, 허벌군 같은 수백 명의 잡역과 감관, 원역, 사령 등 모두 552명에 달하는 인원이 분업체계를 갖추고 작업했다. 이들은 분원 주변에 거주하면서 대를 이어 종사했는데, 1000명 이상의 분원 종사자와 식솔들이 상주하면서 큰 마을을 이루었다.

분원의 역사는 크게 세 갈래로 나뉜다. 1392년부터 임진왜란까지로 규정되는 초기에는 중국풍의 문양과 송죽매문이나 간결한 바탕문양과 달과 별들이 회화적인 수법으로 표현된 청화백자가 만들어졌다. 15세기 후반으로 가면서 중국 문양보다는 한국화된 매화나 새의 문양이 시문된 청화백자가 제작되었다. 분원 관요가 설치된 후 우수한 청화백자가 생산되었던 시기가 바로 이때다.

중기인 1650년부터 1751년까지 약 100년간 분원의 제조 기술은 매우 조악해져서 도자기의 굽에 굵은 모래 받침이 붙어 있는 것도 많다. 17세기경 중국에서 왕조가 교체되고 대내적으로는 임진왜란 등 국내외 상황이 격변해 양질의 백자를 생산하기 어려웠기 때문이다. 대표 가마터로는 탄벌리, 선동리, 상림리, 송정리, 신대리 등이 있다.

분원의 후기는 왕실용 가마를 남종면 분원리로 옮긴 1752년부터 1884년 분원이 민영화될 때까지의 시기다. 기형은 다양해지면서 화분, 호리병, 각병, 편형, 원호 등이 만들어졌고 연적, 필통 등 문방구류 제작이 활발해졌다. 분원 후기로 가면서 다시 청화백자가 주종을 이루게 되었으며 '복福'과 같은 글자를 쓴 것과 난초, 매화, 산수도 등의 문양이 많이 등장하지만 필선도 굵어지고 거칠며 청화발색도 진한 것이 대부분이다. 십장생, 연화문, 물고기문, 구름문 등 당시 유행하던 민화와 십장생이 도자기에 시문되어 후기 백자만의 특징을 보여준다.

이처럼 분원에서의 도자기 생산은 분기별 특징을 갖고 전승되었으나 17세기 후반부터는 장인들의 생계를 보조하는 의미에서 개인적인 생산이 조금씩 허용되기 시작했다. 18세기 들어오면서 분원의 도자기 유통에 상인 자본이 개입하면서 조금씩 변질되기 시작하다가 고종 21년(1884)에 완전히 민영화되었다.

기술 분업의 집대성, 조총장

조선시대 최대의 어가 행차인 1795년 윤 2월 9일의 을묘원행 당시에는 정조를 호위하던 특이한 부대가 있었다. 행렬의 중간중간에 끼어있던 장용영 소속 조총군들이었다. 조선의 조총군은 이미 100여 년 전인 효종대부터 막강한 위력을 자랑하고 있었다.

조총은 1589년(선조 22) 황윤길 등이 일본에 사신으로 갔다가 오는 길에 쓰시마 도주로부터 몇 자루를 선사받아 가지고 옴으로써 처음 전래되었다. 조선 정부는 당시 최신 무기인 조총의 성능에 별로 주의를 기울이지 않다가 임진왜란 때 일본군이 쓰는 것을 보고 위력을 인식하게 되었다. 임진왜란 초기에는 노획한 조총으로 훈련도 하고 사용하기도 했다. 그러나 이순신 휘하에 있던 훈련주부 정사준 등이 조총과 승자총勝字銃을 절충한 새로운 소승자총小勝字銃을 만들어냈으며, 이순신은 휘하의 각 관에 총을 제조하게 하여 5자루를 중앙에 올려 보냈다.

1593년(선조 26) 3월에 전세가 회복되면서 군병에게 조총을 학습시키고, 조총용 화약제조법을 연구하게 했다. 그러나 1624년(인조 2) 4월에 조총 수천 자루를 일본에서 수입한 것으로 보아 당시의 조총 제작기술은 만족할 만한 수준에 도달하지 못했던 것 같다.

1654년 3월 러시아와의 국경 분쟁에 부심하고 있던 청의 요청에 따라 함경도 병마우사 변급이 이끄는 조총군 150명이 후퉁강[厚通江]에서 러시아군을 격파한 1차 나선정벌과, 1658년(효종 9) 3월 헤이룽강 근처에서 러시아 선박 10척을 불태우고 적군 270명을 사살하고 회군한 2차 나선정벌은 조선군의 조총 솜씨가 최고조에 달했음을 증명한다. 그로부터 조선군의 최정예 부대가 조총군이 되었음은 두말할 필요조차 없겠다.

조선에서는 뛰어난 조총장鳥銃匠들을 양성해 계획적으로 조총을 생산했다. 총기 제조과정과 장인들의 작업 상황을 살펴보면 조선 장인들이 얼마나 뛰어난 전문기술을 보유하고 있었는지 알 수 있다.

조총 제조과정은 총신타조銃身打造 → 주련注鍊작업 → 찬혈窄穴작업 → 부착물부착 → 총신연마 → 장가粧家 부착 등으로 이루어졌다. 조총 제작에 관련된 공정은 소로장燒爐匠, 야장冶匠, 찬혈장鑽穴匠, 나사정장螺絲釘匠, 연마장鍊磨匠, 조성장照星匠, 이약통장耳藥桶匠 등의 철장鐵匠과 초련대수장初鍊木手匠, 조가장造家匠, 장가장粧家匠, 찬혈장穿穴匠, 취색장取色匠, 기화장起畵匠, 염장染匠, 피장皮匠 등으로 진행된다. 이처럼 복잡한 공정을 거쳐야 한 자루의 조총이 완성되었다.

조총 제조의 첫 공정은 정철을 마련하여 총열을 두드려 만드는 일이다. 처음에는 반원통형의 철물 두 쪽을 만들어 접합하는 양통상포 형태였지만 나중에는 단통권성單筒捲成의 형태로 되었다. 이러한 총신부를 제련하고 타조하는 일을 맡은 공장이 소로장燒爐匠과 야장冶匠이었다.

총신부 제조과정에서 특별히 기술을 필요로 했던 부분은 총혈과 총혈의 저면에 만들어 붙이는 나사정螺絲釘이었다. 총혈을 깎고 다듬는 작업은 찬혈장이 했고 나사를 제작하는 일은 나사정장이 담당했다. 두 쪽의 반원통철을 한데 접합한 총혈은 거친 것을 찬혈장이 강찬鋼鑽으로 깎아내고 다듬게 되었는데 반드시 3전중의 둥근 연환을 발사하는 데 적합하도록 하게 했다. 총구가 고르지 못하면 연환이 장전되고 발사하는 데 어려울 뿐만 아니라 방포할 때 총신이 긁히거나 파괴되어 방포자가 다칠 위험성이 크다. 총혈의 저면에 나사를 장치한 것은 장전한 화약을 폭발시켜 연환을 발사할 때의 충격을 완화하고 총신의 파열을 막기 위한 조처였다. 암수나사가 모두 철제품으로 매우 정밀하게 만들어야 했기에 나사정장이 전담하여 제작했다.

연마장은 말 그대로 조총의 표면을 다듬는 장인이다. 초기에 연마장은 조총의 총신을 팔각형으로 다듬는 일과 조총 외부의 철물을 연마하는 작업을 담당했다. 조성장은 총신의 전후에 가늠쇠를 만들었으며, 두석장은 용두와 부수적인 부품들을 제작했다. 이약통장은 화문火門과 화문개火門蓋 등을 제조했다.

한편 조총에 들어가는 목재를 다루는 장인도 있다. 초련목수장은 총가에 사용되는 목재를 다듬어 조가장에게 넘긴다. 조가장이 총가를 만들면 장가장이 총가를 장식하고, 찬혈장이 총신과 접합시킬 홈을 파며, 취색장이 광택을 내고, 기화장이 문양을 놓으면 칠장이 칠을 함으로써 총가가 완성되었다. 이렇게 총신과 총가가 완성되면 둘을 접합하여 한 자루의 조총이 완성되는 것이다.

위정자들이여, 장인에게 배워라

조선 후기의 학자이자 사상가인 최한기崔漢綺는 개성 양반 가문 출신으로 1825년 진사 시험에 급제했지만 관직에는 나가지 않고 중국에서

들여온 과학서를 연구하면서 저술에 평생을 바쳤다. 그는 특히 동양 철학과 서양 과학을 접목해 자신만의 독창적인 기 철학으로 발전시킨 인물이다.

시대의 비운에 휩쓸리지 않고, 부유한 환경에서 자기만의 세계에 몰입했던 최한기는 서양의 진보적인 과학과 사상을 조선의 구조에 선택적으로 수용할 수 있는 길을 모색했다. 이 때문에 그는 서울에 머물면서 역관·서자·평민 출신들과 교류하며 김정호의 대동여지도 판각을 돕는 한편 경험한 바를 기초로 아직 경험하지 못한 것을 생각할 줄 안다면 누구나 자신의 생활 환경과 습관에 따라 추측하면서 그 삶을 영위할 수 있다는 자신만의 철학, 추측론을 발전시켰다.

종을 치면 소리가 난다는 것을 만일 듣지도 보지도 못했다면, 종을 치기 전에 치면 소리가 날 것을 어떻게 알 수 있겠는가?

그는 얻으려면 옛 것에만 집착해선 안 되며 저마다의 가치가 있으므로 소중히 하며 인사人事의 바른 등용도 촉구했다. 그런 관점에서 최한기는 조선 장인들의 다양한 모습과 기능을 예찬하면서, 그들과 같은 태도로 정치를 한다면 나라가 잘 다스려질 것이라고 강조했다. 그가 조선 장인들이 명품을 만드는 과정을 비유하여 정치 개혁을 요구했던 명문 〈공장비교工匠比較〉는 오늘날 방만하고 교활한 위정자들의 의식을 깨우는 둔중한 망치소리가 아닐까 싶다.

공장工匠을 비교한다. 공장 수백 명을 모아놓고 비교할 때 수학으로 체제 범위를 재단하고, 기계로 무거운 물건을 끌고 들게 하여 여러 공장들이 각각 지니고 있는 능력을 헤아려 직책을 분임시켜 책임을 완수하게 하는 자는 장사匠師다. 재료를 가려 각각 적당한 곳에 쓰이게 하고 승묵繩墨을 잡아 길고 짧음을 재단하는 자는 아마도 장사의 다음일 것이다.

대패질을 잘하며 톱질을 잘하고 도끼질을 잘하며 부착附著을 잘하고, 끌질을 잘하며 아교질과 칠을 잘하고 조각을 잘하며 부엌과 굴뚝을 잘 만들며 벽을 잘 바르는 사람들은 각각 수법手法과 심교心巧에 잘하는 것이 있는데, 그것은 오직 장사匠師가 그 사람을 가려 그 능력을 알아서 각각 적임適任에 배치하는 데 달렸으니, 그리하여 잘못 없이 성취하는 것은 곧 장사의 훌륭한 공능이다.

만약 역사役事를 감독하는 사람이 공장에게 사정私情을 두어서 수고롭고 편안하고 이롭고 해로운 자리를 그 사람을 헤아려 보지도 않고 그 능력을 가리지도 않고 이로움을 꾀하고 편리함을 점쳐서 졸拙한 자에게 교巧의 일을 맡기고 열劣한 자에게 우優의 자리에 있게 한다면 큰 역사를 완전히 성취하지 못하게 될 것이다.

나라를 다스리는 데 있어 관작을 설치하고 소임을 맡기는 것도 이와 같다. 즉 내직과 외직의 백관 중에서 우매한 자는 내쫓고 어진 자는 올려주어서, 하나로 통합된 치체治體에 결함이 없는 것은 관할管轄을 통찰하고 만백성을 회유하여 인도의 운화로 범위를 재제하고 우열의 비교로 현준한 자를 가려 뽑는 데서 말미암는 것이니, 이는 바로 나라를 다스리는 훌륭한 장사이다. 기필코 훌륭한 장사를 얻어, 그 재목을 재단하고 이둔利鈍으로 그 형체를 쉽게 나타내 보려 할 것이다.

한 나라를 다스리는 것은 그 일의 큼과 체제의 중함이 집을 짓는 데 비할 바가 아니므로 누구인들 마음과 정성을 다하려 하지 않겠는가만 그 소견이 천단해서 전체를 통찰하지 못하고 지량이 편벽되어 운화를 통찰하지 못하여 치체治體가 휴손虧損됨을 듣고도 놀라지 않으니, 치체를 보익補益하는 데 무엇으로써 배양하겠는가? 그러므로 치체를 체득한 자와는 선거를 의논할 수 있지만 그것을 체득하지 못한 자와는 선거를 논할 수 없다.

병든 영혼을 해방시켜라 °무당

에라만수 에라 – 대신이야. 대한량으로 설설이 나리소서.

낙양성 십리허예 높고 낮은 저 무덤은 영웅호걸이 몇몇이며 절세가인이
그 누구냐. 우리네 인생 한번 가면 저기 저모양이 될 터인데.
한 살이라도 젊었을 때 거들거리며 놀아보자.

성주여 성주로다. 성주근본이 어디메뇨.
경상도 안동땅 제비원의 솔씨 받아 소평대평 던졌더니,
그 솔씨 점점 자라나서 황장목이 되었구나.
도리지둥이 되었구나. 낙락장송이 떡 벌어졌구나.

망망한 북소리는 태평연월을 자랑하고,
둘이 부는 피리소리 봉황이 춤을 추고,
소상반죽瀟湘班竹 젓대소리 어깨춤이 절로난다.

저 건너 잔솔밭에 설설기는 저 포수야.
저 산비둘기 잡지마라.
저 산비둘기 나와 같이 잃고 밤새도록 님을 찾아 헤메이누나.

경상도 굿거리 민요〈성주풀이〉

세상에는 수많은 종교가 있고 그 신격이나 신앙의 형태도 제각각 다르다. 그중에는 대가 없는 사랑을 강조하는 기독교, 정의로운 알라를 신봉하는 이슬람, 부처의 자비를 실천하고자 하는 불교가 대표적이다. 우리 토속신앙이라 할 배달민족 고대의 신화와 제의로부터 면면히 이어져 내려온 무속 역시 해원과 상생이라는 특징을 가지고 있다.

무속에도 목사나 랍비, 승려처럼 신과 인간의 메신저인 무당이 있다. 무당은 굿을 통해 신과 소통하여 그들의 의사를 인간에게 전하고 거꾸로 인간의 소망을 알리는 존재로 고대에는 국가의 지도적인 위치를 차지했다. 그런데 우리 토속신앙이던 무속은 불교 등 외래 종교가 토착화된 고려시대를 거쳐 유교의 교리를 통치이념으로 하는 조선시대에 이르러 미신으로 치부되었고 무당들은 지독한 냉소와 천대 속에 최하층 계급으로 전락했다.

이런 상황의 배경에는 무엇보다도 괴력난신怪力亂神을 멀리하라는 공자의 가르침을 신봉한 조선 위정자들의 경계 심리가 있었다. 게다가 초인적인 힘과의 조우 자체를 꺼리던 민초들의 생존본능이 무당들에 대한 차별을 고착화시켰다. 마을의 안녕을 위해 부모가 겨드랑이에 날개를 갖고 태어난 아들을 죽인 애기 장사 전설처럼 영통한 무당의 존재는 평소에는 가까이하기에 너무 먼 당신이었던 셈이다.

구한말 조선을 찾은 외국인들이 가장 기이하게 생각한 것이 먹고살기에 충분한 토지를 가진 조선 백성들의 가난과 게으름이었다. 하지만 많이 거두어 많이 빼앗기는 것보다 적게 거두고 적게 빼앗기는 것이 유리하다는 것을 알고 있던 조선 백성들의 처절한 생존 방식이었음을 그들이 알 리 없었을 것이다. 무당에 대한 백성들의 태도도 마찬가지였다. 평소에는 눈길조차 주지 않다가도 역병이나 사고 등 자신들에게 구체적인 위험이 당도하면 비로소 못이기는 체하며 무당에게 손을 내밀었다.

무당 역시 그런 백성들의 상황을 십분 이해하고 있었던 듯하다. 그들은 작은 굿이든 큰 굿이든 간에 신을 불러 소망을 청한 뒤에는 반드시 신을 본래 위치로 돌려보냈다. 사회적인 약자인 백성들이 신통력과 결합하면 반드시 강력한 집단화가 이루어지고, 결국 승려나 동학교도, 기독교도들처럼 권력의 참혹한 칼날을 받게 된다. 그런 참화를 피하기 위해서라도 신이란 아주 극단적인 경우에만 불러 쓸 수 있는 일종의 진통제였다.

때문에 무속에 등장하는 신들은 타 종교의 그것처럼 세상을 바꾼다거나 정의를 실천하고 악을 응징하는 존재가 아니다. 그들은 천재지변이나 질병 등을 통해 재앙을 내리지만 자신을 향한 정성 여하에 따라 자식을 점지해 주고 병을 낫게 해주는 등 복을 건네주는 지극히 개인적인 신격들이다.

신들의 면면을 보아도 산에는 산신, 물에는 용신, 마을에는 골매기와 서낭, 집안에서는 성주신의 관할하에 대문은 문신, 부엌은 조왕, 장독은 철륭, 변소는 측신, 마구간은 마대장군, 마당은 터주가 지켜준다. 아이를 낳게 해주는 삼신, 수명을 관장하는 칠성, 잘살게 해주는 제석, 마마를 면케 해주는 별상, 재수 좋은 대감이 있고, 죽은 뒤 저승으로 데려가는 사자, 저

〈무당성주기도도〉
서울 지역 재수굿의 일부를 그렸다.
무당의 무구와 무복, 상차림이
자세하게 묘사되어 있다.
서울대학교 박물관 소장

승을 관장하는 시왕 등 대부분 개인의 생로병사나 재수에 한정되어 있다.

그럼에도 불구하고 무속에는 집단이나 가족을 위해 개인의 희생을 정당화하는 특이한 관념이 숨어있다. 무속이 실은 개인의 기복 차원이 아니라 집단의 생존을 추구하는 차원에서 발생했기 때문이다. 무당의 시조로 전해지고 있는 바리데기나 당금애기 신화는 집단에 의해 버림받은 개인이 그 집단의 생존을 위해 목숨을 거는 절대희생의 가치관을 보여준다.

성리학의 강고한 서슬 아래 무속이 미신으로 치부되면서 갖은 핍박을 받아온 무당들이 아직까지 건재한 것은 가장 연약한 민초들의 설움을 보듬어주던 그네들의 살가운 신앙이 있었기 때문이다. 인간의 삶과 죽음을 관장하는 신의 사제임에도 불구하고 마을의 가장 후미진 곳에 머물면서 자손 대대로 천대받았던 무당, 그네들의 맺힌 고苦를 어찌하면 훨훨 풀어낼 수 있을까.

토속신앙 무속의 사제들

고대 제정일치시대에는 군주가 사제의 자격을 병행했다는 증거가 많이 남아 있다. 《삼국사기》에는 남해왕 3년(기원후 6년) 신라의 시조 박혁거세의 묘를 세우고 제사를 지냈는데 왕의 친누이인 아로가 주관했다는 기록이 있다. 또 《삼국유사》에는 신라의 제2대 왕 남해차차웅南解次次雄이 무巫였으며, 고구려의 시조 동명왕은 단군의 아들[檀君之子]이라고 기록되어 있다. 한편 부여의 영고迎鼓, 고구려의 동맹東盟, 예의 무천舞天이라는 종교제의가 행해졌고 마한에서도 5월과 10월에 축제가 있었다. 이와 같은 행사들은 풍요의 기원과 추수 감사라는 농경제의적인 성격을 띠고 있다. 이는 오늘날 유명한 만신들이 특별한 날에 행하는 나라굿이나 마을굿과 대동소이하다.

삼국시대 이후 중국에서 불교, 도교, 유교 등 외래 종교가 전래되면서 무속은 변화의 바람을 맞게 되었다. 인도 무속의 성격을 띠고 있는 불교는 국가적인 장려로 매우 자연스럽게 받아들여졌으며, 도교 역시 중국 무속 성격을 갖고 있어 우리 토속종교인 무속과 쉽게 어우러질 수 있었다. 일례로 산사에는 칠성각이나 산신각이 있고 불사맞이나 제석거리와 같은 굿에서 어린이의 수명장수를 기도하고, 도교에 나타나는 칠성신 역시 수명을 관장한다는 점에서 이들 외래종교가 무속과 굳게 결합되어 있음을 보여준다.

한편 《삼국사기》에 실려 있는 최치원의 '난랑비서문鸞郎碑序文'에는 '우리에게 현묘한 도가 있으니 유불선儒佛仙 3교를 포함하고 있다.'라는 구절에서 유교의 조상숭배사상까지도 무속이 무리 없이 수용했음을 알 수 있다. 신라에서는 동쪽의 토함산, 남쪽의 지리산, 서쪽의 계룡산, 북쪽의 태백산, 중앙의 부악 또는 팔공산을 오악五嶽이라 하고, 오악의 신들에게 제사를 지냈다. 그 외에도 용에 대한 신앙이 독특해서 호국용이 되었다는 문무왕, 동해용왕의 아들이라는 처용설화, 용에게 납치되었다가 풀려난 수로부인 설화 등이 유명하다.

고려시대에도 민간신앙이 존숭되어 병이 나면 약물보다 굿에 의지하는 백성이 많았고, 국가적으로도 기우제, 기은제 등 각종 의식에 무당들이 참여했다. 불교를 국교로 했던 만큼 이런 의례는 불교의식과 뒤섞여 있었다. 대표 행사인 팔관회와 연등회에서 무당이 천신, 용신, 산신, 하천 등에 제례를 지내고 군신이 백성들과 함께 음주가무를 즐겼다는 기록으로 보아 오늘날의 나라굿과 가장 유사한 신앙의례임에 분명하다.

삼국시대의 산신사상을 이어받은 고려에서는 국가적으로 무속의례를 행했다. 991년 윤 2월 성종은 사직단을 건립하고 토지신과 곡식신을 모셨고, 문종은 신성진新城鎭에 성황사城隍祠를 두었다. 또 액과 잡신을 막기 위해 왕명으로 국장생國長生이라는 장승을 세웠고 전국의 마을과 사찰 입구 등에 많은 장승이 세워져 수호신 역할을 했다.

한편 성숙청의 대표자격인 국무國巫의 지휘 아래 기은사祈恩使라 불리는 무당의 활동이 매우 활발했다. 1275년 이후 충청, 경상, 전라, 동계 일대에 외산기은별감, 기은별감 등을 파견했고 1391년에는 무당巫堂을 설립해 전국 10여 개소에서 국행별기은을 거행했다. 그들은 또 4대산으로 지정된 덕적산, 백악산, 송악산, 목면산 산신들에게 봄가을 두 차례 제사를 지냈는데, 특히 송악산신이 거란의 침공 당시 소나무로 변신해 적을 물리쳤다는 고사도 전한다. 민간에서도 사람을 구해주고 자손들이 누대에 걸쳐 재상을 지냈다거나, 바다에서 잡은 거북을 놓아주고 보은을 받은 서신일徐神逸의 일화 등이 전승된다.

고려 말기까지 무당의 권력은 무시 못 할 수준이었다. 《고려사》 열전 김홍경전에 따르면 교주, 강릉, 양광 3도의 기은사인 적선옹주 유씨에게 지방수령들이 뇌물을 바쳤다가 벌을 받았고, 1311년에는 지방관이 기은 마을 함부로 이용하지 못하게 하고, 기은을 빌미로 사냥하는 관리를 파직시켰다. 하지만 성리학자들이 조정에 들어오면서 토속신앙을 배척하고 무당을 멸시하는 풍조가 본격화되었다. 일례로 대학자 이규보는 《동국이상국집》에 남긴 '노무편'에서 무당을 한껏 조롱하고 있다.

> 그들은 자칭 신이 내린 몸이라 하지만
> 내가 들을 때는 우습고도 서글플 뿐이다.
> 뭇 사람들을 미혹시키는 동녘집 무당은
> 주름진 얼굴 흰 머리에 나이 쉰이 되었구나.
> 구름같이 모여든 남녀 문에 가득히
> 어깨 비비며 목을 맞대어 드나드누나.
> 목구멍 속의 새소리 같은 말로
> 늦을락 빠를락 두서없이 지껄이다가
> 천 마디 만 마디 중 요행 하나 맞으면
> 어리석은 남녀가 더욱 공경히 받드니
> 단술 신술에 제멋대로 배가 불러
> 몸을 추켜 펄쩍 뛰면 머리가 들보에 닿는다.

유학의 아버지로 불리는 이규보는 당시 국법으로 무당을 개경 밖으로 쫓아내게 된 것을 기뻐하면서 이 시를 썼다고 한다. 그는 유학자답게 제석천이 하늘에 있지 어찌 누추한 늙은 무당의 집에 있겠느냐면서 그녀의 공수를 요행이라고 비판하고 굿판에 몰려든 사람을 조소했다. 이런 경향은 성리학을 통치이념으로 삼은 조선에서 더욱 심화된다.

영광에서 나락으로

조선 초기의 민간신앙은 고려시대와 별다를 바가 없었다. 태조는 종래의 성숙청과 별기은을 유지하는 한편 원단圓壇을 한강 서쪽에 설치하고 천신에게 제사했으며, 강화도 마니산에 제단을 설치하여 천신에게 제사를 지냈다. 또 영성단과 노인성단老人星壇을 서울 남쪽에 두었다. 함흥 남쪽에는 제성단을 설치하고 매년 단오에 제사지내게 했다. 산신제 역시 백악산, 송악산, 감악산, 삼각산 등 4악산을 중심으로 전국의 명산에서 행해졌고, 지방에서는 내무당들이 천신川神, 삼해신三海神, 칠독신七瀆神 등에게 복을 빌었다.

예로부터 우리나라에서는 사해신四海神이라 하여 동해신은 강원도 양양, 서해신은 황해도 풍천, 남해신은 전라도 나주, 북해신은 함경도 경성에서 음력 2월과 8월에 제사지냈으며, 칠독신七瀆神이라 하여 전국의 이름난 7곳의 나루터, 즉 서울의 한강, 평양의 대동강, 의주의 압록강, 공주의 웅진熊津, 장단의 덕진德津, 양산의 가야진伽倻津, 경원의 두만강 등지에서 봄가을에 오색축폐五色祝幣를 물속에 던지고 제사지냈다.

또 세간에 아들을 원하는 풍조가 확산되면서 경주 금오산의 산아당암産兒堂巖과 상사암想思巖, 서울 자하문 밖의 기자암과 인왕산 선바위 등이 기자암祈子巖으로 각광받았다. 지방에서는 서낭 신앙이 성행해서 마을마다 무수한 서낭당이 생겨났고, 그 밖에 부근신付根神, 대감신大監神, 풍신風神, 태자귀太子鬼, 미명귀未命鬼, 야광귀夜光鬼, 도깨비 등 다양한 속신이 생겨났다.

정종대에 들어와 유학자 출신 관료들이 토속적인 기은^{祈恩}을 비난하며 혁파를 주장했지만 불사만 혁파되었다. 이어진 태종대에도 가뭄과 뇌진의 변고가 있으면 무당을 파견해 제사지내는 것이 일반적이었다. 세종 역시 무격이 괴이하여 마땅히 금해야 하지만 예로부터 해온 일이라 갑자기 혁파할 수 없으니 점차 제거하여 바로잡을 것이라 선언하기도 했다. 그리하여 세종은 재위시에 송악과 백악 등 각처에서 행하는 중궁의 별기은과 살곶이에서 행하는 사복시의 마제를 금지하기도 했다.

조선이 점차 유교국가의 틀을 잡아가면서 위정자들은 팔관회와 연등회를 금지하고 승려의 도성 출입을 막는 등 강력한 억불 정책을 취함과 동시에 무속행사를 유교의례로 대체하는 방안을 모색했다. 그럼에도 불구하고 성수청에 있는 국무는 국가와 왕실의 주요 행사를 주관했고, 가뭄이 들면 무당을 모아 기우제를 지냈으며 동서활인서에도 무당을 상주시켜 병자들을 구호하게 했다.

1419년(세종 1) 조정에서는 무업을 금했지만 1423년에 이르러 이를 풀어주면서 경외의 경^經 읽는 자나 무녀의 업세^{業稅}는 구리로 차등을 두어 납부하게 했다. 1424년 8월 호조에 확정된 무세 내역은 국무당 9근, 전의 국무당 8근, 송악무당은 8근, 덕적무당은 6근, 삼성무당은 6근, 내승무당은 8근, 감악 무당은 1근, 상경사는 8근, 부경사는 6근, 전의 상경사는 6근, 경사는 3근, 외방의 관경사는 2근, 경사는 1근, 당무녀^{堂巫女}는 2근, 무녀는 1근이었다. 이는 신료 가운데 정·종1품이 10근, 정·종2품이 9근, 정3품이 8근, 종3품이 7근이던 데 비하면 매우 과중한 것이었다. 반대로 생각하면 국무당의 지위가 매우 높았다는 반증이라고 할 수도 있겠다. 훗날 중신들이 무세가 너무 무겁다고 간하자 세종은 1년에 두 차례인 세금을 한 차례로 경감하고 맹인무당의 세금은 전부 면제하는 획기적인 조치를 취했다.

이때 지정된 무업세巫業稅는 후일 신당퇴미세神堂退米稅, 혹은 신포세神布稅란 명목으로 확대되어 무당과 백성을 수탈하는 도구가 되었다. 신당퇴미세는 신당에 바쳐진 제물에서 쌀이나 돈을 세금으로 내는 것이고, 신포세는 무당이 아니라 일반 백성에게 부과된 일종의 종교세였다. 중종은 1517년 5월 신당포세神堂布稅가 말단을 억제하려는 것이라고는 하지만 명색이 매우 바르지 못하다는 이유로 없애게 했다.

19세기 국가재정을 기록한《만기요람萬機要覽》에 따르면 평안도와 황해도 무당을 제외한 전국 무당들에게서 거둬들인 무세가 총 1326필이었다. 이 세금은 지방관찰사가 직접 징수해 국방비로 차용했다고 한다. 당시 불교 승려들은 온갖 축성 공사와 부역에 시달렸고 무당들에게는 무세를 짜냈으니 조선의 국방은 탄압받는 종교인에 의해 유지되었다고 해도 과언이 아니겠다.

어쨌든 조정에서는 그때부터 백성들이 임의로 산천이나 성황에 제사지내는 것을 금지하고 이를 어기면 곤장 100대로 다스리게 하고, 그 대신 지방 수령이 주관하는 유교식 동제洞祭로 전환시켰다. 그 결과 이전에 행해지던 나라굿은 사라졌지만 마을단위의 공동체 굿이나 개인적인 굿은 가까스로 명맥을 유지하게 되었다.

1444년(세종 26)에는 의정부에서 음사陰祀를 금하는 법령을 제정했다. 조부모의 혼을 무당집에 모시고 제사하거나 노비를 무당집에 바치는 행위를 한 경우, 송악 감악 개성부 대정곡과 주현의 성황에 가서 음사하거나, 양가의 부녀들이 병을 빙자하여 무당집에 기거하는 경우 그 가장을 처벌하고 금령을 어긴 무녀는 서울이면 지방으로 지방이면 다른 도로 쫓아내게 했다. 또 무녀는 무적巫籍에 등록해야 하며, 신이 들렸다고 요사한 말로 사람들을 현혹하면 참형에 처하고, 한성부의 건의에 따라 반송방과 반석방에 사는 무녀들을 도성 밖으로 이사하게 했다. 반송동은 서대문 바깥이고 반석동은 지금의 염천교 부근이다.

이와 같은 조치에도 불구하고 당시 궁중이나 종실에서는 남몰래 무당을 불러들여 굿을 하는 일이 잦았다. 그로 인해 사헌부에서 시중에 남녀가 떼를 지어 무당과 박수를 불러오므로 술과 고기를 성대하게 차리는가 하면 병이 나거나 초상이 났을 때 굿을 하여 예의를 더럽힌다고 고발하기까지 했다. 여타 신료들 역시 국가적으로 음사는 파하면서 국무를 그대로 두는 까닭에 백성들이 무당을 섬기는 일을 고칠 수 없다면서 불교와 함께 싸잡아 무속 폐지를 강권했다.

이어 1456년(세조 2)대에 일어난 단종복위운동 당시 많은 무녀가 목숨을 잃었다. 무녀 용안龍眼은 아가지阿加之와 불덕佛德의 청으로 점을 친 다음 상왕이 복위할 것이라고 예언했다가 능치처사를 당했고, 내은덕內隱德·최면崔沔·심상좌沈上左·덕비德非 등은 역모에 가담한 죄로 참형을 당했다. 무당들이 정치적인 사건에 적극적으로 참여했음을 보여준다.

1466년(세조 12)에는 무녀 월화月花와 어리於里가 아이를 버렸다가 천륜을 어긴 죄로 함께 의금부에 하옥되었다. 당시 가난했던 어리는 월화의 집에서 품팔이를 하다가 아이를 낳았는데 집안이 불결해져 손님이

들지 않을 것이라는 월화의 말에 따라 갓난아기를 버렸다가 체포된 것이다.

이와 같은 무당들의 반인륜적 행위는 유생들에게 좋은 공격거리가 되었다. 성종 즉위 이후 무당들이 인왕산이나 소격동, 장의동 등지에 들어와 굿판을 벌이자, 1478년(성종 9) 11월 30일 홍문관 부제학 성현 등은 임금에게 민간에 끼치는 무당의 해독을 고발하면서 무당을 폐하라고 강력히 주청했다.

요즘 사람들은 귀신을 다투어 믿고 길흉화복에 대해 무당의 말을 좇아 신상을 그려놓거나 돈을 걸어놓기도 하고, 영혼을 맞이하여 집안에 들이기도 하며, 공창空唱을 추종하기도 하며, 직접 성황당에 제사도 지내고, 노비를 바치기도 합니다. 이는 모두 조정에서 금하는 일로《속전續典》°에도 실려 있습니다. 전하께서는 법사法司로 하여금 무당을 모두 찾아내어 도성 밖으로 내쫓게 했지만 요즘 법령이 해이해지면서 저들이 성 밖으로부터 점점 다시 들어와 부인들을 유혹하고 술과 음식을 낭비하면서 액을 물리친다, 병을 구제한다 하니 대가大家와 거실巨室이 그들을 불러들여 다투어 올바르지 못한 행위를 하면서도 부끄러움을 모릅니다. 그럼에도 불구하고 누구 하나 처벌받았다는 소리를 듣지 못했고, 오히려 세간에 북 치고 피리 불며 가무를 일삼는 일이 끊이지 않으니 실로 의아합니다. 전傳에 이르기를 '행동으로 모범을 보이면서

° 조선의 법령집인《경제육전속전經濟六典續典》

〈무녀신축巫女神祝〉
무복을 입은 무녀가 부채와 방울을 들고
굿을 하고 있다.
김준근의 《기산풍속도첩》, 서울역사박물관 소장

가르치면 따르고, 말로만 가르치면 다투게 된다'했고, '위에서 명령
하는 바가 백성들이 좋아하는 것에 반대되면 따르지 않는다'고 했습니
다. 지금 성수청星宿廳이 아직도 도성 안에 있고, 기은사祈恩使가 봄가을
로 끊이지 않으니, 이렇게 하면서 백성만 못하게 한다면 또한 잘못된
것이 아니겠습니까? 성수청 같은 것은 어떤 귀신이며 어떤 제사입니
까? 귀신도 분명한 귀신이 아니고, 제사도 올바른 제사가 아니니 이 또
한 전하의 정치를 위해 마땅히 제거해야 할 것입니다.

이 기록에 따르면 성종대까지는 이전의 성수청이 유지되었고 그 안
에 국무가 있어 국가의 제사를 관장했음을 알 수 있다. 당시 중신들은 성

수청 혁파를 강력히 주장했지만 성종은 조종(祖宗) 때부터 행해온 일이라며 허락하지 않았다. 또 기은사는 정식 국가제사가 아니라 왕실에서 사사로이 복을 비는 별기은을 위해 파견된 사신을 말한다. 유교에 의해 무속이 탄압받고 있는 현실에서도 민간이나 왕실에서는 여전히 기복신앙을 지켜가고 있던 셈이다.

연산군대에 이르면 무녀(巫女) 4, 5명이 옛 동궁(本宮) 뜰에 앉아서 북을 치고 피리를 불며 굿판을 벌일 정도로 무속에 대한 관의 제재가 힘을 잃고 있었다. 1506년(연산군 12) 3월 연산군은 성수청의 도무녀(都巫女)와 수종무녀(隨從巫女)들의 잡역을 면제시켜주기까지 했다.

이처럼 끈질기게 살아남은 조선 왕실의 무속의례는 중종반정 이후 조광조로 대표되는 사림이 세력을 떨치면서 결정타를 맞았다. 1517년(중종 12) 중종은 사헌부의 건의에 따라 무세를 혁파하고 활인서에 소속된 무당들도 쫓아냈다. 이때 성수청도 소격서(昭格署)(도교의 보존과 의식을 위해 설치된 관아)와 함께 혁파되었고 국무가 기은사들과 함께 공적으로 기은하는 행위도 금지되었다. 기은처의 상징이던 개성부의 왕실 기은처는 유생 200여 명에 의해 불탔고 성황동, 월정당, 개성당, 대국당 등 총사들도 소실되었다.

이처럼 철저하게 파괴된 무속이 잠시나마 되살아난 것은 임진왜란 이후 등극한 광해군대였다. 광해군은 전쟁으로 상처받은 백성들을 위로하기 위해 무속을 적극 활용했다. 1609년(광해군 1) 5월, 나라 안에 가뭄이 심해지자 예조의 건의에 따라 맹인과 무녀를 동원해 경회루 연못 옆 석척기우처(蜥蜴祈雨處)(석척은 도마뱀으로서 비를 부르는 영험한 동물)에서 기우제를 행하게 하고, 또 오방토룡제五方土龍祭(흙으로 만든 용을 서울의 동서남북과 중앙다섯 방향에 세우고 채찍질하며 지내던 기우제)도 날을 택하여 거행함과 동시에 삼각산·목멱산·한강에는 근신近臣을 파견하고 풍·운·뇌·우와 산천·우사雩祀에는 중신을 파견하여 기우제를 올리게 했다. 또 사전祀典에 실려 있는 송악松岳·오관五冠·감악紺岳 등 명산과 덕진德津·양진楊津 등의 나루터에 중신들을 파견해 기우제를 올리게 했는데, 이는 세종 이전의 국가적 기은행위와 다를 바 없었다.

인목대비 폐출의 결정적 동기가 된 유릉 저주사건이 일어났을 때는 국무인 수연개水連介 등이 인목대비의 아버지 김제남의 집에 드나들었다는 이유로 공초를 받았지만 무혐의로 풀려나기도 했다. 유릉 저주사건이란 1607년(선조40) 선조의 병환이 죽은 의인왕후에 있다 하여 인목대비가 무당을 시켜 그녀의 무덤인 유릉裕陵에 허수아비를 묻고 활을 쏘아 의인왕후를 저주했음을 밝혀낸 사건이다. 본래 인목대비는 1612년(광해군4) 강아지와 쥐를 불로 지져 광해군을 저주했다든지, 이이첨의 사위 박자홍에게 베개를 선사하면서 사람의 뼈나 관 조각을 넣었다든지 하는 소문에 휩싸여 있었다. 훗날 의인왕후의 조카인 박동량이 인목대비 측의 유릉 저주를 문제로 제기하자 광해군은 인목대비와 소통했던 무녀 고성과 궁녀들을 추국해 자백을 얻어낸 뒤 영창대군을 강화도로 유배하는 한편, 인목대비를 서궁에 유폐했다. 당시 국무녀 수련개는 70세로 인목대비의 아버지 김제남과 가까웠다. 숙종대를 거치면서 궁중에서 완전히 축출된 무속은 개인적인 민간신앙으로 면면히 그 끈을 이어나갔다.

음사의 주인공으로 낙인찍히다

《국어國語》°에 '정신이 집중된 자에게 신명이 집히니, 남자에게 집힘을 격覡이라 하고 여자에게 집힘을 무巫라 한다' 했다. 요즘 세상에 여무가 널리 퍼져 있는데 그가 섬기는 귀신은 모두 요사스런 귀신의 종류다. 민속이 그것으로 풍악을 삼고 기도하여 신사神事라 하되 법으로 금하지 못할 뿐만 아니라 오히려 권장하는 편이다. 대개 무녀들에게 부세를 물려 관에서 그 물건으로 이득을 보는데 이들의 재물이 어디에서 나겠는가. 이는 모두가 기도하는 데에서 나는 것이라 금하기 어려운 것이다. 《주례周禮》에 무관巫官을 세운 것은 옛날에 귀도鬼道를 숭상하여 재앙이 있으면 반드시 빌었기 때문이다. 지금 국가의 사전祀典에 무巫를 쓰지 않으니 그 의식이 지극히 온당한데, 마땅히 물리쳐 끊어야 함에도 불구하고 어찌 부세를 받는단 말인가. 관에서 그렇게 세금을 받고도 귀신 섬기는 행위를 처벌하여 또 많은 속전을 받아 이익을 취하니, 본뜻은 금하는 데 있는 것이 아니라 전포錢布를 거두는 데 있다. 그런 까닭에 서울에서부터 먼 고을에 이르기까지 모두 주무主巫가 있어 마음대로 출입하므로 민풍이 퇴폐해진다. 무巫란 모두 신이와 집힌다고 하는데, 이는 곧 사람이 부르는 것이지 귀신이 억지로 붙는 것이 아니다.

《성호사설》제7권 〈인사문〉

° 21권으로 구성된 중국 춘추시대의 나라별 역사서

성호 이익은 이 글에서 법령에 따라 무당에게 세금을 받아 챙기고, 또 굿을 했다는 이유로 무당을 잡아들여 속전을 챙기는 관리들의 부정부패 때문에 미신이 근절되지 않고 있다고 성토하고 있다. 이어서 그는 여무들의 수완이 좋기 때문에 남무가 사라졌다고 설명하고서, 자신이 신이 내린 부녀자 한 사람을 제도해서 보통 사람으로 만든 경험으로 미루어 얼마든지 무당을 없앨 수 있다고 주장한다.

이처럼 조선 사대부들은 겉으로 무당을 배척하는 데 열심이었지만 집안에 큰 우환거리가 생기면 차마 승려를 부르지는 못하고 대부분 무당을 불러 굿을 했다. 유림의 큰 스승 퇴계 이황도 딸이 병이 들었을 때 아내가 경쟁이를 불러 잡귀를 쫓게 하자 모른 체했고, 그 딸이 죽은 뒤 100일이 지나자 아내가 무당을 불러 이웃집에 제상을 차리고 징과 북을 치면서 굿을 하게 해달라고 애원하자 차마 금하지 못했다.

무속에 대한 양반들의 이런 이중적인 태도는 일상생활에서 무당들의 장기인 점이나 사주팔자를 일상화하고 있었다는 점에서 더욱 드러난다. 점술은 고대부터 국가의 주요 대사로 공자도 배척하지 않았기 때문이라지만, 그와 같은 논리라면 굿도 마찬가지 대접을 받아야 하는 것이 아닌가. 한데 유희춘의 《미암일기》나 이순신의 《난중일기》를 보면 문관이나 무관 할 것 없이 모두가 수시로 점을 치고 해몽을 하면서도 굿에 대해서만은 부정적인 입장을 취했다. 이황도 점쟁이의 괘에 따라 입양을 결정했고, 유림 오희문은 딸의 병과 아들의 벼슬길을 묻고 도망 노비의 추쇄에도 점을 쳤다는 기록이 있다.

이와 같은 모순은 사대부 가문뿐만 아니라 왕실도 마찬가지였다. 태종의 막내아들 성녕대군 이종이 창진瘡疹에 걸려 위독해지자 무녀 보문이 궁중에서 굿을 했지만 효험을 보지 못했다. 성녕대군이 숨을 거두자 태종은 신료들의 주청에 따라 그녀를 울산에 관비로 유배했는데 성녕대군의 노비 10여 명이 그녀를 때려죽였다. 아울러 국무이던 가이加伊도 유배형을 받았고, 보문을 비호하던 고약해는 외방에 부처되었다. 성녕대군은 태종이 늘그막에 얻은 자식이라 몹시 귀여움을 받은 인물이다. 당시 양녕대군은 막내 성녕대군의 부음을 듣고도 활쏘기를 하며 놀다가 들켜 태종의 미움을 받았다. 만일 그때 보문이 성녕대군을 살려냈더라면 조선조 무속의 지위는 많이 달라지지 않았을까 싶다.

1420년(세종 2)에는 세종의 모후인 원경왕후 민씨가 병석에 누워있는데 중군 경력中軍經歷 안종렴과 도사都事 신가의, 좌군 경력左軍經歷 김타, 도사 정수경 등 고위군관들은 무녀 장미薔薇의 집에 모여 술을 마시며 즐긴 일이 사헌부에 포착되어 태형 40대씩을 맞았다. 그 일로 무당들은 상왕의 눈총을 받았지만 무속 자체는 아무 영향도 받지 않았다. 당시 조회에서 연주하는 악공 가운데는 무당과 판수[盲人]의 자식이 많았고, 가뭄이 들면 무녀들을 동대문 밖에 모아놓고 기우제를 지내게 하는 등 국가의 우환이 있을 때 항상 동원하는 상비인원이었기 때문이다.

숙종 때 장희빈을 지극히 미워하던 대비 김씨가 죽은 것도 무당 막례莫禮의 점괘에 따랐기 때문이다. 아들 숙종이 천연두에 걸려 목숨이 위태로워지자 대비가 막례의 비방에 따라 한겨울에 매일 차가운 샘물로 목욕했다가 중병에 걸린 것이다.

한편, 남인과 서인의 격렬한 정권 다툼 와중에 일어난 무고巫蠱의 옥獄

은 무당을 반사회적인 존재로 인식하게 된 극단적인 사건이었다. 갑술환국으로 남인들이 대거 축출되고 서인들이 정권을 잡으면서 중전 자리에서 다시 빈으로 강봉된 장희빈은 절치부심하며 중전으로 복귀하기 위해 무당의 주술을 이용했다. 그 결과 인현왕후 민씨가 시름시름 앓다가 35세의 젊은 나이로 세상을 떠났는데, 얼마 후 장희빈의 거처인 취선당 서쪽에서 민씨를 저주하던 굿당이 발각되고, 중궁 근처에서 무녀 설향이 주도한 각종 저주물이 발견되었다. 그 때문에 분개한 숙종은 장희빈을 사사했을 뿐만 아니라 그녀를 따르던 궁녀와 무녀들을 붙잡아 모조리 사형에 처했다. 이 사건을 통해 무당은 무고巫蠱, 곧 벌레로까지 비쳐졌다. 무당의 사회적 지위가 그만큼 추락했음을 알 수 있다.

그럼에도 불구하고 무속은 부녀자들의 종교로서 사회적 순기능을 인정받은 탓에 가는 명맥을 이어갈 수 있었다. 궁궐이나 사대부 집안의 부녀자들이 은밀히 굿을 행하면서 무당은 대부분 여무로 정착되어 갔다. 상대적으로 인기를 잃어버린 남무들은 여장을 하고 여염집의 안채를 드나들기도 했다. 한데 그 과정에서 고독한 여인들과의 간통 사건이 일어나 사회를 떠들썩하게 했다.

대표적으로 광해군대에 복동이란 무당은 수염이 없고 모습이나 말소리가 여성과 똑같았는데, 여복 차림으로 궁중에 드나들면서 왕비의 병환을 치료한다는 명목으로 통명전에 제상을 차려놓기도 했다. 1622년(광해군 14) 한효중이 그가 남자라고 고발했지만 별다른 처벌을 받지 않다가 인조반정 후에 죽임을 당했다.

숙종대에는 종5품 도사都事 출신인 이인한의 아들 이용석이 무당을 자처하며 사람들을 꾀였는데, 부친상을 당해서도 여복 차림으로 여염집에 드나들었다가 처벌받았다. 무당 가운데 양반도 있었다는 뜻이다. 1551년(명종 6)에는 무당 감덕이 권세가를 드나들며 여자들과 관계를 맺었다가 장살당했는데, 그녀는 여장남자가 아니라 동성애자였다.

정조대에는 무당이 정치적인 사건에 직접 개입해 물의를 일으켰다. 1777년 정조가 즉위하자마자 벌어진 삼대모역사건에서 역모의 주모자인 홍술해의 처 효임이 무당 점방을 동원해 홍국영을 주술로 죽이려 했다가 발각된 것이다. 당시 점방은 여러 군데 우물물과 함께 홍국영 집의 우물물을 모아 홍술해 집의 우물에 부어 홍국영의 기를 빼앗은 다음, 두 개의 제웅에 홍국영의 이름을 붙이고 화살을 꽂은 다음 하나는 땅에 묻고 하나는 하늘에 집어 던지며 '이것이 죽은 사람의 법이다.'라는 저주문을 읊었다. 점방은 또 남편 김홍조로 하여금 급살의 부적을 홍국영의 집 앞에 묻어두게 했다. 이들의 치졸한 행동은 금세 발각되어 관련자들은 모조리 체포되었다. 효임의 저주가 홍국영에게 집중된 것은 당시 그가 정조의 수문장이나 다름없었기 때문이다. 그 사건으로 눈총을 받게 된 서울의 무당들은 이전의 법령에 따라 모두 한강 밖으로 쫓겨났다. 1779년 2월에도 사간원 정언 유맹양柳孟養이 도성에서 암약하고 있는 무녀들을 일일이 색출해 축출하자고 건의했지만 현군 정조는 그 정도로 됐다며 고개를 저었다.

임금의 원수요 국가의 역적이라는 것으로 논한다면 무녀에 대해서는 마음이 떨리고 뼈가 저리는 처지이며, 왕법에 있어서는 비록 코를 베거나 죽여 버려도 불가할 것이 없다. 그러나 진실로 왕자王者가 만백성을 다스리는 의리로써 살펴본다면 그들도 또한 백성인 것이다. 당초의 처분은 단지 그들로 하여금 도성 안에 발을 붙이지 못하게 하고 또한 멋대로 외람스러운 제사를 지내지 못하게 하면 다시 중국에 같이 살지 못하게 하는 의의를 시행하기에 충분하다고 여겼었다. 무녀 당사자에 대한 처분이 이처럼 관대했는데 더구나 그들의 지속支屬과 원족遠族들에게 대한 것이겠는가? 근래 듣건대 각사各司에서 너무 지나치게 수괄搜括하여 심지어는 관계되지 않는 부류들까지 뒤섞어 제거하고 있다 하니, 이는 나의 뜻을 본받는 방도가 아니다. 모든 무녀의 아들과 남편 이외에는 모두 묻지 말라. 당사자인 무녀가 죽었을 경우에는 그의 아들과 남편도 또한 묻지 말라. 각사에서 혹 외람되이 제거시킨 자가 있으면 모두 그대로 복귀시키게 하여 한 사람도 제가 살 곳을 얻지 못하는 일이 없게 함으로써 은혜와 국법이 둘 다 시행되게 하라.

《정조실록》3년(1779) 2월 17일

1787(정조 11) 호남 암행어사로 내려간 심진현은 서계를 통해 순천부에 무당 안녀의 행실을 칭찬했다. 순천부의 무부 추절창秋節昌이란 자가 병이 위중하자 아내인 무당 안녀安女가 자신의 허벅지 살을 떼어내어 삶은 물을 먹인 다음 하늘에 빌자 남편이 살아났다는 것이다. 이와 같은 무녀의 행실은 비명에 죽은 아버지 사도세자의 현창 작업에 몰두하는 한편 삼강행실도를 보급하면서 민간의 교화에 힘쓰던 정조에게 커다란 힘이 되었고, 그 대가로 정조는 무당에 대한 차별을 완화시켰다.

시대에 따라 흥망성쇠를 거듭하던 무속은 개화기에 서양의학이 들어오면서 커다란 타격을 받았다. 무업의 주기능이던 치유 행위가 크게 위축되었기 때문이다. 사람들은 그때부터 천연두와 같은 무서운 병에 걸리면 별상마마에게 치성을 드리지 않고 병원으로 달려갔고, 너도나도 종두법을 찾았다.

1910년 일본의 조선 병탄은 무속에 더 큰 치명상을 입혔다. 일제가 한국인의 문화와 민족정신을 말살하기 위해 미신 타파란 명목으로 무속을 강력히 탄압한 것이다. 사람들이 모이는 마을굿은 엄히 금지되었고 신사는 모조리 파괴되었다. 3·1운동 이후에는 치안을 이유로 산신제, 기우제, 별신제 등의 제사와 석전石戰, 차전車戰 등의 민속놀이까지 금지되었다.

이 여파는 해방 이후에도 계속 이어졌다. 독재 정권하에서 무속은 종교 행사가 아니라 범죄행위로 규정되어 지속적으로 단속 대상이 되었다. 하지만 뜻있는 학자들에 의해 무속은 학문 대상으로 정립되었고, 1960년대부터 시작된 각종 민속예술경연대회와 무형문화재 제도는 국민들에게 무당의 의례를 신앙의 차원뿐만 아니라 전통문화의 하나로 인식시키는 계기가 되었다. 그 결과 무가의 후예들은 전통예술의 전승자로 존중되었고, 일부 지방에서 전승되어 온 굿이나 마을 신앙의 원형은 점차 복구되는 추세에 있다.

신과 인간의 메신저

우리나라 무당은 강신무降神巫와 세습무世襲巫로 구분되지만 무가의 성격과 활동 지역에 따라 무당형, 단골형, 심방형, 명두형의 네 유형으로 구분하여 정리하면 이들의 정체를 파악하기가 훨씬 수월해진다.

첫째, 무당형 무당은 강신체험을 통해 무속에 입문한 무당으로 신단에 몸주신을 모시면서 가무를 통해 정통 굿을 주관함과 동시에 점을 치고 예언을 한다. 이들은 주로 한반도 중부와 북부에서 활동하는데, 정상인으로 생활하다가 신병에 걸려 내림굿을 받은 사람들이다. 하지만 강신무도 세습무처럼 가족이나 친척 가운데 무당이 있는 경우가 많다. 일례로 황해도 만신으로 유명한 인간문화재 김금화도 외할머니가 만신이었다. 무당은 내림굿을 받은 뒤에도 복잡한 무속의 교리와 의례, 기술 등을 익혀야만 정식 무당으로 활동할 수 있다.

무당형의 방계로 보살, 신장할멈, 칠성할멈으로 불리는 선무당류가 있다. 이들은 몸주신을 받아 영력은 있지만 공부가 부족해 굿을 주관할 능력이 없는 탓에 간단한 제의인 비손과 점술만이 가능한 하급 무당이다. 그래서 '선무당이 사람 잡는다.'란 속담도 나왔다.

둘째, 단골형 무당은 세습무로서 무당 가문의 혈통에 따라 대대로 사제권을 계승받는데 대체로 호남의 단골과 영남의 무당들이 포함된다. 특히 호남의 단골은 각각 단골판이라는 일정한 관할 구역이 있다. 이들은 강신무와는 달리 신격에 의지하지 않고 신단도 없지만 뛰어난 가창력과 예술성으로 굿판을 주관한다. 오늘날 사회에서 자주 쓰는 단골손님이란 말이 여기에서 나왔다.

셋째, 심방형 무당은 단골형처럼 세습무지만 영력을 중시하며 뚜렷한 신관을 가지고 있다. 주로 제주도에서 활동하는 심방은 굿을 할 때 직접 신이 내리지는 않지만 천문, 상잔, 명두 같은 무점구를 통해 신의 뜻을 헤아린다. 그러므로 심방형은 무당형과 단골형의 중간 형태라 할 수 있다. 하지만 이들 역시 신을 향한 일방적인 가무로 굿을 주관한다는 점에서 단골형에 더 가깝다.

넷째, 명두형 무당은 인간의 죽은 영혼이 내린 무당으로 호남지역에 많이 있다. 이들이 모시는 사령은 혈연관계가 있는 어린이의 혼령으로 대개 7세 미만의 사령이다. 이때 여아의 사령을 명두, 남아의 사령을 동자, 혹은 태주라 한다. 특별한 경우에는 16세 안팎의 명두도 볼 수 있다. 명두형 무당은 명두를 신단에 모시고 그를 통해 인간의 과거와 현재, 미래를 예언한다. 이들은 강신과 점복, 초혼 등에 능하지만 정통 굿은 치르지 못한다.

이와 같은 무당의 네 유형을 정리해 보면, 우선 무당형과 명두형은 강신에 의한 영력을 바탕으로 한 강신무 계통이고 단골형과 심방형은 사제권이 세습되면서 의례를 주기능으로 하는 세습무다. 한반도 중북부 지역엔 강신무가 주로 분포되어 있고 남부 지역엔 강신무와 세습무가 혼재되어 있지만 남부로 갈수록 세습무의 분포도가 높다.

제의면에서 강신무와 세습무의 차이는 확연하다. 세습무의 제의에는 신의 하강로를 상징하는 신간神竿이 필수적이다. 제주도 심방굿의 시왕대, 수릿대, 굿문기, 호남 단골굿의 곳대, 명두대, 혼대, 영남 무당굿의 처낭대, 혼대 등이 모두 대형 신간이다. 한반도 중북부 지역 강신무의 굿에는 큰 신간이 사용되지 않는다. 강신무에게는 이런 도구 없이도 신의 출입이 자유롭기 때문이다. 그러므로 굿을 행할 때 강신무는 각 굿거리마다 여러 신을 상징하는 무복을 갈아입어야 하기 때문에 12종 내지 20종의 무복이 필요하지만 세습무는 2~3종의 무복이면 충분하다.

굿거리에서 행해지는 가무도 매우 다르다. 강신무는 장구, 징, 꽹과리, 제금 등 타악기를 중심으로 가무의 가락과 속도가 빠르게 진행한다. 이와 함께 뜀뛰기와 회전을 통해 자신을 흥분 상태로 몰아감으로써 신의 강림을 촉진시킨다. 의례를 중시하는 세습무는 각종 타악기 외에도 피리, 젓대, 호적 등 취주악기와 해금, 가야금, 아쟁 등 현악기까지 동원하지만 가무의 가락과 속도는 완만하다. 대신 자신의 가창 능력이나 굿판의 분위기를 이끌어가는 능력을 극대화시킴으로써 무악을 예술의 경지에까지 끌어올렸다.

강신무와 세습무는 굿을 주재하는 무당의 성별에도 차이가 있다. 강신무는 북부에서는 여무, 남부에서는 남무가 우세하다. 반면 세습무는 여무가 굿을 행하지만 사제권은 남성 위주로 계승되고 있다. 그래서 무당은 대부분 무가의 며느리나 딸인 경우가 많다.

신명나게 놀아보자

무당의 가장 큰 의례는 역시 굿이다. 굿은 수많은 음식과 술, 옷, 지전 등 장식을 벌이고 신을 청한 다음 신명나는 연주와 춤, 노래, 축원, 촌극,

묘기, 재담 등이 어우러지는 종합의례이기 때문이다. 굿은 어떤 형식이든지 간에 신을 불러들이는 청신請神, 신과 인간이 즐겁게 노는 오신娛神, 인간의 소망을 해결해준 신을 돌려보내는 송신送神으로 마무리된다. 굿은 의례를 청한 사람의 목적과 기능에 따라 몇 가지로 대별할 수 있다.

첫째 마을굿이다. 해마다 정기적으로 정성을 모아 마을 수호신이나 다른 무속 신들에게 마을의 안녕과 생업의 번영을 축원하는 마을굿은 지역에 따라 다양한 별칭을 갖는다. 경기, 서울에는 대동굿, 부군당굿, 도당굿, 황해도에는 대동굿, 동해안에는 별신굿, 제주도에는 신과세굿, 영등굿, 마불림굿, 시만국대제 등이 있다.

둘째 개인굿이다. 이는 가족 중심의 굿으로 산 사람의 길복을 비는 재수굿과 죽은 사람의 영혼을 저승으로 천도하는 넋굿이 있다. 재수굿도 지역에 따라 명칭이 다르다. 서울에는 정초의 천신맞이굿, 봄의 꽃맞이굿, 잎맞이굿, 가을의 신곡맞이, 단풍맞이가 있고, 황해도에는 철물이굿, 전라도에는 도신이 있다. 넋굿도 경기도, 황해도에서는 진오기굿이라고 부르지만 평안도에서는 수왕굿, 다리굿, 함경도는 망묵굿이, 경상도는 오구굿, 밤저, 전라도는 씻김굿, 제주도에서는 시왕맞이굿 등으로 부른다.

굿의 종류는 무척 다양하지만 굿을 행하지 못하던 가난한 백성들은 안방 윗목이나 장독대에 음식을 차려놓고 두 손을 비비며 축원하는 비손을 행했다. 또 10월 상달에 추수를 기뻐하면서 지내는 고사, 집안에 환자가 생겼거나 경제형편이 나빠졌을 때 행하는 푸닥거리 등 가벼운 의례도 있다. 고사나 푸닥거리를 할 때는 무당 두세 명이 장구나 제금 등을 울리고 춤을 추면서 신에게 인간의 소원을 빈다. 이런 푸닥거리로 효험이 없을 때는 정식으로 병굿을 행하지만 대개는 조상의 극락왕생을 비는 넋굿과 병행한다. 한편 강신무 특유의 굿인 내림굿, 무당이 된 뒤 몸주에게 바치는 무당의 재수굿인 진적굿이 있다.

세계 어디서나 무의를 하는 목적은 병을 가져오는 역신을 물리치거나 가족의 복을 빌고, 죽은 자의 영혼을 편안하게 저승으로 인도하는 것이다. 그러므로 무속에서는 불멸의 전능자인 신을 인정하고 인간이 사후에도 영혼은 존재한다는 종교관을 가지고 있다.

무당의 임무는 대체로 둘로 나뉜다. 손님들이 찾아와 가정사를 상담하는 점복행위와 문제를 해결하기 위해 신의 힘을 빌리는 굿 행위다. 점복은 손님과 일대일 관계이므로 혼자서 충분히 해결할 수 있지만 규모가 큰 굿은 단독으로 행할 수 없으므로 다른 무당의 협조가 필수적이다. 그러므로 무당들은 품앗이처럼 다른 무당의 굿에 참여함으로써 자신의 행사에 그들을 참여시킨다. 보통 굿은 12거리 이상으로 이루어지는데 한 무당이 그 복잡한 의례를 다 잘하지는 못한다. 그렇기 때문에 특정한 거리를 잘하는 무당을 굿의 성격에 맞게 초청하는 경우가 많다.

만신, 신과 소통하는 강신무

강신무는 무당이 되기 전에 반드시 신병이라는 통과의례를 겪는다. 당사자는 원인을 알 수 없는 신체적 고통과 정신이상 증세를 함께 겪는데 어떤 치료 방법도 효험이 없다. 이 현상은 당사자가 무당의 숙명을 받아들이고 내림굿을 받으면 말끔히 치료됨과 동시에 신과 소통할 수 있는 영력을 갖게 된다.

현대 의학계에서는 이 신병을 유전적인 대뇌질환으로 진단하고 있다. 뇌에 있는 도파민이 증가하게 되면 환청, 환시 현상이 일어나고 과대망상증, 피해망상증, 조증 등의 정신병적인 현상이 일어난다. 아울러 불안해지면서 자율신경 중 교감신경계의 항진이 온다. 그 결과 환자의 심리상태가 불안해지고 맥박이 빨라지고 호흡이 가빠지고 동공이 확장하는 등 신체의 리듬이 흐트러지는데 이런 현상이 무병과 일치한다고 판단하는 것이다.

신병은 세습무를 제외한 강신무 계통의 무당, 박수, 선무당류, 명두, 태주 등 모든 무당이 필수적으로 겪는다. 지역에 따라서는 독경자(경꾼), 경쟁이류의 하급 무당들도 체험한다고 한다. 학술적인 통계에 따르면 신병은 남녀노소 빈부귀천을 가리지 않지만 대개는 여자, 그중에서도 가난한 집안의 부녀자가 많이 걸린다. 극심한 경제적 고통과 함께 자식의 죽음, 남편의 외도, 가정파탄 등 인간으로서 견디기 힘든 상황 속에서 심리적 고통에 시달려온 여인들이 당사자들인 셈이다. 또 어린 시절부터 무속문화를 접하고 자란 사람이 신병에 잘 걸린다. 무병에 걸린 사람들의 가계도를 살펴보면 친척 가운데 무당이 있는 경우가 많다고 한다.

신병 증상은 무척 다양해서 유형별로 구분하기 어렵다. 알려진 내용으로는 대개 시름시름 앓으면서 식사를 하지 못하고 몸이 마르며 정신이 심약해진다. 어떤 경우에는 미친 사람처럼 중얼거리거나 산야를 떠돌기도 한다. 그런 가운데 현실과 꿈의 구분이 모호해지면서 허상과 환

각, 환청 등을 경험한다고 한다. 물론 그 과정에서 신령과 접촉하게 된다. 신병을 앓는 기간은 정해져 있지 않아서 어떤 사람은 30여 년 동안 시달리는 경우도 있다. 물론 증상은 내림굿을 받으면 해소되지만 무당이 폐업을 하면 다시 앓는 경우도 있다고 한다.

이와 같은 신병은 시베리아, 오스트레일리아, 아프리카, 아메리카 등지의 샤먼이나 주술사들이 초기에 체험하는 정신병적 증상과 흡사하다. 시베리아 야쿠트족 샤먼들은 초기에 몸뚱이를 쇠갈고리로 사지의 각을 떠서 팔과 다리를 분리시키고 살을 갉아 내어 뼈만 남기고 눈알을 잡아 빼거나 팔과 다리를 칼로 토막토막 내고 몸통만 내동댕이쳐 며칠이고 버려두었다가 다시 잘라 낸 뼈마디와 사지를 맞추는 체험을 겪는다. 그와 같은 시련을 거쳐야만 구제하는 힘을 얻어 샤먼이 되는 것이다.

오스트레일리아 주술사들은 동굴에 들어가면 토템 영웅신들이 나타나 그를 죽여 몸을 가른 뒤 배를 가르고 내장의 모든 기관을 꺼낸 뒤 주술적인 물체를 넣어 다시 제자리에 맞춰 꿰매놓는다. 다음 영웅신이 그의 모든 뼈를 추려다 주술적인 물체와 함께 다시 제자리에 박아 넣는다. 이 기간 동안 주술의 지배자가 주술사가 될 후보자를 감시하며 불을 밝히고 그 후보자의 망아적 체험을 관찰한다. 일종의 신어미인 셈이다.

아메리카 샤먼들은 조령들로부터 죽음을 당하는 체험을 하고 맨발로 불 위를 걸어가면서 치아나 눈동자가 찢겨나가는 체험을 한다. 북아메리카 샤먼들은 초기에 독한 약을 먹고 엑스터시에 빠져 조령들로부터 고문을 당하는 동안 땅 위에 시체처럼 누워있기도 한다. 이와 같은 외국 샤먼들과 한국 무당들이 체험하는 신병은 심도의 차이는 있으나 성격적으로는 비슷한 종교체험현상으로 여겨진다.

신병 증상이 심해지면 환자는 우선 병원 치료를 시도해보지만 별다른 효험이 없다. 그러다 점쟁이나 무당을 통해 신병임을 알게 되면 그는 사회적 멸시의 대상인 무당이 될 것인지 평생 환자로 지낼 것인지를 선택해야 한다. 대체로 신병을 앓으면서 무당이 되기를 거부하면 개인적으로 끊임없이 고통을 겪게 되고 심한 경우에는 '인다리 놓는다.'라는 현상까지 겪는다고 한다. 신의 노여움을 사서 가족 중 한사람이 이유 없이 목숨을 잃는 것이다. 그렇듯 막다른 골목에 몰리면 환자는 결국 내림굿을 선택할 수밖에 없다.

내림굿이란 기존의 무당을 찾아가 신어머니와 신딸 관계를 맺고 그녀를 통해 신 내림을 받는 특별한 굿 행위다. 이때 신어머니는 능력이 검증된 유능한 무당이어야 한다. 내림굿의 장소는 강신자의 집이나 신어미의 집 또는 굿당 중에 형편이 되는 장소를 선택한다.

서울에는 무당들이 굿을 하기 위하여 빌리는 굿당이 여럿 있다. 50여 년 전만 해도 60곳이 넘는 굿당이 서울에 있었다고 하나 지금은 많이 사라지고 몇 남지 않았다. 과거에 알려졌던 유명한 굿당의 이름은 홍제동의 할미당, 무악재 부근의 사신당, 인왕산의 국사당, 마포의 부군당, 뚝섬의 하주당, 세검정의 원앙당 등이다. 가장 잘 알려진 인왕산의 국사당은 원래 남산에 있던 것이 일제 때 신사神祠를 지으면서 인왕산으로 옮겨졌으며 지금도 많은 굿이 행해지고 있다.

굿의 절차는 일반적인 굿에 내림굿이라는 절차를 하나 추가하는 것이다. 서울 지역에서는 부정굿, 가망굿, 상산굿, 제석굿, 신장굿, 조상굿을 하고 내림굿에 들어간다. 내림굿에는 허주굿과 내림굿으로 두 가지가 있는데, 허주굿은 무당 후보자의 신병이 무당이 되려는 징조의 신병인지 아니면 단순한 잡귀에 위한 정신이상 증상인지를 구별하는 굿이다.

내림굿이 끝나면 당사자는 집에 몸주신을 봉안하고 신어미를 스승으로 모시며 굿의 의례를 모두 익힐 때까지 제자 노릇을 해야 한다. 무속 신들의 명칭·기능·성격 등에 관한 교리·무가·춤·악기 다루는 법·의상·제상 차림·점치는 방법 등 신도들과의 관계 유지법 등 무당 초보자가 배워야 할 내용은 대단히 많고 시간도 오래 걸린다. 강신무는 신만 들렸다고 무당이 되는 것이 아니라 스스로 굿을 치를 수 있는 능력을 갖추어야 만신萬神이 될 수 있다. 이 때문에 당사자의 재능과 열정이 무업의 성패를 좌우하게 된다.

굿을 할 때 강신무는 신을 불러들이는 다양한 종류의 화려한 무복과 부채, 방울, 신칼 같은 무구를 들고 춤을 춘다. 그와 함께 공수를 통해 신의 뜻을 인간에게 알리고, 신의 영능을 보여주기 위해 날카롭게 간 작두 위에 올라서거나 무거운 떡시루를 입술로 물거나, 삼지창을 거꾸로 세우고 그 위에 쇠머리나 통돼지를 올려놓고 중심을 잡는 등의 묘기를 선보인다.

강신무끼리의 서열은 그녀가 내림굿에서 몸주로 받아들인 신령의 격에 좌우된다. 상위그룹으로는 옥황천존, 선화천존, 일월성신, 칠성, 산신, 용신, 불사, 삼불제석 등 도교와 불교의 신들을 받아들인 불사방, 또 관성제군, 소열황제, 장장군, 와룡선생, 옥천대사, 신장 등 삼국지의 주인공들을 모시는 전래殿內, 최영 장군, 여장군(여포), 성조, 별군웅, 왕신,

무당방울

무령巫鈴 혹은 요령이라고도 하며 무당
이 굿을 할 때 무당방울을 왼손에 들고
이따금씩 흔들어가며 춤을 춘다. 춤추
면서 흔드는 것은 잡귀를 쫓고 신령을
부르는 뜻이며, 정신을 신령에게 집중
시키기 위함이다.
서울역사박물관 소장

무속부채

표면에 해와 달, 팔선녀가 그려져 있다.
무당방울과 함께 귀중게 인식되면서 신
령을 부르고 모시고 놀리고 보낼 때 사
용되는 중요한 신구神具다.
서울역사박물관 소장

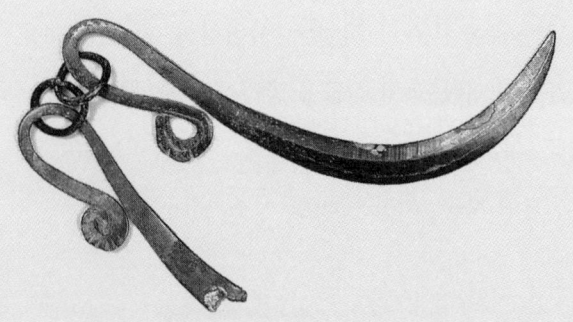

신칼

무속에서의 칼은 모양새와 쓰임새에
따라 여러 종류가 있는데 신령을 모시
고자 할 때, 잡귀나 잡신을 몰아낼 때,
신의 영험력을 과시하고자 할 때 등에
사용된다. 주로 무쇠나 놋쇠로 만들고
벼락 맞은 나무로 만들기도 한다. 쇠로
된 칼날과 나무로 만든 칼자루로 되어
있다.
서울역사박물관 소장

임경업, 반명 등을 모시는 만신萬神 등이 있고 하위그룹으로 명부십대왕, 사자, 넋말명을 받아들인 넋무당, 가장 낮은 격으로는 천연두로 죽은 여자아이의 신인 태왕과 동자신 명도를 모신 무성패 등이 있다.

단골, 굿을 예술로 승화시킨 세습무

신 내림을 받는 강신무와 달리 무당의 가업을 이어받은 세습무는 조선시대에 수원과 인천을 비롯해 한강 이남의 경기도, 충청도, 전라도, 경상도, 동해안을 낀 강원도 일원에서 활동했는데, 동해안에서는 함경도 원산까지 올라가 굿을 하기도 했다. 강신무가 영력에 의해 신의 뜻을 받든다면 세습무는 후천적이고 인위적인 제의의 주관자들이다. 그들은 신의 선택을 받지 않았지만 혈통적으로 무당이라는 직업을 운명적으로 받아들인 존재들이다.

세습무는 같은 무당 집안끼리만 혼인하고 가족 단위로 움직이는데 당골, 당골네, 당골에미, 당굴, 단굴 등으로 불리는 여자가 굿을 행하고, 광대, 사니, 화랭이, 양중, 창우, 재인 등으로 불리는 남자는 악사로서의 기량을 선보이면서 종종 굿 도중에 행하는 염불이나 여흥적인 놀이를 담당하기도 한다.

세습무의 계승권은 남자 쪽에 있고 여자들은 제례를 주관하는 것이 대부분이지만 제주도에서는 남자가 무의 계승권과 제례권을 모두 갖는다. 그 때문에 세습무 가문에서 태어난 여자는 8~9세 때부터 무가를 암기한 다음 다른 세습무 가문의 남자와 결혼하여 시어머니에게 굿의 절차와 기능을 익힌다.

영력을 중시하는 강신무와 달리 세습무의 능력은 의례를 얼마나 잘 집행하느냐에 좌우된다. 이 때문에 세습무의 굿은 매우 예술적으로 뛰어난 경지를 보여준다. 그들의 무가와 무용, 축원과 덕담은 장엄함과 흥겨움을 두루 갖춤으로써 관객들과 호응하는 놀이굿이라는 장르를 창조하기까지 했다. 이들이 전승해온 전라도, 경기도, 충청도의 무속 음악은 시나위권에 속하는데 오늘날 매우 수준 높은 민속 음악으로 평가된다. 그러므로 세습무 권역의 주민들이 강신무의 굿을 요란하고 싱겁다고 여기기도 한다.

세습무들은 조상 대대로 물려받은 관할 지역인 단골판을 가지고 있다. 자영업으로 식당이나 마켓 등을 하는 사람들은 단골이 없으면 망하기 십상인 것처럼 단골판에 가입된 주민들은 모두 단골들의 단골손님인 것이다. 단골판은 자연부락 단위 혹은 문중 단위로 구획되어 단골 한 사람이 대여섯 부락에서 많으면 열 부락까지 소유하고 500호부터 1500호까지 관할한다. 단골은 단골판의 주민들이 요청하면 보수에 관계없이 굿을 해주어야 하고, 그 대가로 주민들은 매년 보리와 벼를 제공한다. 단골이 피치 못할 사정 때문에 타 지역으로 이사를 하게 되면 단골판은 다른 단골에게 매매할 수 있고 임대도 가능하다.

진도 등 일부 지역 단골들은 최근까지도 밭걷이, 동냥이라 하여 단골판에서 일정한 보수를 받았다. 단골이 타인의 단골판에서 굿을 하는 것은 철저히 금지된다. 제 지역이 아닌 곳에서 굿을 해주면 신청이라는 일종의 무당조합으로부터 굿을 못 하게 하는 따위의 징계와 함께 벌금을 내야 한다. 이와 같은 상호 견제를 통해 세습무들은 생계를 보장받았다. 이 때문에 단골판 지역에서 신 내림을 받은 사람은 무당이 되지 못하고 점쟁이가 되어 세습무의 의례 날짜를 택일해 주는 역할을 맡았다.

단골판의 주민들은 집안에 우환이 있을 때나 어려운 일을 결정할 때 무당과 상의한다. 또 정월에는 신수점도 보고 명이 짧은 자식을 형식적으로 무당에게 팔아 수명을 늘리기도 한다. 이와 같은 단골판은 세습무의 단절과 함께 급속도로 해체되고 있다. 더 이상 무당이란 이유로 천대받고 싶지 않기에 고향을 떠나거나 직업을 바꾸기 때문이다.

조선은 유교의 나라다 °승려

청산은 내게 말없이 살라 하네.	靑山勸我無言生
창공은 내게 티없이 살라 하네.	蒼空勸我無垢生
애오라지 사랑도 미움도 다 벗어놓고	脫去貪慾又脫忿
물처럼 바람처럼 살다가 가라 하네.	如風如水生而去

나옹화상의 〈청산靑山〉

위태롭고 위태롭다, 급하고 급하다.

고려 말엽 흥청대던 불교계를 향해 천태종의 승려 운묵이 미친듯이 소리쳤다. 그는 승려들의 세력화, 귀족 불교, 선불교의 타락상을 말세라고 여기고 자각하지 않으면 곧 말법의 시대가 올 것이라고 경고했지만 아무도 귀 기울이는 사람이 없었다. 과연 얼마 지나지 않아 고려가 멸망하고 성리학을 국가이념으로 채택한 조선이 개국하면서 승려들의 지옥문이 활짝 열렸다. 숭유억불의 창을 손에 쥔 유림의 조직적인 압박과 횡포 속에서 승려들은 이전에는 상상조차 할 수 없던 고통과 설움을 겪어야 했다.

조선왕조 500년 내내 무격승니巫覡僧尼, 곧 무당과 동격으로 취급되던 승려들은 도성 출입조차 금지되었고, 탁발도 나가지 못했을 뿐만 아니라 개인에게도 수십 종류의 부역이 주어졌다. 그 지독한 의무를 이행하지 못하면 환속을 강요당했다. 승려들의 성전인 사찰에 대한 압박은 더욱 심했다. 가볍게는 두부 만들기, 가마 메기를 비롯해서 무겁게는 종이 부역이나 산성 쌓기, 승군 입영에 이르기까지 무려 200여 종류의 부역을 감당해야 했다.

그 외에도 불교를 억누르기 위한 조치는 다양했다. 조정에서는 짐승을 도살하는 백정과 도살장을 사찰에서 관할하게 함으로써 불살생의 계율을 지켜야 하는 승려들을 능멸했다. 게다가 부녀자들의 사찰 참배를 금한 뒤 관리와 선비들의 놀이터로 사용하

기도 했다. 어린 유생들은 과거 공부를 위해 승려의 선방을 빼앗았다. 그런 과정에서 권력자들이 트집을 잡아 사찰의 재산을 강탈하는 일도 부지기수였다.

18세기 전후, 지방의 토호와 세력가들은 자기 조상의 묘지를 쓰기 위해 유서 깊은 사찰의 유적을 함부로 파괴했다. 일례로 광주의 유생 이응준은 일찍이 태조 이성계가 머물렀고 무학대사 자초가 주석했던 회암사의 부도와 비석을 파괴하고 그 자리에 죽은 아비의 무덤을 조성해 물의를 일으켰다. 그렇듯 조선의 불교 탄압은 일찌감치 광기를 넘어서서 왕실의 존엄까지도 무시할 만큼 강력했다.

나무아미타불 관세음보살

한국 불교는 고구려 소수림왕 때인 서기 372년 전진前秦의 승려 순도順道를 통해 전래된 이래 공空 사상을 바탕으로 서방극락정토의 왕생을 염원하는 염불과 보시布施・지계持戒・인욕忍辱・정진精進・선정禪定・지혜知慧라는 육바라밀六波羅蜜의 실천을 강조하는 대승불교의 전통을 지금까지 이어오고 있다. 또 불교는 전통적인 무속신앙과 조화를 이루며 고구려, 백제, 신라가 고대국가의 기틀을 다지는 데 공헌했을 뿐만 아니라 한민족 고유의 독특한 불교문화를 완성시켰다.

고구려와 백제가 멸망한 뒤 남북국시대가 도래하면서 신라의 불교는 가일층 성장을 거듭했다. 불국사와 석굴암과 같은 위대한 문화유산이 만들어졌고 원효, 의상, 원광, 혜초 등 고승들이 출현해 중생들을 구제했다. 신라 말기에 성립된 구산선문九山禪門(신라 말기부터 고려 초기까지 당에 유학했던 선승들이 열던 선종의 아홉 산문)은 지방 호족 세력과 연합하여 고려 창업에 절대적으로 기여했다. 그 후 불교는 전통적인 선종宗과 천태종이라는 양두마차 체제로 고려 사회를 이끌며 민간과 왕실에 독실한 불심을 조장했다. 무신란 이후에는 지눌을 중심으로 정혜쌍수定慧雙修의 결사가 유행하면서 방만해진 승려들에게 새로운 수행 기풍을 불어넣었다. 정혜쌍수는 선정禪定과 지혜智慧, 즉 교학敎學을 함께 닦는 불교 수행법으로 여말 중국 임제종臨濟宗의 선풍을 도입한 태고 보우太古普愚의 간화선풍과 더불어 조선 이래 한국 불교의 주류를 형성했고, 훗날 조계종 성립의 토대를 마련했다. 한편 당시 귀족 불교의 소산으로 제작된 수월관음도 등의 불화佛畵는 세계 미술사상 가장 아름다운 작품으로 평가되고 있다.

993년(성종 12)부터 1019년(현종 10)에 이르기까지 3차례에 걸친 거란의 침공으로 고려 국토는 만신창이가 되었다. 연이어 세계 제국을 꿈꾸던 몽골의 대공세에 직면한 고려 백성들은 끈질긴 저항과 함께 부처의 가피加被를 기원하며 팔만대장경을 판각하기에 이른다. 그러나 불타는 신앙만으로 나라의 운명을 뒤집을 수는 없는 법, 30여 년에 걸친 고려인들의 대몽항쟁 결과는 무신정권의 종식과 원나라의 속국이었다.

불행 중 다행으로 고려는 왕실에 호의적이던 원나라 세조 쿠빌라이가 딸을 원종에게 시집보냄으로써 불평등하나마 고려의 국체를 유지할 수 있었고 고려 고유의 문화를 일부 지켜낼 수 있었다. 당시 티베트 불교를 숭상하던 원나라 황실은 몽골인 승려와 티베트 승려를 수시로 개경에 파

〈의겸등필수월관음도義謙等筆水月觀音圖〉
영조 6년(1730)에 승려이자 화가인 의겸이 그린 이 수월관음도는
조선시대에는 좀처럼 찾아보기 힘든 최고의 작품이다.
보물 제1204호, 한국미술박물관 소장

견했고, 고려에 시집 온 원의 공주들도 성대한 불사를 열어 불교를 지원했다. 그런데 이런 상황에 편승한 고려 승려들은 앞다투어 승직을 탐하고 사찰의 재산 불리기에 급급하면서 백성들에게 외면받기 시작했다.

"절간은 없는 데가 없으며 냇물을 경계로 하여 산비탈에 이르기까지 토지를 가지고 있어 나라를 해치며 백성들에게 해독을 끼친다."

이처럼 불교의 타락상이 사회문제로 대두되자 고려 사회에서는 상대적으로 유학에 대한 관심이 증폭되었다. 당시 원나라는 남송南宋을 멸하고 명유名儒를 초치하여 유학을 장려하던 시기였다. 때맞춰 고려의 유학자 안향은 충렬왕을 따라 원나라에 가서 주자서를 베끼고 공자와 주자의 영정을 가져왔다. 1303년에는 국학학정 김문정이 중국 강남에 가서 공자와 70제자의 화상, 문묘에서 사용할 제기祭器·악기樂器와 육경六經·제자諸子·사서史書·주자신서朱子新書 등을 구해왔다. 안향은 또 왕에게 간청하여 장학재단인 양현고養賢庫를 설립했고, 또 육영재단인 섬학전을 설치하여 국자감의 재정을 안정시켰다.

충렬왕의 뒤를 이은 충선왕은 공자를 추앙하는 석전釋奠을 정례화했고 설총과 최치원을 배향하게 했다. 왕위에서 물러난 뒤에는 연경에 만권당을 개설하고 수많은 유교경전을 수집한 다음 이제현 등 고려의 유학자들을 불러들여 요수姚燧·염복閻復·조맹부趙孟頫·원명선元明善 등 한족 출신 명유학자들과 교류하게 했다.

"국가를 경영하는 방책이 여기에 있다. 그대들이 힘써 우리 고려의 미래를 만들어 보도록 하라."

원나라에서 주자학의 세례를 받고 돌아온 이제현은 유학 수준을 한 차원 끌어올렸고, 많은 제자를 길러냄으로써 고려 성리학의 대부로 군림했다. 그는 유교의 위민사상과 실천적 윤리를 강조하면서 권문세가의 토지 독점, 관리의 조세 부정, 불교의 타락상을 맹렬히 공격했다. 하지만 그가 지적한 문제를 해결하기 위해 혜성처럼 등장한 신돈에 대해서는 차가운 시선을 내비쳤다.

"신돈은 흉인으로 장차 환난을 만들어낼 것이다."

"유학자들은 좌주 문생이라 일컬으며 서로 끌어주고 밀어줌으로써 자신들의 기득권을 지킨다. 이제현의 문생들은 그렇게 세력을 넓혀 온 나라에 가득한 도둑이 되었다."

그렇듯 유교 측의 공세에 맞서 불교 측에서 맞불작전으로 나서면서 고려 말 유교와 불교 세력의 난타전이 벌어졌다. 그때 유학자들은 교묘하게 부역을 회피하면서 무위도식하는 승려들의 죄상을 맹렬히 비난했지만 백성들의 숙원이자 비리의 온상인 전제 개혁을 외면했고, 권문세가와 대가람 세력의 결탁 문제에는 입을 다물고 있었기 때문이다.

그 와중에 군계일학처럼 등장한 인물이 이제현의 제자 이색이었다. 그는 공자가 성인이듯 부처도 성인이라는 양시론을 바탕으로 불교의 견성見性은 유교의 양성養性과 마찬가지라는 견해를 갖고 있었다. 이 때문에 승려들에게 도첩을 주고 도첩에 없는 자는 군대에 충당하며, 새로 지은 절은 모두 철거하되 이행치 않은 수령들의 죄를 물을 것이며, 양민들이 머리를 깎거나 승려의 복색을 착용하지 못하게 하라는 온건책을 공민왕에게 건의했다.

"유생들이 모두 꽉 막힌 줄로만 알았더니 저런 인물도 있구나."

새삼 이색의 태도에 감탄한 신돈은 과거제도를 개선하고, 개성에 성균관 건물을 복구한 다음 유생 100명을 머물게 했다. 심지어 공자를 천하 만세의 스승이라고 칭송했다. 그때 성균관의 총책임자인 대사성에 이색, 교육책임자인 박사에 정몽주, 학관으로 이숭인 등이 임명되면서 고려 성리학은 새로운 동력을 얻게 되었다.

그로부터 얼마 후 개혁의 선봉장이던 신돈이 공민왕의 변심으로 쫓겨나고 실세로 등장한 최영, 이성계, 경복흥 등 무장들과 이색, 백문보 등 유학자들이 손잡으면서 불교계 인사들은 철저하게 외면당하고 만다. 실로 고려의 불교는 정신적 뿌리로서 모든 계층의 존경을 받았지만 자정작용이 한계에 이름으로써 스스로 종말을 자초하고 말았다.

조선의 아침, 불교의 황혼

1388년 이성계의 위화도 회군으로 최영의 비호를 받던 우왕을 축출한 다음 고려 정계의 중추를 장악한 신진 성리학자들은 불교를 이단으로 몰아갔다. 바야흐로 영화를 구가하던 사찰에 북풍한설이 몰아치기 시작한 것이다. 당시 유학자 조인옥은 상소문에서 불교가 고려 사회에 해독을 끼칠 뿐만 아니라 이론적으로 무가치한 종교라고 맹공을 퍼부었다.

불씨의 가르침은 청정과 과욕으로 세속을 벗어남을 종지로 삼으니 진실로 천하와 국가를 다스리는 도가 아닙니다. 근래에 여러 절의 주지들은 스승이 가르친 과욕을 돌보지 않고 토지의 도조와 노비의 고용을 부처와 중들에게 공양하지 않으며 자기 몸만 살찌웁니다. 과부 집에 출입하며 풍속을 더럽히고 권문세가에 뇌물을 주어 큰 이익을 낚으려 합니다. 청정하고 세속을 끊는 가르침이 어디에서 실현되겠습니까. 그러니 도를 행하고 이욕이 없는 자를 가려 절에 머물게 하고 그 절 토지의 도조와 노비의 고용을 각기 수령들이 거두어 공문서에 올리고 승도의 수를 헤아려 지급케 할 것이며 주지들이 함부로 쓰지 못하게 해야 합니다. 무릇 인가에 유숙하는 승려는 간통의 죄로 따지고 모든 부녀자들은 비록 부모의 초상을 당했다 해도 절에 올라가지 못하게 하되 어기는 자는 실절한 죄로 따지고 해당 비구는 실행한 죄를 물어야 합니다. 부인으로 머리를 깎은 자는 더욱 무거운 죄를 물어야 합니다. 향리, 역리 및 공사노비는 비구와 비구니가 되는 것을 허가하지 말아야 합니다.

《고려사열전》 신창조

1389년 이색이 남신사에서 백련회를 베푼 다음 성균관에 가서 공자의 위패를 배향했다는 이유로 신진 유학자들은 유종儒宗이 불타에 아첨했다며 일제히 탄핵하고 나섰다. 불교에 합리적인 입장을 취한 스승 이색을 문하시중 자리에서 끌어낸 것이다. 이듬해인 1390년 공양왕이 찬영粲英을 왕사로 맞이하려 하자 이색의 수제자이던 정몽주까지 불교 비판에 가세했다. 불교는 친척과 헤어지게 하고 남녀관계를 끊게 하며 홀로 암굴에서 닦는 도이니 나라를 다스리는 도와는 거리가 멀다는 주장이었다.

한번 불붙은 유학자들의 공세는 끈질기게 계속되었다. 김초는 공양왕에게 승려를 집으로 돌려보내고 오교와 양종을 없애 군사로 보충하는 한편, 사찰에 딸린 노비와 재물을 관아에 소속시키고, 무당을 도성에서 쫓아 보내며, 집집마다 가묘를 두어 나쁜 제사를 근절함은 물론 머리털을 깎는 자와 나쁜 제사를 지내는 자를 죽이라고 요구했다. 이는 불교 자체를 없애자는 주장이었다. 이성계 일파로부터 낙점된 허수아비 임금 공양왕도 더 이상 참지 못하고 화를 내며 김초를 벌하려 했다.

"불교를 없애자는 것은 고려의 정신을 없애자는 것이다. 이는 반역과 다를 바가 없다."

"김초의 발언은 유학자라면 누구나 품고 있는 생각입니다. 그를 벌하신다면 조정 중신들을 모두 벌해야 할 것입니다."

그때 유학자들의 선봉장이던 정몽주가 김초를 비호했고, 성균관 생원 박초가 나서서 석가모니는 본래 오랑캐 사람이라 중국과 언어가 같지 않고 의복제도도 다르며 부부, 부자, 군신의 윤리를 알지 못하니 당연히 배척해야 한다며 거들었다. 신료와 유생들이 목소리를 높이자 실권 없는 왕은 한 걸음 뒤로 물러설 수밖에 없었다.

당시 이와 같은 척불논의의 막후에는 신진 세력의 기수 조준과 정도전이 있었다. 고려 말 정계에서 철저히 소외당한 뒤 이성계를 도와 역성혁명에 결정적인 역할을 한 정도전은 감정적으로 떠들던 뭇 유학자들과는 달리 이론적으로 불교를 배척한 인물이다. 그는 만약 모든 사람이 불교의 교리대로 산다면 남녀가 교합하지 못하니 인구가 늘지 않을 것이며, 남은 사람도 일하지 않고 빌어먹으니 결국 모두 굶어죽어 사람의 씨가 마를 것이고, 군대도 가지 않으니 중들은 천하의 큰 좀벌레일 뿐이라고 비판했다.

"석가모니는 임금도 사양하고, 아비의 자리를 이어받지도 않았으며, 아내를 버리고 집을 나갔으니 이른바 군신, 부자, 부부의 도리를 저버린 인물이다."

불교에 대한 정도전의 이와 같은 주장은 신진 유학자들에게 전폭적으로 지지를 받았다. 이 때문에 고려 말기에 행해진 개혁 정책에서 불교 개혁은 당연히 1순위로 꼽혔다. 1392년 창업된 조선의 아침은 불교의 황혼일 수밖에 없었다. 당시 태조 이성계에 협력하던 무학대사조차 성리학자들의 척불 분위기를 진정시키기에는 역부족이었다. 태조의 즉위 사흘 뒤 사헌부에서는 혹세무민하는 승려들을 가려내 환속시키자고 건의했을 정도였다.

1392년 배극렴, 조준 등 건국공신들은 승려 허가제를 주장했다. 출가자가 양반일 경우 오승포 100필, 평민은 150필, 천인은 200필을 자신이 사는 관가에 내고 허가증을 받도록 하자는 것이다. 도첩제 시행은 군역과 부역을 피하려는 승려들의 특권을 제한하려는 데 목적이 있었다.

이때부터 불교는 빠르게 몰락했다. 특권을 빼앗기고 생활이 궁핍해진 승려들은 여러 기술을 익혀 관리들의 집을 지어주거나 관가의 물품 제작, 성곽 축조와 도로 건설 등에 동원되었다. 한양 천도를 위한 도성 축성과 궁궐 축조 공사에는 승려 수천 명이 강제로 동원되었다. 그럼에도 불구하고 태조는 무학대사를 왕사로 임명하고 궁중에서 불교행사를 벌이려 하는 등 개인적으로는 신앙심을 지키려 부심했다.

조선에 불교는 필요 없다

합천 출신인 무학대사 자초自超는 나옹화상의 제자로 1364년 재창건된 회암사의 수좌였다. 스승이 열반한 뒤 그는 전국을 떠돌다가 안변에서 이성계를 만나 그에게 천기가 도래했음을 알았다. 그때 무학과 인연을 맺으면서 이성계는 고려의 강력한 재야 세력인 불교계의 힘을 끌어올 수 있었다. 무학은 1392년 이성계가 조선을 창건하자 선교 도총섭에왕사를 겸하면서 새 왕조의 연착륙에 적극 협조했다.

1년 뒤 무학이 전염병이 돌던 회암사를 나와 개경 광명사에 머물 때조정에서는 천도가 핵심 현안으로 대두되었다. 역시 논쟁의 주제는 장소 문제였다. 본래 태조는 성석린 등의 건의에 따라 계룡산 신도안에 터를 잡으려 했지만 하륜이 남쪽에 너무 치우쳐 있음을 지적하며 권중화와 함께 모악산 남쪽을 건의했다. 그때 이성계와 동행하던 무학은 고려의 이궁이 있던 한양을 길지로 추천했지만 주류 세력의 구설수에 휘말릴 것을 염려해 적극 주장하지는 않았다. 무학은 온건한 태도로 유학자들의 불교에 대한 비판을 희석시키고자 했다.

그와 같은 소망이 통했던지 태조의 불교 정책은 매우 호의적이었다. 태조는 강화도 선원사에 있던 대장경판을 서울 지천사로 옮겼다가 훗날합천 해인사에서 보관하게 했고, 1392년 3월에는 경행 부활을 지시했다. 그는 또 조모의 기일에 제사를 철폐한 채 광명사에서 무학을 위시하여 승려 500명을 불러 반승대회를 벌이기도 했다. 이어서 개경의 연복사를 중창하고 해인사와 회암사에 탑을 세웠다.

총애하던 신덕왕후 강씨가 승하하자 태조는 정동에 흥천사를 짓고 토지 1000결을 내렸으며, 창덕궁 안에는 첫 왕비 신의왕후의 사당인 문소전을 짓고 부처의 진신사리를 봉안한 내불당을 지은 뒤 왕후와 비빈, 궁녀들로 하여금 부처를 받들게 했다. 한편 성 안에 정업원을 짓고 후궁들이 노후에 여생을 보낼 수 있도록 했다. 말년에는 흥천사에서 정근법석을 베풀고 옷을 부처에게 시주했다.

창업자 태조의 이와 같은 행보는 왕실 내부에 궁중 불교의 토대를 쌓았지만, 3대 태종대에 그 업적은 한꺼번에 무너져 내렸다. 두 차례에 걸친 왕자의 난을 통해 정적들을 물리치고 형 영안대군을 보위에 올렸다가 그 자리를 이어받은 태종이 유교 국가의 기틀을 잡기 위해 억불 정책을 강력하게 시행했기 때문이다.

첫 테이프는 호조에서 끊었다. 승려들의 경행을 금지한 것이다. 때맞춰 몰래 태상전에 드나들던 승려 각미는 요망한 말을 퍼뜨린다는 혐의로 체포되어 장 100대를 맞고 수군 입영이라는 벌을 받았다. 이어서 의정부의 정승들이 태종에게 나아가 한 목소리로 사찰의 폐해를 고발했다.

"지금 주지들은 살찐 말을 타고 사찰에 출입하면서 노비들에게 일을 시키고 무위도식을 일삼고 있습니다. 그들은 많은 땅과 노비들을 이용해 얻은 이익으로 낭비를 일삼는 데다 심지어 주색잡기까지 하고 있습니다. 이런 사찰의 토지와 노비를 몰수해야 마땅합니다."

"좋다. 이번 기회에 기고만장한 승려들에게 본때를 보여주도록 하라."

태종은 즉시 전국의 사찰이 소유하고 있던 전답과 노비를 몰수하도록 했다. 당시 몰수한 전답이 1만 7200결에 노비가 8600여 명이었으니 불교가 얼마나 큰 세력을 가지고 있었는지 상상할 만하다. 또 사이비 승려 색출 작업을 통해 승려의 수효를 반수 이상으로 줄여버렸다. 태종은 또 내불당을 폐지하는 한편 승려와 무당을 동원하는 기우제를 중지시키고, 자신이 죽으면 원찰을 짓지 말라고 유언하기까지 했다. 최후의 결정타는 서운관에서 날렸다.

"현실적으로 불교를 폐지하기 어렵다면 기존 선종의 각 파는 조계종으로 합치고 5교는 화엄종으로 합쳐 불교계의 거품을 걷어내는 것이 좋겠습니다."

"승려들의 반발이 심할 텐데 괜찮을까?"

"물론입니다. 여차하면 불교를 아예 금지시켜 버리십시오."

이처럼 서운관의 건의를 태종이 즉각 수용하면서 조선 팔도에 있는 승려 100명 이하 사찰은 모조리 철거되었다. 또 각 사찰의 주지도 종단에서 3명을 추천하면 예조를 거쳐 임금이 임명하도록 했다. 사찰의 재산도 제한해서 승려 1명이 전답 2결, 노비 1명만 거느릴 수 있도록 했다. 승려들은 경악했지만 아무런 대응도 하지 못했다. 자칫하면 불교 자체가 사라질 판국이었기 때문이다. 그 결과 살아남은 사찰은 조계종의 양산 통도사, 화엄종의 순천 향천사, 자은종의 진주 법륜사, 중신종의 익산 미륵사, 총남종의 삼척 삼화사, 시흥종의 고흥 적조사 등 도합 242개소 뿐이었다.

누가 나의 외로움을 달래 주리오

성군 세종 즉위 초기에도 불교 탄압은 여전했다. 이는 상왕 태종이 아직 정사를 돌보고 있었기 때문이다. 1419년(세종 1)에 승려 30명이 압록강을 넘어 명나라로 도망갔을 때 세종은 조정에서 절의 재산과 노비를 다 없앴으니 그들이 자초한 일이라도 원망이 없을 리 없고, 황제가 불교를 숭상하니 당연히 도망치고 싶었을 것이라며 그들을 비호하는 발언을 했다. 또 1420년(세종 2) 원경왕후가 승하하자 세종은 영산법회를 벌이고 승려 함허를 초청해 명복을 빌게 했다.

그런 와중에도 상왕 태종은 매년 봄가을의 중월에 승려들이 반야경을 외고 바라춤을 추며 재앙을 물리치는 경행을 중지시키고, 정초에 사찰에서 임금의 복을 비는 행사도 없애버렸다. 이와 같은 조정의 억불 정책에 신이 난 선비들은 기생을 끼고 절에 가서 음주가무를 즐겼고, 이에 항의하는 승려들을 폭행하는 등 갖은 행패를 부렸다. 당시 이홍로란 자는 승려 설징을 때려죽였지만 대신들의 비호로 함흥에 유배되는 가벼운 처벌을 받기도 했다.

1422년(세종 4) 상왕 태종이 승하한 뒤 세종이 만기를 친재하게 되었지만 불교 탄압의 강도는 더해졌다. 1424년(세종 6) 하연河演은 사찰을 서울에 세 곳, 각 도에 두세 곳만을 두고 모두 헐어 내며 승과제도도 없애고 승록사僧錄司(불교에 대한 모든 일을 맡아보던 관아)도 폐지해야 한다고 건의했다. 또 예조에서는 11개 종단의 사찰을 선종과 교종으로 축소하고 사찰 36개소만 남기라고 건의했다.

신하들의 주장을 세종이 받아들임으로써 조계종, 천태종, 총남종은 선종으로, 화엄종, 자은종, 중신종, 시흥종은 교종으로 통합되었다. 이어서 선종의 도회소는 흥천사, 교종의 도회소는 흥덕사로 지정되었고 각기 18개소의 사찰을 나누어 소속시켰다. 선종 사찰에는 수조지 4250결과 승려 1970명을, 교종 사찰에는 수조지 3700결과 승려 1800명이 소속되었다. 이어 승록사가 폐지되고 승려의 도성 출입이 엄격하게 통제되었으며, 15세 이하 동남동녀의 출가도 금지되었다.

그 결과 선종에서는 서울 흥천사, 개성 숭효사, 연복사, 관음굴, 양주 승가사, 개경사, 회암사, 진관사, 고양 대자암, 공주 계룡사, 경주 기림사, 진주 단속사, 구례 화엄사, 태인 흥룡사, 고성 유점사, 원주 각림사, 은율 정곡사, 안변 석왕사, 교종에서는 서울 흥덕사, 개성 광명사, 신암사, 감로사, 해풍 연경사, 송림 영통사, 양주 장의사, 소요사, 보은 속리사, 충주 보련사, 거제 견암사, 합천 해인사, 창평 서봉사, 전주 경복사, 회양 표훈사, 문화 월정사, 해주 신광사, 평양 영명사 등 36본산 사찰이 정해졌다.

이 획기적인 조치로 인해 노비 10만여 명과 승려 수천 명은 양민이 되어 조세와 병역을 부담했고, 중앙에서는 수많은 공노비를 확보해 재정과 인력을 보충했다. 태종이 벌여 놓은 불교 정책이 세종대에 확실히 마무리된 것이다. 이와 함께 사찰의 권위는 땅에 떨어지고 승려들은 백성들의 복을 빌어주고 얻은 곡식으로 연명해야 했다.

세종의 불교 정책은 국가적인 면과 개인적인 면이 전혀 다른 모양새를 띠고 있다. 세종은 일찍이 1419년 9월 정종이 붕어하자 장의사, 진관사에서 재를 치렀고, 이듬해 7월에 어머니 원경왕후가 세상을 떠나자 능

곁에 절을 세웠으며, 1422년 5월 태종이 죽자 불교식으로 장례를 지내고 개경사와 진관사에서 재를 베풀었다.

치세 후반인 1438년경부터 세종은 불교 애호를 더욱 적극적으로 실천했다. 태조가 건립한 흥천사 사리각 개축을 명하고 수리가 끝나자 효령대군의 제안에 따라 경찬회를 연 것이다. 당시 행사는 승려 1만 명이 몰려올 정도로 성황리에 열렸다. 세종은 또 효령대군이 부처의 화신이라며 천거한 천태종의 고승 행호行乎에게 선종판사직을 주었다. 그때부터 흥천사에서는 승려 40여 명이 머물며 신도들의 시주를 받았다. 도성 안에 다시 염불과 범패 소리가 울려 퍼졌고 승려들이 자유롭게 출입했다.

"주상이 나이가 들더니 이상해졌다."

"승려들을 대궐에 출입시키는 것은 선왕에 대한 모욕이 아닌가."

갑작스런 세종의 변심에 경악한 유림은 곧 실력 행사에 들어갔다. 성균관 유생들은 권당捲堂을 통해 반대의사를 분명히 했고, 사헌부와 사간원에서는 흥천사 승려들을 잡아 가두기까지 했다. 그러자 세종은 대노하면서 포졸들의 사찰 출입을 금지했다.

"흥천사와 흥덕사는 선왕이 세운 절이고, 승려들도 나의 백성이다. 내가 어찌 그들이 굶주리는 것을 묵과할 수 있겠는가."

"이 일로 불교가 다시 일어나게 될 것입니다."

세종의 독주에 김종서와 최만리, 박중림 등 많은 신료가 항의하고 나섰다. 집현전 부제학 최만리는 바야흐로 농민들이 유수遊手(일정한 직업 없이 노는 사람)로 전락하고 있다며 40세 이하의 승려들을 환속시켜 부족한 병사를 보충하라고 간했다. 친위세력인 집현전의 제안을 무시할 수 없던 세종은 궁궐에 드나드는 승려 가운데 일부를 통제하고 선종판사 행호를 도성 밖으로 내보냈다.

1444년 12월 4일에는 승휘 홍씨의 딸이 죽었고, 같은 달 7일에는 광평대군이, 다음해 1월 16일에는 평원대군이 죽었다. 이듬해 세종은 평생의 반려이던 소헌왕후까지 잃었다.

1446년 3월 24일, 소헌왕후가 세상을 떠나자 세종은 그해 10월 부사직 김수온에게 《석가보》를 보충 편찬케 한 후 수양대군을 불러 《석보상절》을 정음으로 주석하게 했다. 소헌왕후의 극락왕생을 빌기 위함이었다. 부왕의 뜻을 받든 수양대군은 중국 양나라 승우가 쓴 《석가보》와 당나라 승려 도선의 《석가씨보》, 김수온이 편찬한 《석가보》 등을 모아 정리한 다음 정음으로 번역하고 주를 달아 우리글로 된 최초의 불교서적 《석보상절》을 완성했다. 그러자 세종은 《석보상절》의 각 대목마다 정음으로 찬송을 붙여 《월인천강지곡》 3권을 만들었다. 월인천강月印千江이란 달이 1000줄기의 강물을 비추듯, 부처님은 한 분이지만 온 누리에 진리를 나타내 가르침을 주신다는 뜻이다.

"부처 백억 세계에 화신하여 교화하심은 달이 1천 개의 강에 비추는 것 같으니……."

《월인천강지곡》은 이렇게 시작한다. 한없는 시공을 넘어서 억겁의 영원 속에서 인간의 진리를 찾으려는 석가세존에게 귀의하려는 뜻이었다.

1448년 7월 17일, 세종은 승정원에 명하여 창덕궁 문소전 서북쪽 빈터에 불당을 짓게 했다. 그런데 명을 받은 도승지 이사철을 위시해 동부

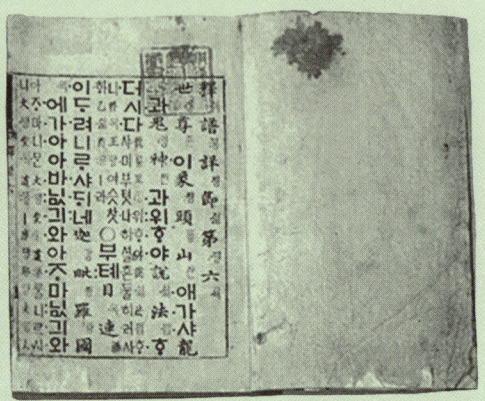

《석보상절》
세종 28년(1446)에 소헌왕후가 죽자 그의 명복을 빌기 위해
세종의 명으로 수양대군이 김수온 등의 도움을 받아
석가의 가족과 일대기를 기록하고 이를 한글로 번역했다.
보물 제523호, 호암미술관 소장

승지 이계전에 이르기까지 승지 전원이 사직하면서 불가함을 논했다.

"궁궐 안에 불당을 설치하는 것은 불가합니다. 더군다나 문소전은 몸과 마음을 깨끗이 하고 받드는 곳인데, 간사한 승려들을 얼씬거리게 할 수는 없습니다."

세종이 그들을 설득하려 했지만 신료들은 끄덕도 하지 않았다. 선왕을 위해 불당 한 채 세우겠다는 세종의 애소도 통하지 않았다. 좌의정 하연 등이 모두 직임을 사퇴하면서 고했다.

"불당이 궁 밖에 있다 해도 안 되는데 만약 불당을 대궐 뒤에 세운다면 대궐 위에 절이 있어 아침저녁으로 종소리, 북소리와 범패소리가 궁중에 들리고, 절에서 궁을 내려다보는 것을 어떻게 눈 뜨고 보겠습니까?"

하연은 배불 강경파로서 세종 5년에 대사헌에 있을 때 불교의 일곱 종파를 선종과 교종 두 종파로 정리 통합한 다음 절을 줄이고 사전을 국가에서 회수하는 데 앞장선 인물이다. 믿었던 이조 판서 정인지도 반대 의견을 표명해 세종을 실망시켰다. 그런데 예조 판서 허후가 한 술 더 떴다.

"장차 저희가 흥천사, 흥덕사 두 절도 없애고자 하는데 하물며 새 절이라니요?"

"경은 두 절을 없애고 싶다고? 그럼 당장 일꾼을 뽑아줄 테니 어서 가서 무너뜨려 보거라."

세종이 이렇게 강경하게 나서자 그는 입을 다물었다. 그러자 이번에는 사헌부와 사간원에서 들고 일어났다. 배불론의 핵심인 불교가 망탄, 이단, 무군무부의 교라는 배척론을 폈다. 예전에 태종이 사사의 개혁과 절의 전장을 빼앗고 다시는 절을 세우지 않았으며, 부처를 숭앙하는 마음을 없앤 것은 대단한 업적이고, 세종 또한 성 안에 선·교 양종만 두고 나머지를 폐지한 일이야말로 유학의 도에 다행한 일이었다며 불당 건립을 반대했다. 영의정 황희도 세종에게 뜻을 바꾸라고 종용했다. 집현전 직제학 신석조는《용비어천가》내용을 들어 세종을 힐난했다.

"《용비어천가》107장에 '만국滿國이 즐기거늘 성성聖性에 그르다 하시니, 백만불찰百萬佛刹을 일조一朝에 고치시니'란 내용이 있습니다. 이는 불교를 금하는 나라의 국시인데 어찌 강행하려 하십니까."

"시끄럽다. 지금 내 마음은 1000명이 와서 떠들더라도 바꾸지 못한다."

그렇듯 내불당 건립 문제는 정당한 토론이 아니라 군신 간 감정싸움으로 비화되었다. 7월 19일 하연 등은 법전을 들고 나와 불당 건립의 불가함을 다시 따졌다. 정인지 또한 임금은 모든 일을 여러 대신과 의논하여 시행하더니 이 일만은 혼자 결정하고 귀를 막아버렸으니 대체 어찌 된 일이냐고 따졌다. 연일 조야에서 내불당 문제로 들끓고 성균관 유생들도 일제히 권당에 돌입했다. 분노한 세종은 성균관과 4부의 유생 가운데 20세 이상은 다 잡아들이라고 명하기까지 했다. 그때 좌승지 조서안이 가서 유생들을 문초하려 하자 그들은 이렇게 소리쳤다.

"망군의 망조에 누가 응하겠는가?"

이쯤 되면 세종은 이미 왕이 아니었다. 지겨워진 세종은 신료들 앞에서 세자에게 양위하겠다는 폭탄선언을 함으로써 초지를 관철하는 데 성공했다. 어수선한 가운데 세종의 측근들은 불교에 열심이었다. 수양대군, 안평대군이 불경을 번역했고, 사복 소윤 정효강은 하루 종일 정좌한 채 불경을 외웠으며 왕자와 대군들에게 설법까지 했다.

"《대학》, 《중용》이 법화, 화엄의 미묘에 미치지 못한다."

1448년 12월 5일, 드디어 문소전 서북쪽 공터에 내불당이 완공되고, 경찬회가 5일 동안 벌어졌다. 불당은 금주와 단청의 채색이 빛나고 붉은 비단을 늘였으며 나무 향기 그윽한 가운데 전각에 금불 삼존을 안치했다. 불당 밖을 흐르는 건천에서 하루에 승려 700~800명을 먹였는데, 닷

새 동안 쌀 2570여 섬을 썼다. 새로 만든 악곡과 관현악기에 악공이 50인, 무동 10인이 예습을 했고, 부처에게 음성 공양을 했다. 종경과 범패, 관현악주가 대궐 안에 널리 퍼졌다. 당시 수양대군은 곁에 있던 성임에게 물었다.

"자네는 공자와 석가 중에 누가 낫다고 생각하나?"

"저는 공씨의 책은 읽어보았지만 석씨에 대해서는 아는 게 없습니다."

"쯧, 안됐군. 부처님의 도가 공자보다 훨씬 낫다네."

내 죄를 씻는 길은 불교뿐

1450년 2월 17일, 세종이 승하한 뒤 한동안 조용하던 불교에 대한 압박이 재개되었다. 신료들은 문종을 압박해 종실과 공주들이 절을 찾아가지 못하게 하고 동궁에게 불교를 가르치지 못하게 했으며 사리를 궁중에서 내보내게 했다. 이어서 단종이 보위에 오르자 하위지, 성삼문 등은 내불당 철거를 요구했지만 대비들의 반대로 무산되었다. 하지만 천도재 등 여러 궁중불사는 중지되었고 흥복사는 종묘제례 등 궁중음악을 전담하는 악학도감 건물로 사용되었다. 흥복사 경내 북쪽에는 선비들의 놀이터인 중부 유생소가 설치되었다. 이와 같은 불교 탄압은 강력한 카리스마를 지닌 세조의 등장과 함께 종말을 고했다.

어린 시절부터 부왕 세종의 불심에 감화되어 내불당 건립을 주도하고 불경언해에 앞장선 세조는 왕위에 오르면서 쇠락한 불교 중흥에 앞장섰다. 쿠데타 과정에서 김종서, 황보인을 비롯해 수많은 정적들을 죽였고, 또 단종복위운동을 진압하는 과정에서 사육신 등을 위시한 반대파들을 피로 씻은 악업을 씻어내려던 뜻도 있었을 것이다.

세조는 즉위한 이듬해 의경세자가 비명에 죽자 손수 금강반야경을 베껴서 자본字本으로 삼게 했고 여러 신하에게 능엄경, 법화경을 가르치게 했다. 또 홍준과 신미, 수미 등 승려들을 내불당에 머물게 하고 불경의 교정, 번역을 맡겼으며 여러 불사를 담당하게 했다. 그 무렵 세조의 철권통치에 겁을 집어먹은 유학자들은 목숨이 두려웠는지 일언반구의 항의나 상소도 하지 못했다.

1457년(세조 3)에는 해인사 판본《팔만대장경》전질 50부를 찍어 전국의 유명 사찰에 배포했고,《석보상절釋譜詳節》을 손수 번역했으며 영산회상곡靈山會上曲을 아악으로 제정하는 한편 홍천사 종을 주조했다. 이때부터 불교 음악이 종묘제례악에 포함되었다.

1461년(세조 7)에는 간경도감刊經都監을 설치하여《법화경》,《능엄경》,《금강경》등을 언해본으로 출간했다. 당시 간행된《대반열반경소》,《묘법연화경》,《금강반야경소》등이 송광사에 보존되어 있다. 세조는 재위 시절 금강산의 유점사, 건봉사, 낙산사 등지를 순행하며 설법을 들었고 많은 토지와 노비를 하사했다.

"회암사에서 부처님이 현신하셨다."

1464년 4월 효령대군은 회암사에서 원각법회를 열던 중 이적이 일어나자 세조에게 홍복사 중창을 종용했다. 그러자 세조는 홍복사의 사명을 원각사로 바꾸고 그 안에 있던 악학도감과 유생소를 다른 곳으로

서울 종로 탑골공원 내에 있는
원각사지십층석탑
국보 제2호

옮기게 했다. 이어서 군사 2100명을 동원하고 절 주변과 경내의 민가 200여 호를 철거했다. 그때 홍윤성은 두 달 만에 청기와 8만 장을 공급했고 구리 5만 근을 마련해 큰 종을 만들었다. 또 흙으로 빚은 불상을 세웠는데 전국에 하나밖에 없는 입상立像이었다. 법당은 화려하게 금칠을 했고 연못을 팠으며 회암사에 봉안되어 있던 부처의 진신사리를 나누어 봉안했다.

이듬해 4월 원각사 종이 완성되자 세조는 초파일에 120명의 승려를 동원해 경찬회慶讚會를 열었다. 2만여 명의 승려들이 운집한 가운데 효령 대군은 생육신의 한 사람인 김시습을 불러들여 원각사 찬시를 짓게 했다. 세조는 또 원각사에 토지 300결과 노비 30구를 하사해 운영하게 했다. 1467년 완성된 원각사 10층 석탑은 아름다운 대리석으로 만들어졌는데 현란한 문양이 각층에 조각되어 있어 조선시대 최대의 걸작으로 손꼽한다. 1471년에는 대원각사지비를 세웠는데 비문은 김수온이 짓고 추기는 서거정, 전액의 글씨는 강희맹이 썼다.

《경국대전》의 덫

"아아, 이제 용화세계가 도래하려나보다."

세조의 적극적인 개입으로 불교가 되살아나자 불교계는 한껏 고무되었지만 역효과도 만만찮았다. 수많은 사이비 승려가 창궐해 관의 비호를 빌미로 백성들의 재물을 갈취함으로써 원성을 산 것이다. 떠돌이 승려 숙정은 전라도 옥과와 영광에 있는 절을 빼앗기 위해 왕과 효령대군, 예조의 문서를 위조하고 도첩까지 가짜로 만들어 사기 행각을 벌이다 체포되기도 했다. 이런 부작용 때문에 유학자들은 불교에 더욱 부정적인 시각을 갖게 되었고, 성종대에 이르러 한국 불교는 씻을 수 없는 치명타를 맞게 된다.

조선의 문화군주 성종 재위시절 강력한 규정과 강제력을 지닌 《경국대전》 완성으로 불교는 헤어날 수 없는 나락에 빠져들었다. 1471년(성종 2) 반포된 《경국대전》에서는 그 동안 시행되어 오던 억불 정책의 전례를 7가지로 명문화함으로써 향후 조선 불교의 운명을 결정지은 것이다. 그 조항을 차례대로 살펴보자.

첫째, 승려가 되려면 선종이나 교종에 신고하고 석 달 안에 불경 시험을 보아야 한다. 이를 예조에 보고하고 임금에게 알린 뒤 정전丁錢으로 베 20필을 내면 도첩을 발급한다. 사노비는 반드시 상전의 동의를 받아야 한다. 석 달 뒤에도 도첩을 못 받으면 이웃사람들이 관아에 신고해 환속시킨 다음 군역을 지운다. 이 사실을 알고도 신고하지 않은 사람, 또 도첩을 빌린 사람과 빌려준 사람은 처벌한다.

둘째, 선종과 교종은 3년마다 한 차례씩 시험을 치르되 선종이면 전등傳燈(역대의 법맥)과 염송念誦(참선의 화두), 교종은 화엄경의 십지론十地論으로 각각 30명씩 선발한다.

셋째, 각 절의 주지는 양종에서 몇 사람을 후보로 예조에 천거한다. 예조는 이조에 공문을 보내 결정한 다음 임명한다. 임기는 30개월이다. 주지가 범죄를 저지르면 예조에서 조사해 죄를 다스리며 그를 추천한 승려도 연좌시킨다.

넷째, 주지를 교체할 때 인계받은 물건이 파손되거나 잃어버린 것이 있으면 변상시킨다.

다섯째, 절과 암자는 새로 짓지 못한다. 다만 옛터에 다시 수리하려면 양종에 알리고 예조에 보고하여 임금의 재가를 받아야 한다.

여섯째, 승려는 자신이나 외아들로서 부모에 관련되지 않은 일 외에는 소송을 하지 못한다. 양종의 판사가 아닌 승려가 도성 안에서 말을 타고 다니거나 양식을 구걸하거나 부모형제를 만나거나 재 올리는 물건을 나르거나 마을에서 유숙하면 처벌한다. 신역(身役)을 회피하기 위해 출가한 자는 형장 백 대를 쳐서 영구히 관노로 삼고 그 사실을 알면서 고발하지 않은 승려는 속인으로 만들어 신역을 지운다.

일곱째, 유생이나 부녀, 비구니로서 절에 올라가는 자, 길거리에서 불공을 드리거나 초혼을 하는 자, 노비와 토지를 절간에 시주한 자는 처벌하며 노비와 토지를 몰수한다.

이를 정리하면, 승려의 출가나 승첩은 국가기관인 예조의 공인을 거쳐야 하며, 인원은 3년에 불과 60명으로 제한되었음을 알 수 있다. 게다가 사찰과 암자의 신축이 금지되고 보수공사까지 임금의 재가를 받아야 하니 거의 불가능에 가깝다. 또 승려들은 통행과 거주의 자유가 없고 유생이나 여신도들은 사찰 출입이 아예 금지되었으며 시주나 탁발도 금지했다. 길거리에서 장례에 올리는 불공이나 초혼 의식도 처벌의 대상이었다.

이대로라면 승려들은 모두 굶어죽을 판이고 사찰은 모두 무너져 내릴 것이니 조선 땅에서는 불교를 믿지 말라는 뜻이었다. 그 와중에 시들어가는 조선 불교를 지켜낸 것은 궁중여인들이었다. 인수대비는 사림의 억불 정책에도 불구하고 어린 성종을 설득해 금강산 유점사가 관할하는 토지와 염전에 면세 혜택을 베풀었으며 명나라에서 불경을 구해오게 하고 회암사와 신륵사를 중창하게 했다. 그러나 1475년 친정을 시작한 성종은 도성 안팎의 비구니 사찰 23개소를 헐어버리게 했다. 다행히 정업원만은 인수대비의 비호로 살아남았지만 끊임없는 마타도어^{Matador}(흑색선전)에 시달려야 했다. 당시 박치는 성종에게 정업원의 여승들이 몰래 남자를 불러들인다고 모함하기까지 했다.

〈빈승걸립貧僧乞粒〉
젊은 승려 둘이 바랑을 메고 꽹과리를 치며 동냥하고 있다.
조선왕조의 억불 정책으로 재정이 궁핍해진 승려들이
걸립에 나서게 된 것이다.
김준근의 《기산풍속도첩》, 서울역사박물관 소장

"무릇 비구니들이 모인 곳에는 반드시 추잡한 소문이 있습니다. 옛사람이 이를 나무라는 시에 '5경의 종이 치면 절 문이 열리니 앞의 사위 돌아가자 곧 뒤의 사위 들어오네'라고 했습니다."

성종대부터 중앙 정계에 진출한 사림은 주자학을 전면에 내세우는 한편 불교를 철저히 말살하고자 했다. 사림의 전폭적인 지지를 등에 업은 성종은 종묘제례악에 남아 있던 불교의식을 없애고 《경국대전》의 규정대로 철저한 억불 정책을 펴나갔다. 황해도 향시에서 훈도 권계동이 불공을 드리면 역질을 이겨낼 수 있다는 답안지를 내자 그를 변방에 귀양 보낸 뒤 《경국대전》에 도첩제를 없앤다는 조항을 추가해버렸다. 그로 인해 합법적으로 승려가 되는 길은 원천 봉쇄되었다.

성종은 또 전국을 뒤져 도첩이 없는 승려를 색출해 환속시키게 했다. 포졸들이 조용한 산사를 뒤집어놓자 사찰이 텅텅 비는 사태가 속출했다. 사찰에 남아 있던 허가받은 승려들은 무시로 성 쌓기, 길 닦기, 다리 놓기, 관아 건축 등에 동원되었다. 그때부터 중이라는 비칭이 승려들의 일반명사로 백성들에게 각인되었다. 오늘날까지도 승려를 천시하여 부르는 '중'이란 표현은 신라 시대 '자충慈充(주재자)'에서 비롯되었다는 설과, '대중大衆'에서 유래되었다는 두 가지 설이 있다.

"불교는 이단이다. 이를 찬양하는 자는 관직을 꿈꾸지 말라."

성종은 과거에서 불교를 비호하는 글귀가 조금이라도 보이면 합격을 취소하게 했다. 그 때문에 토정 이지함이 과거에서 노장을 찬양하는 답안을 냈다가 낙방하기도 했다. 이제 불교나 노자, 장자의 문자는 기피 문장이 되었고, 서원과 향교의 고급 과정에서 따로 배울 수 있던 불경과 도덕경 과정도 사라졌다. 선비들이 주자의 이론을 빌어 불교와 도교를 싸잡아 비판하는 일이 유행처럼 번졌다.

연산군대에 불교계는 이전과는 비교할 수 없는 치욕을 감내해야 했다. 연산군은 3년마다 시행되는 승과를 폐지하더니, 태조가 세우고 보호했던 원각사의 불상들을 철거한 다음 공자의 신위를 두게 했다. 이어서 장악원을 원각사로 옮기고 기생 1200명과 악사 1000명, 감독관 40명을 머물게 한 다음 이름을 연방원으로 고쳤다. 그 무렵 한양의 사찰은 대부분 사라졌고, 1504년에는 흥천사 건물까지 불탔다.

1506년 중종반정으로 연산군이 쫓겨난 뒤 정현대비는 내불당과 원각사를 복구하는 등 불교계의 숨통을 터주었다. 하지만 성균관 유생들이 청계사에 난입해 불경을 쓴 첩지를 빼내오고, 사리각만 남은 흥천사 터에서 물건을 훔쳐냈다. 그 소식을 듣고 놀란 정현대비가 불경을 내수사로 옮기게 하고 내시를 시켜 염탐하게 하자 유생들은 내시를 결박한 뒤 구타한 다음 돌려보냈다. 정현대비의 하소연을 들은 중종은 범인 윤형 등 21명을 잡아들여 벌을 주고 유생들의 사찰 출입을 금했다.

1512년 언관들은 한양의 인구가 늘어나 집터가 부족하니 흥덕사, 흥천사, 원각사 터를 사대부들에게 나누어달라고 요구했다. 중종이 그 요구를 가납하면서 원각사 터는 영영 사라져버렸다. 당시 원각사의 석탑을 양주 회암사로 옮기려 하자 갑자기 흰 구름이 퍼져 내리는 괴변이 발생해 중단되었다. 이에 중종은 흥천사에 있던 범종을 숭례문, 원각사의 범종을 흥인문으로 옮기게 함으로써 서울 안에서 두 절의 자취는 완전히 사라져버렸다.

그와 같은 유림의 지속된 탄압에도 불구하고 왕실 원찰인 봉선사와 조포사造泡寺(봉은사)에는 승려와 신도들이 들끓었다. 이는 불교를 신봉하던 대비들의 압력 때문이었다. 사림과 대비들 등쌀에 중종은 몹시 난처했을 것이다.

그 무렵 사찰은 부역 기피자나 범죄자들의 도피처로 악용되었으므로 조정에서는 양인 장정으로 승려가 된 60세 이하 20세 이상인 자는 자원해서 노역에 나오게 하여 호패를 주었고, 호패가 없는 승려는 모조리 도둑으로 간주해 벌했다. 또 전라도 일대의 승려 3000여 명을 조사해 군적에 올린 다음 정기적으로 국역에 동원했다. 그로 인해 승려들이 절간에 남아나지 않자 보우는 이렇게 개탄했다.

"선풍은 부채에 가렸고 부처의 해는 광채가 잠겼다. 무릇 국내에 있는 사찰은 날마다 없어지고 달마다 헐려서 산에는 절이 없고 절에는 중이 없다. 요행히 임하에서 머리를 깎은 자들도 관에서 침노하고 속세에 꼬투리를 잡혀 눈에는 눈물이 맺혔고 눈물에는 피가 섞였다."

《허응당집虛應堂集》 중에서

선의 뿌리를 지켜라

중종의 세 번째 왕비인 문정왕후 윤씨는 1545년 7월 아들 명종이 12세의 어린 나이로 왕위에 오르자 수렴청정하면서 정계를 휘어잡았다. 그녀는 중종 재위시 내수사를 통해 여러 절에 밀사를 파견하고 여러 절을 내원당으로 지정하고 정기적으로 절에 향을 보내 복을 빈 전력이 있었다. 그녀는 권력을 움켜쥐자마자 우선 남편 중종의 능인 정릉貞陵 근처에서 두부를 만들어 팔던 봉은사를 화려하게 중창한 다음 예전에는 볼 수 없던 불교 중흥책을 거침없이 펴나갔다. 이에 대하여 유림이 침묵을 지킨 것은 을사사화의 여파였다.

"《경국대전》에 따라 양종을 다시 세우겠다."

문정왕후는 이렇게 《경국대전》의 규정을 준수한다는 명분으로 연산군에 의해 폐지된 승과를 부활하고 봉은사를 선종, 봉선사를 교종의 중심사찰로 지정했으며 그 동안 금지되던 도첩제를 실시하게 하고 전국에 사찰 300곳을 공인했다. 그녀는 또 회암사에 머물던 승려 보우를 봉은사에 불러올려 선종판사로 임명했고, 수진을 봉선사로 불러올려 교종판사로 임명했다.

"만약 나암懶庵이 오늘 없다면 후세에 영원히 선禪이 없게 될 것이다."

문정왕후로부터 불교 중흥의 대임을 위임받은 보우는 이렇게 선언하며 불교 부흥의 의지를 피력했다. 그가 궁궐에 들어와 임명장을 받는 순간 혁파된 지 50여 년 만에 조선의 양종兩宗이 부활했다. 그 결과 사판승들이 불교의 공무를 빌미로 소관 부서인 예조를 당당하게 드나들면서 《경국대전》에 실려 있던 승려의 도성출입 금지규정은 휴지 조각이 되어버렸다. 유가의 이기설에 밝았던 보우는 유학과 불교의 융합을 주장하면서 불교의 불성설과 유학의 사단칠정설이 일치한다고 주장했다. 이는 불교와 유교의 갈등을 해소하려는 매우 현실적인 생각이었다.

그 후 도첩제가 부활되어 정기적으로 3년에 한 차례씩 시험이 치러져 15년 동안 승려 4000여 명을 배출했다. 훗날 호국불교의 상징적인 인물이 된 휴정과 유정도 이때 승적에 이름을 올렸다. 시간이 지날수록 30명이란 정원은 무시되었고, 승려들이 신역을 면제받는 대신 내야 하는 정전포丁錢布 30필의 조항도 지켜지지 않았다. 예조에서는 법을 지켜야 한다고 수시로 문제를 제기했지만 그때는 법보다 가까운 게 문정왕후의 철권이었다.

보우는 문정왕후의 전폭적인 지원 아래 많은 불사를 펼쳤지만 끊임없이 유학자들의 공세와 승려 사이의 반목에 시달렸다. 선종과 교종의 대립도 그중 하나였다. 지친 보우는 1555년 8년 동안 맡았던 봉은사 주지와 선종판사직을 내놓고 청평사로 물러나는 등 진퇴를 반복했다. 그러자 문정왕후는 정릉을 한강변에 있는 광주의 선릉 동쪽으로 옮기고 봉은사도 함께 옮겼다.

이듬해인 1565년 문정왕후가 숨지자 명종은 회암사에서 예정되었던 불사를 중지시켰다. 새삼 기회를 얻은 유림에서는 연일 상소를 올려 선교 양종을 없애고 보우를 죽이라고 상소했다. 그때부터 6개월 동안 무려 75건의 상소와 423건의 계가 올라왔다. 율곡 이이도《논요승보우소論妖僧普雨疏》를 통해 설사 보우가 털끝만한 죄도 없고 억울한 누명을 쓰고 있는 것이라 하더라도 처단해야 한다며 그를 귀양 보내라고 주장했다.

신변의 위험을 느낀 보우는 한계산 설악사로 몸을 피했지만 한 승려의 밀고로 체포되어 서울에 압송되었다. 여론은 그를 사형시키는 것이었지만 율곡 이이가 만류해 제주도 유배로 낮추어졌다. 하지만 보우가 제주도에 다다른 지 얼마 지나지 않아 유생들의 압력을 받은 제주목사 변협이 그를 처형해버렸다. 소식을 들은 조정 중신들과 유림에서는 기쁨에 겨워 춤을 추었다고 한다. 이어서 보우의 불교 중흥의 상징이던 회암사는 유생들의 방화로 소실되어 폐허가 되었다.

그해에 명종은 중신들의 뜻에 따라 결국 양종을 철폐하고 승과와 도첩제를 없애버렸다. 그렇게 해서 15년 동안 반짝했던 불교 중흥의 기운은 덧없이 사라졌다. 승려들의 도성출입은 다시 금지되었고 승과는 폐지되었고 승직이 박탈되었다. 이어서 사찰을 파괴하고 승려를 핍박하는 일이 기승을 부렸다. 1568년 지리산 단속사에서 공부하던 성여신 등 유생들은 휴정의《삼가귀감三家龜鑑》에서 유가의 글이 맨 끝에 인용돼 있다는 트집을 잡아 경판과 불상을 불태우는 만행을 저질렀다. 유생 변사정은 실상사 철불상의 팔을 일부러 자르기도 했다.

승려들은 산성이나 왕릉, 궁궐을 짓는 공사에 무시로 동원되었지만 일반 백성들처럼 삯을 주지 않아 빌어먹거나 굶주려야 했다. 왕족들이 천재산, 주엽산, 청계산 등지에서 사냥을 즐길 때면 각도의 승려를 불러 모아 몰이꾼으로 삼았다. 그 외에도 궁궐 후원의 해자 파기, 세도가의 묘지기, 시체의 수습과 매장, 관청과 세도가의 땔감 장만하기, 약초와 양념 마련, 상여 메기와 무덤 파기 등 승려들의 부역은 끝없이 이어졌다. 가혹한 부역의 와중에 수많은 승려가 목숨을 잃었고, 도망자도 속출했다. 인력난에 빠진 조정에서 승려들에게 부역 대신 번전番錢을 내게 했지만 그것을 감당할 승려는 극소수에 불과했다. 하지만 관리들은 액수를 채우기 위해 승려의 부모나 친지들에게도 강제로 돈을 거두었다.

왕릉 근처의 원찰들은 재를 올릴 때 두부를 만들어 공급하는 조포사造泡寺 역할도 강요받았다. 당시 별미였던 두부를 맛본 사대부들은 너도나도 절에 콩을 가져다주고 두부를 만들라고 강요하는가 하면 벗들과 함께 절에 가서 포회泡會라는 두부잔치를 열었다. 그런데 잔치의 메뉴로 두부만이 아니라 닭도 잡고 물고기도 잡게 하는 등 불살생을 계율로 하는 승려들을 치졸한 수단으로 괴롭혔다.

그 외에도 명종 때 회양부사로 임명된 양사언으로부터 시작된 절승지 유람에 유생 모시기는 실로 가혹했다. 가파른 산길에 가마를 메고 가다보면 돌부리에 걸린 발에서 피가 터졌고, 그 위에서 양반들이 파르라니 깎은 머리에 마구 털어낸 담뱃불로 머리가 그슬리기도 했다. 그 고통을 이기지 못하고 가마를 놓치면 형틀에 묶여 곤장을 맞게 된다. 그렇게 사찰에 당도한 양반들은 기생을 불러 술을 마시고 춤을 추는 등 고요한 수행의 도장을 난장판으로 만들었다. 실학자 박제가도 묘향산 용문사에 놀러가 기생들의 검무를 구경하며 취흥을 즐겼다는 기록이 있다. 그래서 작은 사찰의 승려들이 인근에 양반이 떴다는 소식을 들으면 절간을 비우고 줄행랑을 치는 일이 많았다. 그들에게는 마마나 호환, 전쟁보다 무서운 것이 바로 양반이었다.

호국불교의 전통을 세우다

임진왜란은 한동안 어둠 속에 잠겨있던 조선 불교계에 숨통을 틔워주었다. 이 전무후무한 참화를 계기로 승려들은 고려시대부터 이어온 호국불교란 미명을 되살려 지난한 압박의 강도를 다소나마 줄일 수 있었다. 그 전면에 나선 인물이 바로 서산대사 휴정과 사명대사 유정이었다.

평안도 안주 출신인 휴정은 9세 때 아버지가 타계하자 안주목사 이사증을 따라 서울에 와 성균관에서 3년 동안 글과 무예를 익혔지만 과거에 실패하고 지리산 화엄사, 칠불사에서 출가했다. 1549년(명종 4) 보우가 부활시킨 승과에 합격한 뒤 선교 양종판사를 지내고 봉은사 주지를 거친 그는 1556년부터 유학자들과의 마찰을 피해 승직을 버리고 묘향산에 머물며 제자들을 양성하고 있었다.

경상도 밀양 출신인 유정은 김천 직지사에서 출가한 뒤 1562년 승과에 합격했다. 그는 박순, 임제 등의 선비들과 교유했고 재상 노수신에게

표충서원

임진왜란 때 승병으로서 나라를 구하는 데 큰 공을 세운 서산대사, 사명대사, 기허당의 충열을 기리기 위해 세웠다. 원래는 사당이었으나 헌종 5년(1839) 지금의 위치인 영정사 안으로 옮겨 표충서원이라 이름 짓고 절 이름도 표충사로 고쳤다.

노자, 장자, 문자, 열자와 시를 배웠는데 1575년 묘향산 보현사의 휴정을 찾아가 제자가 되었다. 이 두 사람이야말로 조선 불교의 존재 이유를 천하에 과시하면서 누란의 위기에 처한 나라를 구한 영웅이었다. 본래 국왕 선조와 휴정의 인연은 악연이었다. 휴정은 젊은 날 강원도 향로봉에 머물면서 다음과 같은 시를 쓴 적이 있었다.

시냇물 긷고 가을 잎 태워   汲澗燃秋葉

차 달여 한 모금 마시고   烹茶一納胸

밤들어 바위 밑에 자니	夜來巖下睡
혼은 나는 용을 탔네.	魂也御飛龍
내일 아침 천하를 굽어보면	明朝附天下
모든 나라가 벌처럼 줄지어 있으리.	萬國列如蜂

임진왜란이 일어나기 3년 전인 1589년 정여립의 역모사건이 일어나면서 무업無業이라는 승려가 이 시를 빌미로 휴정을 역모에 가담했다고 고발한 것이다. 마지막 연의 구절이 문제였다. 휴정은 곧 체포되어 정철에게 혹독한 심문을 받았는데, 비슷한 시기에 강릉부의 옥에 수감된 유정이 유생들의 도움을 받아 선조에게 스승의 무죄를 호소하는 글을 올렸다. 선조는 공초 기록을 면밀히 살펴본 뒤 그를 석방하고 손수 묵죽墨竹 한 폭을 그려 위로했다.

1592년 동래성을 함락시킨 일본군이 충주에서 신립의 대군을 물리치고 도성을 향해 달려오자 선조는 허겁지겁 의주로 도피한 다음 여차하면 요동으로 도망칠 심산이었다. 절체절명의 상황 속에서도 신료들은 파당을 지어 실랑이를 벌이기에 바빴다. 그 와중에 승려 영규가 조헌과 함께 청주성을 회복했다는 낭보가 들려왔다. 영규는 승병으로서 최초로 종군한 인물이었다. 1592년(선조 25) 9월 22일 비변사의 장계에는 다음과 같은 대목이 있다.

승려 영규가 의분을 떨쳐 스스로 승려들을 모아 성 아래로 진격했는데 가장 먼저 뛰어들어 마침내 청주성을 공략했습니다. 그가 호령하는 것을 보면 바람이 일어나는 듯하여 그 아랫사람들이 감히 어기지 못하고, 질타하는 소리에 1000여 명의 승려들이 돌진하니 모든 군사가 이들을 믿고 두려움을 모른다고 합니다. 큰 무공이 아름다울 뿐만 아니라 사람 됨됨이와 재주와 기술이 범상치 않으니 우선 상을 주고 환속시키십시오.

청주성 탈환은 개전 이래 최초의 승전보였다. 선조는 너무나 기쁜 나머지 영규에게 당상관 벼슬을 주라고 명했다. 하지만 그는 선조가 베푼 벼슬과 옷을 받기도 전에 금산 전투에서 목숨을 잃었다. 청주성 전투가 끝난 지 겨우 보름이 지난 1592년 8월 17일 영규는 조헌과 함께 고바야카와[小早川隆景]가 주둔하고 있던 금산성을 공격했다가 격전 끝에 전사한 것이다.

그로부터 나흘 뒤인 8월 22일 조헌의 제자 박정량, 전승업 등이 시신을 거두어 함께 묻은 다음 이를 칠백의총이라 명명했다. 그런데 그들은 전장에서 상투 머리의 시신만을 모으고 맨머리인 승려들의 시신을 거두지 않았다. 오늘날 의병과 승병들의 장렬한 죽음을 추모하기 위해 만들어졌다는 칠백의총은 기실 상투 머리 의병들만의 무덤이었다. 만일 그들이 승군들의 시신까지 모두 거두었다면 무덤의 이름은 천칠백의총이 되었을 것이다. 이민족의 침략 앞에서도 이 땅의 선비들은 승려에 대한 차별과 모욕을 거두지 않은 것이다. 그들은 또 승군들의 업적을 폄하하기 위해 졸렬한 행각을 벌였다. 영규를 조헌의 부하처럼 묘사하고 승군들이 청주목사의 작전계획에 따라 움직였을 뿐만 아니라 영규의 고향이 공주이니 제 땅을 지키는 것은 당연하다고 기록한 것이다.

"지리에 밝은 팔도의 승려들을 이용하면 왜적의 공세를 누그러뜨릴 수 있겠습니다."

어쨌든 승군의 가치를 새삼 재평가한 신료들은 서산대사 휴정을 이용해 승군을 모집하자고 선조에게 제안했다. 지푸라기라도 잡아야 할 형편이던 선조는 즉시 묘향산에 사람을 보내 휴정을 의주로 불러들였다. 그러자 휴정은 승병이 전공을 세우면 일반 관리들처럼 품계를 달라고 요구했다. 선조가 그 조건에 동의하자 휴정은 사방에 격문을 보내 승병 1500여 명을 모은 뒤 제자 의엄에게 관군과 합류하라고 지시했다. 또 강원도는 유정, 전라도는 처영에게 승병의 지휘를 맡겼다. 스승의 명을 받은 유정은 승군 1000여 명을 모아 명군을 도왔고 처영은 지리산에서 승병을 모집해 권율의 막하로 들어갔다.

그 후 도총섭의 직함을 받은 휴정과 제자 유정이 이끄는 승군은 평양 전투에서 명군과 합동작전을 벌여 대승을 거두었고, 1593년 10월 선조가 한양으로 복귀할 때 임금을 호위했다. 얼마 후 휴정으로부터 도총섭의 지위를 이어받은 유정이 선조로부터 선교 양종판사를 제수받았다. 명종 이후 약 30년 만에 승직이 부활한 것이다.

유정은 전쟁이 막바지에 이르렀을 때 울산 서생포에 주둔하고 있던 가토 기요마사를 세 차례 찾아가 명나라를 배제하고 전쟁 당사자끼리 휴전을 성사시키려 했다. 이는 고니시 유키나가와의 불화를 조성해 백성의 피해를 줄이는 계기가 되었다. 그는 또 1604년 6월 일본에 건너가 10개월 동안 현지에 머무르며 도쿠가와 이에야스로부터 조선을 침략하지 않고 영원히 우호관계를 유지하겠다는 약속을 받아낸 뒤 조선인 포로 3000여 명의 소환을 성사시켰다. 이와 같은 공로에도 불구하고 1604년 선조는 어가를 호위한 호성공신, 무공을 떨친 선무공신 등 공신 138명을 책록에 기록하면서 그를 빼버렸다. 이듬해 공신책록이 문제되어 다시 선무공신 1060명, 호성공신 2475명, 정난공신(이몽학의 난) 995명을 추가했지만 결과는 마찬가지였다. 휴정과 유정의 공로가 인정된 것은 200여 년 뒤인 정조 때였다. 1788년(정조 12) 승려 천묵의 요구로 대흥사를 휴정의 위패를 모신 표충사로 지정했고 묘향산 수충사에 휴정, 밀양 표충사에 유정을 제향하게 한 것이다.

조일전쟁이 소강상태에 접어들던 1596년 7월 이몽학은 조정에 반기를 들었다. 그는 조일전쟁 기간 모속관의 직함을 받고 충청도 일대에서 양곡을 모아 관군과 의병을 지원했는데 공을 인정받지 못하자 분개하며 홍산의 도천사에 가서 승려 능운과 함께 봉기했다. 그는 스스로 승속장군이라 칭하고 홍성을 점령하는 등 기세를 떨쳤지만 관군의 반격으로 진압되었다. 이후 도천사는 반역의 소굴이라 하여 불태워졌고 홍산현은 강등되어 부여에 속해졌다. 그때 승려 중 일부가 지리산 등지에 터전을 잡고 조정에 저항했는데 이들이 반체제 승려들의 조직인 당취黨聚의 시조가 되었다.

승군에겐 밥도 주지 말라

선조의 뒤를 이은 광해군은 불교에 호의적인 군주였다. 그는 조일전쟁 때 승려들의 호국 활동을 목격하고 풍수설의 대가인 성지性智의 조언을 받아들여 인왕산 아래 인경궁, 자수궁, 경덕궁 건립을 추진하면서 승려들을 동원하는 대신 도첩을 주어 신분을 보장해주었다. 1618년 성지가 첨지중추부사에 제수되자 명종대의 보우를 의식한 사관들은 그를 요승으로 폄하하고 공격했다. 1622년(광해군 14) 10월 5일 밤 이경에 천둥번개가 치자 동부승지 한효중은 이렇게 극간極諫(임금에게 잘못된 일이나 행동을 고치도록 온 힘을 다하여 말함)하기도 했다.

토목공사와 군사를 일으키는 일은 일시에 거행할 수 없습니다. 현재 백성들은 도탄에 빠져있고 우리를 노리는 적들이 가까이 있으며 명나라 군대가 몰려오고 있으니 궁궐 공사를 크게 벌여서는 안 됩니다. 그런데 성지의 요망한 말에 따라 영건의 공사를 일으키자 백성의 재산이 고갈되어 고난이 극심한 지경에 이르렀고 굶주려 죽은 시체가 길에 가득하여 재이가 잇달아 일어나고 있으므로 사람들 모두가 이 승려에게 죄를 돌려 그의 뼈를 부수고 그의 살점을 먹으려 합니다.

광해군은 정형화된 유림의 공세에 아랑곳하지 않고 유정의 제자로 무고하게 역모에 연루된 선수善修를 서울 근교에 머물게 한 다음 그의 제자인 각성覺性을 선교 도총섭으로 삼았다. 또 불심이 돈독하던 왕비 유씨는 불상을 만들어 여러 사찰에 나누어주고 늘 자신이 내세에는 왕가의 며느리가 되지 않게 해달라고 빌었다.

　서인들의 쿠데타를 통해 광해군을 축출하고 보위에 오른 인조는 1623년(인조 1) 3월 17일 승려 성지를 처형한 뒤 승려들의 도성출입을 재차 금지했다. 이어서 그는 광해군을 지지하던 불교 세력 응징의 일환으로 인경궁을 헐어버리게 했고 남은 건물은 비구니들이 쓰게 했다. 하지만 쓰면 뱉고 달면 삼키는 것이 조선의 불교 정책이었다. 1624년(인조 2) 충청도의 승군 200명을 징발해 두 달을 기한으로 평양성을 쌓게 하면서 시작된 의승방번제도 그중 하나였다. 그해에 인조는 승려들을 동원한 남한산성 축성 공사가 지지부진해지자 각성覺性을 팔도도총섭으로 임명했다. 전국의 승려들을 지휘하여 남한산성을 완성시킨 각성은 산성 내에 사찰 아홉 곳(망월사, 옥정사, 개원사, 한흥사, 국청사, 장경사, 천주사, 동림사, 영원사)을 짓고 무기와 화약을 비축했다. 그중 개원사는 총본부였고 나머지 사찰은 승군의 숙소로 사용했다.

　요즘 승려에게 총섭이라는 이름을 붙이고 마치 국가가 각 도에 명령하듯이 독자적으로 각처에 호령하고 있습니다. 어찌 국가가 직접 외방에 호령하지 못하고 일개 총섭의 손을 빌릴 수 있겠습니까. 도신으로 하여금 사찰의 대소와 승려의 많고 적음에 따라 인원수를 정하게 한 뒤 담당자에게 챙겨 보내도록 한다면 편할 것입니다.

　총섭總攝은 임진왜란 당시 승군의 궐기를 이끌어낸 서산대사 휴정이 팔도선교십육종도총섭에 임명된 뒤 도총섭, 총섭이란 직함으로 이어져 내려왔다. 그해 10월 16일 김류는 총섭이 승군들을 관장하지 못하게 하고 각 도에서 승려를 뽑아 올리게 한 뒤 군부의 지휘를 받게 하자고 제안했다. 그때부터 남한산성 수어청에는 승군들이 배치되었고 승도청을 두어 승병을 총괄했다. 앞서 지어진 절 아홉 곳은 승병들의 막사로 사용했다. 남한산성의 수비를 맡게 된 승군은 승군총섭 1명, 승중군 1명, 고련관 1명, 초관 3명, 기패관 1명, 원거승군 138명, 의승 356명으로 편제되었다.

의승방번제에 따라 전국의 절에서 번갈아 불려나온 승려들은 아침저녁으로 예불하고 국가의 평안을 기원했고, 낮에는 군사훈련을 받아야 했다. 그런데 국가에서 승군에게 양식을 지급하지 않은 탓에 굶주린 승려들의 탈주가 빈번했다. 국가 방위보다 불교 탄압이 우선인 시대였다.

1627년 정묘호란과 1636년 병자호란이 발발했을 때 묘향산의 승려 명조明照는 북도에서 군량미를 모아 관군에게 가져다 준 공으로 의승도대장이란 직함을 받았다. 당시 청군이 남한산성을 포위하자 화엄사에 머물러 있던 각성은 호남의 승려 수천 명을 모아 항마군이라 명명하고 북상하다가 인조의 항복 소식을 듣고 되돌아갔다. 이처럼 치명적인 국난이 벌어지면 조정에서는 승직을 이용해 불교를 회유했고, 위기가 지나가면 언제 그랬냐는 듯 잡역에 동원하는 등 안면을 바꾸었다.

조선 위정자들은 실로 악랄한 방법으로 승군을 희생시켰다. 전란 당시 목숨을 잃은 백성들의 시체 처리는 모조리 승군의 몫이었고 돌림병이나 자연재해 때에도 마찬가지였다. 너희들은 감염되어 죽든 살든 나몰라라 하는 식이었다. 왕실의 능이나 원을 짓거나 옮기는 일도 여지없이 승군들의 몫이었다. 1561년(명종 16) 명종은 중종의 능을 이장하면서 전국의 사찰에서 승려 5000여 명을 동원했고, 1659년(현종 1)에는 효종의 영릉을 수축하면서 승군 1000명을 동원했다. 당시 공사에는 연군烟軍이라 불리는 일반 백성도 동원되었는데 이들에게는 정해진 규례대로 쌀과 베를 품삯으로 지불했다. 하지만 승려들에게는 식량도 제대로 보급하지 않았고 교대 병력조차 없었다. 그 때문에 오랜 노역에 지치고 병든 승려들이 초막에 불을 지르고 도망치기까지 했다.

1671년(현종 12) 현종은 수어사 이완의 건의에 따라 전국의 승려들에게 통정대부나 가선대부 등 허울에 불과한 공명첩과 고신첩을 팔아 곡물을 마련한 뒤 남한산성의 사찰에 보관하게 했다. 당시 승려들은 1년에 2개월씩 남한산성 수비에 동원되었는데 여전히 식량이나 의복이 지급되지 않았으므로 명을 받으면 도피하는 일이 잦았다. 그런 상황이 무려 120여 년 동안 계속되었으니 도성의 방어 체계는 유명무실할 수밖에 없었다.

영조대에 이르러서야 이런 폐단을 해결할 새로운 대책이 강구되었다. 지방 승려들의 의무를 면제해 주는 대가로 16냥을 내게 해서, 그 돈으로 산성을 지키는 승군을 먹여 살리자는 것이었다. 이 제도 역시 가난한 승려들에게는 큰 부담이었다. 이렇듯 승려들의 뼛속까지 갉아먹은 의승방번제는 1894년 갑오경장 때까지 무려 270여 년간 지속되었다.

미륵불이여 부디 현신하소서

17세기 후반 산림으로 불리던 유교근본주의자들이 조정에 출사하면서 승려들은 더욱 혹독한 상황에 처하게 되었다. 이단 배척을 시대적 소명으로 여기던 위정자들은 승려들의 제한적인 신분조차 인정하려 들지 않았다. 그들은 정업원의 후신이던 북악산 아래의 자수원과 인수원을 헐어버리고 두 절에 봉안되어 있던 역대 임금의 위패를 땅에 묻어버렸다. 이때 젊은 비구니는 모두 환속시키고 늙은 비구니는 성 밖으로 내쫓아버렸다.

"오갈 데 없는 우리를 어찌 이렇듯 핍박하는 것이오?"

"앞으로도 절간에 있으면 이런 꼴을 당할 것이다. 누울 자리를 보고 돗자리를 깔아야지."

비구니들의 읍소도 아무 소용이 없었다. 헐린 두 절의 목재와 기와는 성균관에 짓던 비천당丕闡堂, 일량재一兩齋, 벽팔재闢八齋의 일부가 되었고, 자수원의 빈터에는 또 북학北學 건물이 들어섰다. 그러자 팔도도총섭 처능處能이 '간폐석교소諫廢釋敎疏'를 통해 의승군에 동원된 승려들의 비참한 실정을 고발하면서 연이은 불교 모독 정책을 철회하라고 애원했다.

이른바 경신대기근으로 100만 명에 달하는 백성이 희생된 현종 시기에도 불교 탄압은 멈추지 않았다. 1662년 5월 전라감사 이태연이 장계를 보내 도내 여러 절의 불상에 땀이 흐르는 변괴를 알렸다. 현종이 나라에 큰 일이 일어날 조짐이라며 근심하자 민정중은 코웃음을 쳤다.

불상을 조성할 때면 으레 나무로 바탕을 만들고 그 위에 금을 덧씌우기 때문에 장마철이 되면 습기가 엉키고 맺혀 물방울이 가득 떨어집니다. 겨울철에 춥지 않아 여름에 밴 습기가 완전히 걷히지 않으면 안개와 이슬이 증기로 맺힙니다. 이는 깊은 산에 사는 노승이 말하는 바이니, 이를 두고 땀이 난다고 하는 것은 세상의 이목을 어지럽히고 인심을 요동시키려는 짓입니다. 청컨대 이태연을 엄히 심문하고 땀이 난다는 불상을 모조리 부수며 요언을 퍼뜨린 중들을 국법에 따라 처벌하여 이단의 무리를 길이 막으소서.

민정중,《노봉집老峰集》중에서

그 무렵 명선공주와 명혜공주를 잃은 현종은 광주 성부산 아래 봉국사를 짓고 두 딸의 명복을 비는 한편 궁중에 승려를 불러 수륙재를 베풀었다. 그러나 대궐 밖에서는 유생들이 땀을 흘렸다는 불상을 뽑아 우물이나 저수지, 바다에 던졌고 목불을 불태우고 있었다. 그들은 도끼나 몽둥이로 불상의 목을 친 다음 관청으로 옮겼으며, 탑을 부수거나 비석을 동강내고 부도를 훼손하는 일을 일상의 놀이로 여겼다. 이처럼 처형당하고 능욕당한 수많은 불교 문화재가 전국의 산이나 절터에 버려진 채 비극적인 종교 탄압의 실상을 고발하고 있다. 학문이나 종교가 맹신으로 치달으면서 벌어지는 광기와 폭력 사태가 한반도 한복판에서 수백 년 동안 횡행한 것이다.

당쟁이 격화되면서 유교의 교조주의 경쟁이 벌어진 숙종대에도 불교 탄압은 여전했다. 숙종은 어린 시절 한유가 불타의 사리를 배척한《불골표佛骨表》를 읽고 감동한 나머지 한유의 사당을 성균관 옆에 세웠을 정도로 철저한 배불론자였다.

《법원주림法苑珠林》에 따르면 사리탑 8만 4000탑 가운데 19탑이 중국에 있는데 그중 하나인 치저우岐州의 법문사 탑 아래 부처의 손가락뼈인 불지사리가 묻혀 있었다. 당나라 헌종 때 그 탑을 열었더니 사리 8알이 나왔고 이를 수반에 담았더니 한 닢이 다른 일곱 닢 둘레를 돌며 광채를 내어 눈을 부시게 했다. 그 말을 듣고 황제가 사리를 궁에 사흘 동안 모시자 한유韓愈는 "오랑캐 나라 사람인 불佛의 메마른 뼈를 궁중에 들임은 부당하니 수화水火로 소멸시켜 단절하소서."라는 내용의《불골표》를 올렸다가 황제의 노여움을 사서 좌천당했다고 한다.

하지만 숙종은 치세 후반기에 그 태도가 누그러져서 석왕사 승려들이 태조의 어필을 석각해 영구 보존하려 한다는 말을 듣고 손수 내력을 써서 내려주기도 했다. 그러자 궁녀들은 궁중에서 공공연히 불경을 외웠고, 김여천이란 거사를 끌어들여 칠성경을 낭송하기도 했다. 출가해 나가 사는 여러 궁방의 공주, 옹주들도 절에 가서 향을 피우고 연등회를 열고 시주를 아끼지 않았다.

그런 분위기 속에 승려의 도첩제가 유명무실해지자 많은 백성이 사찰로 몰려들었다. 그들이 출가한 직접적인 동기는 과도한 부역과 수탈이었지만 연이은 흉년과 역질도 작용했다. 1684년 우역과 역질이 돌아 수많은 소가 죽었고 남쪽에서부터 염병이 돌더니, 1698년에는 흉년과 염병이 동시에 돌아 백성 100만여 명이 희생되었다. 또 정치적인 옥사가 자주 발생하여 사회가 불안해지면서 도둑떼도 들끓었다. 이 때문에 실학자 이익은 나라를 좀먹는 여섯 가지로 노비제도, 과거 공부, 문벌 팔기, 광대와 무당, 비구와 비구니, 게으름뱅이를 들기도 했다.

> 승려들은 부처를 받들기 위해 출가한 것이 아니라 다만 여러 가지 역
> 을 도피할 생각으로 깊은 산속에 들어가 날마다 옥토에서 나는 곡식
> 을 축내는 무리들이다.

시대 상황이 어려워지자 민간과 불가에 미래불인 미륵 신앙이 널리
퍼졌다. 작은 사찰에서는 미륵경을 자주 찍어 배포했고 신도들은 미륵
경을 봉송하면서 미륵이 현세에 도래해 빈부와 신분의 차별이 없고 질
병으로 고통 받는 자가 없어지는 이상세계를 열망했다. 이에 발맞춰 일
부 거사패들이 미륵 신앙을 부추겨 민심을 충동질했다. 미륵불을 조성
한 금산사, 법주사, 관촉사는 인산인해를 이루었다. 때맞춰 땡추들이 작
은 암자나 도시 주변 사찰을 중심으로 출몰하면서 처사 거사 조직과 손
잡고 사회변혁을 시도했다. 승려들의 움직임이 심상치 않자 유림에서는
촉각을 곤두세웠다. 그때 유생 이유제는 상소를 통해 불교에 대한 대책
이 시급하다고 호소했다.

> 대저 불가의 학설은 사람의 심술心術을 무너뜨리고, 어리석은 백성을
> 속여 유인하여 사찰이 팔도에 두루 차 있습니다. 양민의 아들이 군역
> 을 피하려고 꾀하여 다투어 모두 머리를 깎고 산에 들어가고, 흉년에
> 이르러서는 또 도둑소굴이 됩니다.
>
> 《숙종실록》23년(1697) 5월 18일

이 상소의 배경에는 1697년에 벌어진 이영창의 역모가 있었다. 서자인 이영창은 명나라가 망한 뒤 망명해 온 승려 운부雲浮가 제갈공명 같은 인재라고 선전하면서 그의 제자 100여 명이 전설적인 도적 장길산 부대와 손잡고, 진인 정씨와 최씨와 더불어 정씨왕국을 세운 다음 청국을 쳐서 천자국을 세울 것이라고 호언했다. 신고를 받은 조정에서는 전국의 사찰을 샅샅이 수색하여 운부와 장길산을 체포하려 했지만 실패했다.

1758년(영조 34)에는 황해도에서 한 무당이 생불을 자처하며 민심을 자극하자 많은 사람들이 따랐다. 보고를 받은 영조는 암행어사 이경옥을 보내 실태를 조사하고 무당의 목을 베어 조리돌렸다. 영조는 사회 분위기를 일신시키기 위해 금주령을 발동하고 왕릉 근처에 사찰 창건을 금지했다.

정조 치세에는 전국적으로 원당願堂이 유행했다. 원당은 궁중이나 궁방에서 왕자, 공주 등 왕족들이 명복을 빌기 위해 지은 개인 사찰이었다. 그런데 승려들이 자체적으로 원당을 짓고 왕자, 공주의 위패를 모시고 제사를 지내며 국가의 보호를 받으려 하자 분개한 정조는 서울과 각 관사, 각 궁방의 원당 자체를 일체 혁파함으로써 불법적인 사찰 건립을 원천적으로 봉쇄해버렸다. 하지만 그는 비명에 죽은 아버지 사도세자를 추모하기 위해 경기도 화성에 용주사를 짓고 김홍도에게 대웅전 후불탱화를 그리게 하는 한편《부모은중경》을 찍어내게 하는 등 공적인 조치와는 다른 태도를 취했다.

1788년에는 해남 대흥사에서 휴정의 사당을 세우면서 조정에 사액을 요청하자 표충사로 명명해주고 예관을 보내 제사를 지내게 해주었다.

또 대흥사에서 서산대사 기적비를 세우려 하자 당대의 명망가요 문장가인 서유린으로 하여금 비명을 쓰게 했다. 그 무렵 장흥 보림사의 승려 보경寶鏡이 《부모은중경》을 바치자 몹시 기뻐하며 그를 도화주로 삼아 시주를 받게 하고 고려 때 소실된 갈양사 터를 찾아 새 절을 세우게 했는데, 그곳이 바로 사도세자의 원찰인 용주사다. 정조는 보경을 팔로도승통으로 임명하고 용주사에 불상을 조성케 한 다음 《부모은중경》 판본을 만들어 전국에 배포하게 했다. 당시 도화서 화원이던 김홍도는 용주사의 후불탱화를 그리기 위해 청의 연경에 출장을 다녀오기도 했다.

정조는 한편으로 불교를 억압하면서 한편으로는 아버지의 명복을 비는 원찰을 조성하고 불교 본산으로 삼는 등 이율배반적인 조치를 거리낌 없이 취했다. 이는 총림불교를 어용화하여 노론과 유림을 견제하려는 정치적 제스처기도 했다.

문예부흥이 승려 잡는다

법주사 승도들은 종이 만드는 것이 일인데   法住寺僧徒造紙爲業
그 종이가 모두 구씨 집안 족보용지로 들어갔네.   基造紙盡入於具氏譜紙
작은 족보가 값이 있는데 하물며 대동보에 있어서랴. 小譜紙有價況次大譜紙乎

이 시는 김삿갓의 작품으로 승려들에게 갖은 수탈을 자행하던 양반가의 횡포를 교묘하게 공격한 풍자시다. 이 시를 한문으로 음독하면 저

절로 쓴웃음이 나온다. 여기서 묘사된 종이 부역은 사찰에 부과된 부역 중에서 가장 가혹했다.

조선시대의 종이는 활판인쇄의 발전과 함께 수요가 증가하여 대량생산의 당위성을 갖게 되었다. 1415년(태종 15) 조지소造紙所가 설치되었고 종이 기술자들이 법적인 우대를 받았다. 당시 종이의 주원료는 닥나무였는데 1439년(세종 21)에 일본에서 묘목을 도입한 이래 대량생산과 품질 개량이 이어졌다. 임진왜란 이후 나라의 혼란으로 신기술 도입이 중단되고 조지서의 기능이 약화되자 조정에서는 그 업무를 사찰에 강제로 떠맡겼다. 본래 사찰은 고려시대부터 불경의 인쇄를 목적으로 종이를 만들어왔는데 품질이 매우 좋았다. 이를 잘 알고 있던 위정자들이 불교 탄압과 종이 수급이라는 두 마리 토끼를 잡으려 한 것이다.

처음에는 일정 규모 이상의 사찰에 한해 분량을 정해 부담시켰지만 국가 기관과 지방 관청 등에서는 차차 전체 사찰로 부역을 확산시켰다. 얼마 후에는 왕실의 친인척은 물론이고 지방의 호족과 탐관오리들까지 합세했다. 그로 인해 모든 사찰에서 모든 승려가 1년 내내 종이 만드는 일에 종사하느라 허리를 펼 날이 없게 되었다.

조선의 문예부흥기로 알려진 정조대는 이 종이 부역 때문에 승려들이 진땀을 흘렸다. 왕립도서관인 규장각이 문을 열면서 중국에서 수많은 책을 수입해오는 만큼이나 왕성했던 국내의 출판 사업에 소요되는 종이를 사찰에서 책임져야 했다. 1786년(정조 10) 9월 1일 비변사의 보고에 따르면 전남 순창군의 사찰에는 종이 7000속束이 부과되었다. 1속束이 10장이므로 무려 7만 장이었다. 그 양을 채우지 못하면 돈으로 대납해야 했다.

이런 판국에 서원과 향교를 비롯해 지방의 양반 토호들까지 종이 상납을 강요하자 승려들은 견디기 힘든 지경에 내몰렸다. 정조가 그 사실을 알고 폐단을 없애고자 했지만 소용이 없었다. 그 때문에 승려들의 야반도주가 빈발해서 경상도, 전라도, 충청도 관내 사찰에 승려들이 모조리 사라진 적도 있었다. 하는 수 없이 비변사에서는 승려를 머물러 살게할 대책과 사찰을 소생시킬 방도를 찾는 보고를 올렸다. 불교를 없애기위해 승려를 탄압하다가 막상 부려 먹을 인력이 궁해지자 생각을 바꾼것이다.

19세기 종교 탄압의 와중에서

18세기 말엽부터 서학이 조선에 유입되면서 핍박받는 민중들은 이상향을 꿈꾸며 천주교에 깊이 빠져들었다. 그 와중에 노론세력으로부터집중 견제를 받던 남인들이 서학에 관심을 기울이게 되자 정치적인 핍박을 받게 되었고, 서학은 정학인 성리학을 부정하는 사학으로 매도되기 시작했다.

서학이 종교적으로 유림의 탄압을 받게 된 본격적인 계기는 진산사건이었다. 선비인 윤지충이 어머니 초상을 당하여 천주교 의식에 따라혼백과 위패를 모시지 않고 제사도 지내지 않았으며 조사 결과 조상의신주를 태워버린 사실이 밝혀지면서 윤지충과 권상연이 사형을 받은 것이다. 그로 인해 서학은 무부무군無父無君의 사학비류邪學匪類라는 명목으로 유림으로부터 배척되었고 천주교도들은 반역도와 같은 대접을 받았다. 당시 불교는 근본에서 벗어나 잘못된 길을 가는 이단으로 치부되었지만 사학은 근본부터 어긋난 금수와도 같아서 함께 살 수 없는 존재로 여겨졌다.

그 결과 정조 사후 신유사옥이라는 전대미문의 천주교도 박해 사건이 일어나 백성 10만여 명이 참살을 당했다. 천주교도는 지속적으로 박해를 받았는데 프랑스 선교사들은 잠입해 조선의 실정을 염탐해 본국에 보고했고, 〈황사영백서〉에서는 프랑스에 군대를 파견해 달라고 요청하기도 했다. 실제로 병인양요 때는 선교사가 동행하여 뱃길을 안내하기도 했다. 1863년에는 최제우가 창시한 동학교도를 혹세무민이라는 이유로 박해했다. 동학은 유불선 합일과 후천개벽, 미륵 신앙, 정감록 등 민중의 변혁사상을 조합한 교리를 받들었는데 양반이나 선비, 부자를 용인하지 않는 현실개혁론자들의 집합이었다. 이들 역시 사학비류로서 천주교도들과 똑같은 탄압을 받았다. 그런 상황에서 불교도들은 한발 물러난 구경꾼 처지였다. 당시 승려들은 처형된 천주교도나 동학교도들의 시신을 수습해 장례를 치러주고 영혼을 천도하는 등 자비의 교리를 몸소 실천하고 있었다.

그 무렵 절은 황폐해지고 승려들은 탁발과 걸식으로 연명해야 했다. 양반과 부를 축적한 중인들이 산중의 절간에 몰려들어 잔치를 벌이는 일이 허다했고, 외진 곳의 절은 산적 소굴이 되어 있었다. 이런 환경에서 승려들은 살아남기 위해 공명첩을 발행해 백성들에게 팔았다. 공명첩은 절충장군, 부호군, 오위장, 수문장 따위의 무관 영직(실직이 없는 벼슬)을 쓴 직

첩으로 조정에서 이름을 쓰지 않고 직위만 쓰고 발급했다. 이를 관찰사나 군수가 부호에게 팔아 그 판 자금을 국가 재정에 보충하거나 특수 사업에 사용했는데 절에서도 이를 발급받아 팔아서 불사를 했다.

일례로 1793년(정조 17) 금강사 유점사의 승려 돈징이 어가 근처에서 격쟁을 통해 유점사의 퇴락을 호소하자 왕은 공명첩 100장을 발행해 주었다. 유점사는 이 공명첩을 팔아 영산전을 세우고 어필각을 중수했다. 1851년(철종 2)에는 영의정 권돈인이 대왕대비 김씨에게 건의해 순조의 태봉을 관리하던 속리산 법주사에도 공명첩 400장이 발급되었다. 1854년(철종 5)에는 영의정 김좌근이 유점사에 공명첩 150장을 발급해 산영루를 중수했다. 1878년(고종 15)에는 태조 이성계가 글을 읽은 함흥 귀주사가 화재로 전소되자 함경감사의 건의에 따라 내탕전 3500냥과 공명첩 500장을 지급해 1년 5개월여의 공사 끝에 건물 300칸을 짓기도 했다.

사찰계寺刹契 조직도 승려들의 절실한 생존 수단 가운데 하나였다. 사찰의 재정을 지원하고 공동체적인 신앙 활동 수행을 목적으로 조직된 사찰계는 16세기 중엽부터 1910년까지 모두 200여 개가 있었다. 본래 사찰계는 삼병대사가 조직한 갑계甲契가 원형이었다. 갑계란 한 절 안에 있는 승려끼리 모인 조직으로 나이를 12지에 따라 중간을 갈라 자子에서 사巳까지 한 무리, 오午에서 해亥까지 한 무리로 묶었다. 기금은 계원끼리 내거나 위 갑계에서 보조를 받았고, 사찰의 찬조도 있었다. 계원들은 공동 노동으로 절 공사를 도급받아 생기는 돈으로 계금을 충당하기도 했다.

사찰계는 목적에 따라 이름이 여럿이었다. 등촉계, 문도계, 불량계, 상포계, 염불계, 지장계, 청계, 칠성계, 송계, 학계, 어산계, 미타계, 관음계 등이다. 동래의 범어사에서는 19세기 말까지 사찰계 50여 개가 활동하며 절을 살찌웠다고 한다.

개화기에는 이동인이라는 승려가 홀연 등장해 정계의 중심에서 활동했다. 그는 본래 부산 통도사에서 출가했는데 부산 범어사와 서울 봉원사를 오가며 김옥균, 박영효 등 당대의 개화파 인사들과 어울렸다. 그는 개항 이후 부산에 세워진 동본원사의 승려 오쿠무라 엔싱과 교류하다 일본에 밀항해 근대화된 일본의 문물을 익히고 돌아와 친일 개화파 인사들과 어울렸다. 그는 탁정식, 차홍식 등 승려들과 함께 유홍기, 김옥균, 박영효 등과 연대해 조선의 개혁과 개방을 도모했다. 실제로 탁정식은 신사유람단의 비공식 수행원이었고 동경외국어학교의 조선어 교사를 지냈는데 서양인에게 화약을 반입하기도 했다. 화계사의 승려이던 차홍식은 갑신정변 당시 18세의 나이로 서재필이 이끄는 선봉대의 일원이 되어 칼을 휘둘렀다가 역적의 혈당이란 죄목으로 처형당하기도 했다.

그 시절 일본의 정토진종 대곡파가 호국호법을 내세우며 조선 포교를 시작했고, 1881년에는 거대 종파인 일련종이 서울에 들어왔다. 1894년 청일전쟁이 발발하자 일본의 종군승들이 들어와 일본군을 위로하고 조선인을 선무하며 교세를 확장했다. 당시 조선 승려들은 경복궁 중건 당시 징발된 이후 도성출입이 금지되어 있었으므로 서울은 일본 승려들의 독무대였다. 1894년, 갑오개혁 때 김홍집은 허울뿐인 도총섭제도를 폐지하고 인장을 거두어 봉은사에 보관하게 함으로써 승군의 부역, 승직의 통제 등의 굴레를 벗겨주었다. 1895년에는 일련종 승려 사노가 흥선대원군과 김홍집을 설득해 승려들의 도성출입을 가능하게 했다. 비로

소《경국대전》의 금제에서 풀려난 승려들과 신도들의 기쁨은 이루 헤아
릴 수 없었다. 그해 5월 5일 단오절에는 지금의 서울대학교병원 자리에
있는 북일영에서 축하무차대회를 열었다. 이능화는《조선불교통사》에
서 당시 장면을 이렇게 썼다.

여러 절의 승려들이 일본승려들과 더불어 법단을 경성, 원동, 북일영
안에 설치하고 무차법회를 며칠 동안 열었다. 경성의 양반 여자들이
다투어 와서 구경했으며, 나도 그들 무리속에 끼어 즐거워했다. 어떤
사람은 얼굴에 분노의 기색을 띠고 중들이 도성에 들어온 것도 가증
스러운데 하물며 궁궐 가까운 데서 감히 법회를 여는가라고 말하기도
했다. 어떤 이는 기쁜 기색을 띠고 조선의 승려들이 수백 년 동안 도성
밖에서 떠돈 상한이었는데 오늘날 구름을 헤집고 하늘을 바라보게 되
었으니 이로부터 불일이 다시 빛나리라고 말했다.

그렇지만 불교의 하늘은 아직 닫혀 있었다. 개항과 함께 몰려온 기독
교도들의 득세, 유림의 차별로 인한 무법적인 횡포가 여전했기 때문이
었다. 김제의 금산사에서는 기독교도들이 몰려들어 절 주변에 화전을
일구었고, 뒷산에 금맥이 있다는 소문을 들은 사람들이 떼 지어 몰려와
광맥을 찾았는데, 사리탑 밑에까지 파고들어와 산사태가 날 지경이었
다. 금산사 주지 각민이 내장원에 호소해 출입 금지 공문을 받아내려 하
자 인부 수천 명이 절에 몰려와 폭력을 휘둘렀고, 그 와중에 각민이 맞아
죽는 사고가 일어나기도 했다.

그 무렵 승려들은 반봉건 반외세 저항운동에도 참여했다. 1893년의 동학 금구 집회에서 불갑사의 승려 인원, 백양사의 우엽, 선운사의 수연 등이 참가했고, 1894년 동학농민전쟁이 발발하자 백양사의 승려가 일대를 지휘하기도 했다. 1900년대부터 치열하게 전개되었던 활빈당 투쟁에도 많은 승려들이 동참했다.

1902년 대한제국은 사사관리서를 새로 설치해 궁내부에 소속시킨 다음 이전에 예조에서 맡고 있던 사찰과 승려 관리를 이관했다. 궁중의 내명부는 대부분 불교신도였고 궁중의 원찰은 거의 왕비와 공주, 옹주의 지원을 받았기 때문에 취해진 조치였다. 고종은 종래의 불교 탄압과 방임 정책을 지양하고 사찰령을 공포해 적극적으로 불교 발전을 도모했다.

동대문 밖 성동에 원흥사를 창건해 총본산격인 대법산大法山으로 지정하고 전국 사찰 16곳을 중법산으로 삼아 승직을 임명했다. 여기에 가입한 승려들은 은장 무늬가 찍힌 승려증을 발급받는 대가로 일정한 회비를 내야 했다. 이로써 여러 종파가 통합되고 승려 조직은 일원화되었으며 산중 불교가 도시 불교로 전환되는 계기가 되었다. 그때부터 출가자를 공식적으로 인정해 돈 2냥을 본사에 납부하면 도첩을 주어 삭발하게 했고, 승적이 없는 승려에게 승적을 다시 주었으며, 가짜 승려 색출에도 나섰다. 하지만 이 제도는 관리가 제대로 되지 않아 1904년 폐지되고 말았다.

1905년 봉원사의 승려 이보담과 화계사의 승려 홍월초가 불교연구회를 조직하고 원흥사에 본부를 둔 다음 최초의 불교학교인 명진학교를 설립했다. 명진학교는 서울 주변의 승려들을 모집해 불교 관련 과목 외에도 역사, 지리, 산수, 일어 등 근대식 교육을 시켰고, 이를 본받아 지방 사찰에서도 보통학교를 설립해 운영했다. 그런데 이들은 일본 정토종에 조선 불교를 편입시키려 했다. 1907년 원흥사에 모인 불교 대표자 50여 명은 이보담을 쫓아내고 해인사 주지 이회광을 불교연구회 회장직과 명진학교 교장직에 추대했다. 그러자 일진회와 일본인 승려 다케다 신지의 하수인이던 이회광은 이듬해 원종圓宗을 창시하고 본격적으로 한국 불교를 친일 불교로 재편했다. 이에 맞서 한용운, 진진웅, 박한영 등이 원종에 맞서 임제종을 창시하고 순천 송광사에 종무원을 두었다.

1910년 한국을 강제 병탄한 일제는 한국의 모든 종교를 규제하기 위해 1911년 경학원규정과 사찰령을 공포했다. 경학원 규정에 따라 성균관과 지방 향교는 총독부 산하 기구가 되었고 대제학을 총독이 임명했다. 유교가 완전히 총독부의 손아귀에 쥐어져버린 것이다. 또 1915년에는 포교 규칙을 공포해 기독교를 규제했다. 동시에 신사사원 규칙을 공포해 일본 불교와 신사를 보호함으로써 식민지 종교인들의 저항을 원천 봉쇄했다.

사찰령에 따라 불교 또한 조선총독부의 직접 통제를 받으면서 친일적인 원종 종무원과 조선 불교의 전통을 지키려는 임제종도 폐지되었다. 일본 불교와의 연결도 끊어졌다. 사찰령은 종교의 자유를 제한하는 도첩제보다 더한 악법이었다. 또 본사 30곳과 말사 1200곳으로 구분되었는데, 본사의 주지들은 일제에 적극 협력했다.

그와 같은 상황에서 백용성과 한용운 등은 불교계의 정화를 촉구하는 한편 독립운동을 주도하여 민족의 독립정신을 크게 고취시켰다. 광복 이후 승려들은 전국불교대회를 열어 교구제를 정하고 중앙에는 총무원, 각 도에는 교무원을 설치, 종헌宗憲에 따라 조직을 강화했다. 한국 전쟁이 끝난 뒤에는 파괴된 사찰 100여 곳을 수축하는 한편 불교의 대중화 운동과 교육 사업에 전력했다. 그러나 불교계는 1954년 비구승과 대처승 두 파로 분열된 이래 여러 종단으로 갈라졌는데, 현재 조계종을 비롯해 태고종·법화종·미륵종·법상종·보문종·일승종·용화종·불입종·원효종·천태종·화엄종·정토종·진각종·총화종·진언종·천화불교·한국불교법화종 등 무려 30여 종파가 난립하고 있는 실정이다.

망각의 강으로 인도하라 ° 상여꾼

눈물 아롱아롱
피리 불고 가신 님의 밟으신 길은
진달래 꽃비 오는 서역西域 삼만 리.
흰 옷깃 여며 여며 가옵신 님의
다시 오진 못하는 파촉巴蜀 삼만 리.

신이난 삼어 줄걸 슬픈 사연의
올올이 아로새긴 육날 메투리.
은장도 푸른 날로 이냥 베혀서
부질없는 이 머리털 엮어 드릴걸.

초롱에 불빛, 지친 밤하늘
굽이굽이 은핫물 목이 젖은 새,
차마 아니 솟는 가락 눈이 감겨서
제 피에 취한 새가 귀촉도 운다.
그대 하늘 끝 호올로 가신 님아.

서정주의 〈귀촉도歸蜀途〉

옛날에는 초상이 나면 사자의 시신은 화려한 꽃상여를 타고 애절한 상엿소리와 요령 소리와 함께 이승을 떠났다. 요즘에는 대부분 간편하게 영구차를 이용하지만 유서 깊은 문중이나 일부 시골에서는 상여를 이용하기도 한다. 산 자의 집에서 죽은 자의 무덤까지 상여를 운반하는 사람들이 상여꾼이다. 한데 조선시대 상여꾼들은 승려나 무당처럼 팔천 가운데 하나로 천대받는 신분이었다. 왜 조선의 백성들은 영혼의 안녕을 빌고 극락왕생을 돕는 사람들을 멸시하고 차별한 것일까.

상여꾼은 신라시대부터 내려온 신앙공동체인 향도 조직에서 비롯되었다. 이 때문에 실록을 비롯한 대부분의 역사서에는 상여꾼을 대부분 향도香徒로 기록하고 있다. 향도란 명칭은 신라의 김유신이 15세 때 화랑이 되자 그를 따르는 낭도들을 용화향도龍華香徒라 부른 데서 유래했다. 용화龍華라는 말은 불교의 미륵 신앙에서 내세불인 미륵불이 도솔천兜率天에서 용화수龍華樹 아래로 내려와 3번 설법한다는 전설에서 따온 것이다. 그러므로 당시 낭도는 미륵을 따르는 무리로, 화랑을 미륵의 현신으로 이해했음을 알 수 있다. 《고려사》에는 1131년(고종 9) 금중禁中 밖에서 향도가 모일 때 승속이 마구 섞여 무리를 이루자 이를 만불향도萬佛香徒라고 불렀다는 기록이 있다.

거란과 몽고, 왜구 등의 외침에 시달리던 고려의 백성들은 부처의 가피를 기원하면서 절에 가서 향을 살랐는데 가장 인기 있던 향이 침향沈香이었다. 하지만 침향은 금보다 비싼 귀물이

었으므로 가난한 백성들은 흔한 향나무나 참나무를 오랫동안 물이나 땅속에 묻어 두고 1000년이 지나면 침향이 될 것이라는 미신에 빠져들었다. 고려인들의 매향埋香 풍습이 생겨난 이유다.

1309년 존무사 김천호가 승려 지여志如와 함께 백성을 동원해 강원도 고성군 삼일포 호수 안에 있는 네 섬 중에 단서암을 선택해 참나무를 베어 묻은 뒤 매향비를 세웠다. 1310년(충선왕 2)에도 삼척 맹방孟坊의 매향안埋香岸에 향나무 250그루를 묻었고, 1387년(우왕 13년)에는 경남 사천의 바닷가에 승려와 백성 등 4100명이 계를 모아 향나무를 묻고 매향비에 나라가 태평하고 백성들이 편안하게 살기를 미륵보살에게 빈다는 뜻의 204자를 새겼다. 이런 매향의 전통은 조선 초기까지 계속 이어졌다.

1434년에 세워진 전라도 장흥의 매향비에도 '천인이 같이 서원하여 향을 묻었다.'라는 글자가 새겨져 있고, 1442년(세종 24)에 평안도 관찰사가 올린 장계에 '의주 야일포의 장성 하암산에도 매향을 했는데 향나무가 아니라 소나무와 참나무로써 아직 향이 되지 않았으므로 다시 이를 묻었다.'라는 기록이 있다. 그렇듯 매향 행사에 자발적으로 참석한 백성들을 세간에서는 향도라고 불렀다. 이들은 신라의 용화향도나 만불향도와는 전혀 다른 향도였다.

청산 가네 청산 가네

아 어 오호 아 어 오호

에이 계해년 정월 초엿새 날 아으 철성 이씨 부인

응 사자 생활 고생타가 아으 정명 팔십 못 다 살고

북망산천이 웬 말이요.

아 어 오호

에이 청산 가네 청산 가네 에이 청산 가는 길에

에이 일가친척 행상 행하가 아 모다 잊지 못할 혈족이로구나.

아 어 오호

에이 세상 벗님네들 으 그리운 친구 갑인들과 아으

옛 놀던 추억이 모다 아 꿈이로구나.

아 어 오호

에이 상주 백관들아 울지 말고 화목하게 잘 살아라.

아 어 오호

상엿소리는 만가輓歌라고도 부르는데, 상여를 끌면서 부르는 노래라는 뜻이다. 망자를 애도하여 그가 이승에 남긴 행적을 기리고, 저승에서 좋은 곳으로 가도록 인도하기 위해 부르는 노래다. 과거 도회지에서는 상엿소리를 부르는 직업 소리꾼이 있었지만 요즘에는 거의 사라졌고, 일부 농촌의 장례식 때 간신히 상엿소리 흉내 정도를 들을 수 있다.

상두꾼, 유대꾼, 역군, 담예꾼, 부역꾼 따위로 불리는 상여꾼들은 보통 12명 이상으로 조직된다. 상여 앞에서나 상여 위에서 상여꾼을 지휘하는 선소리꾼이 요령이나 북 또는 꽹과리를 치면서 상엿소리의 앞소리를 메기면 상여꾼들이 뒷소리를 구성지게 부른다.

통상 상갓집에서 발인이 끝나면 상여꾼들이 상여를 메고 망자의 집 앞에서 한 바퀴 돌고 난 뒤에 집을 보고 서서 상여 앞을 낮추어 세 차례 절을 한다. 이때 상여 어르는 소리, 발인 소리, 염불 소리, 관암보살 등 다양한 소리를 느리게 부른다. 여기에는 망자가 이승을 하직하는 슬픔, 유족과 친지와 나누는 인사말, 망자의 극락왕생을 기원하는 뜻이 담겨 있다.

상엿소리는 출상 순서에 따라 서창, 행상소리, 자진상여 소리, 달구소리로 나누어진다. 서창은 상여꾼들이 상여를 메고 망자의 영혼이 집 떠나기 서러워하는 심정을 나타내기 위하여 느리게 부르는 부분이고, 행상소리는 상여를 메고 가면서 부르는 소리다. 자진상여 소리는 묘지가 있는 산으로 올라가면서 부르는 소리, 달구소리는 하관 뒤에 무덤을 다지면서 부르는 소리다. 상엿소리에는 장례의식과 상여의 운반과 하관, 땅 다지기 등의 절차가 포함되어 있으므로 내용상 의식요이면서 노동요의 성격을 띠고 있다.

세상천지 만물 중에 사람에서 또 있는가.
여보시오. 동포님네. 이 내 말씀 들어보소.
이 세상에 나온 사람 뉘 덕으로 생겼느냐.
부처님의 은덕으로 부모은공 갚을쏘냐.

절통하고 애통할 손 부모은공 못다 갚어
무정세월 약유과다 원수백발 달려드니
인생 칠십 고래희나 없던 망령 절로 난다.
망령들어 변할 소냐. 이팔청춘 소년들아.
늙은이망령 웃지 마라 눈 어둡고 귀 먹으니
망령이라 흉을 보며 구석구석 웃는 모양
절통하고 애통할 손 할 일 없이 할 일없다.
홍안백발 되었더니 다시 젊지 못하리라.
인간 백년 다 살아도 병든 날과 잠든 날과
걱정근심 다 제하면 단 사십을 못 사나니
어제오늘 성튼 몸이 저녁나절 병이 나서
섬섬하고 약한 몸이 태산같이 무거우니
부르나니 어머니요 찾느니 냉수로다.
인삼녹용 약을 쏜들 약덕이나 입을쏘냐.
판수 불러 경 읽으니 경덕이나 입을쏘냐.
무녀 불러 굿을 하니 굿덕이나 입을쏘냐.
향로향합 불 갖추고 소지삼장 드린 후에.
재미세겨 쓸고 어 명산대천 찾아가서
상탕에 맞이하고 중탕에 목욕하고
하탕에 세수하고 황촉 한 쌍 불 켜놓고
비나이다. 비나이다. 부처님전 비나이다.

강원도 화천군 하남면 거례리에서 불리던 회다지소리다. 노랫말은 지역에 따라 다소 차이를 보이지만 바탕이 되는 메기는소리와 받는소리는 대체로 비슷하다. 앞소리엔 유불선의 교의를 포함하는 고사가 인용되어 있다. 이와 같은 상엿소리는 지방의 풍습에 따라 가사나 곡조도 판이하고 절차도 각양각색이다.

강원도 명주군 구정면 학산리에서는 상여꾼을 상군이라고 한다. 상군들은 상여에 시신을 싣고 집을 떠날 때 발인 소리를 부르고, 상여가 장지로 갈 때에는 유대군 소리라는 행군 소리를 한다. 하관을 하고 흙을 다질 때에는 달구소리를 부르는데, 처음에는 긴 달구질소리를, 나중에는 짧은 달구질소리를 부른다. 제주도 남제주군 표선면 성읍리에서는 상여가 집을 떠날 때나 산에 오를 때 부르는 소리가 없고, 평지를 갈때 부르는 상엿소리와 장지에서 회를 다지면서 부르는 달구질소리만 있다.

충청남도 부여군 세도면 동사리에서는 발인이 끝난 뒤 상여꾼들이 상여를 메고 작별하는 소리와 발상하는 소리를 길고도 느리게 메기고 받는다. 상여가 집을 떠나면 행상소리를 부르고, 장지가 가까워지면 잦은행상소리를 부른다. 또 장지에서 상여를 내려놓을 때 부르는 소리도 있지만 달구질소리는 없다.

경기도 고양군 송포면 대화리에서는 상여가 출발하기 직전 상주들이 망자에게 절을 올리는데 이때 상여꾼들이 염불 소리를 부른다. 상여가 집을 떠나면 오호 소리를 부르고, 걸음을 빨리 해야 할 때나 장지가 가까워지면 어넘차 소리를 부른다. 장지에 다다르면 또 염불 소리를 부르며 상여를 내린다. 하관을 하면 달구질을 하면서 소리를 부르는데, 먼저 긴 소리를 부른 다음 달구소리를 하고 마지막으로 양산도를 부른다.

상여와 영여

고래로 한국인에게 생사의 경계선을 넘게 해주는 도구는 바로 상여였다. 19세기 중엽 간행된 이재李縡의 《사례편람四禮便覽》에 따르면 상여는 '대여大輿', '유거柳車', '행상行喪' 등으로 불렸다. 대여는 주로 국장이나 고관대작들의 상례에 사용되었고 서민들은 소여小輿를 사용했을 것으로 추정되지만 굳이 대여의 사용을 금하지는 않은 듯하다. 이는 조선시대에 평민이나 노비 등 신분의 고하를 막론하고 혼례식 때 신랑이 문무백관들의 평상복장인 사모관대를, 신부가 공주와 옹주의 대례복인 원삼이나 활옷을 착용하는 것을 허용한 것과 마찬가지다. 양택인 이승의 집에서 음택인 저승의 집으로 가는 길에 탈것으로서는 최상의 예우를 해준 셈이다.

상여는 향약이나 향도계의 규율에 따라 마을마다 공동 기금으로 마련한 다음 마을에서 일정한 거리에 있는 상엿집에 보관했다가 필요할 때마다 꺼내 썼다. 어린 시절 시골에 산 사람이라면 누구나 으슥한 숲속에 있는 상엿집을 보고 은근한 두려움에 사로잡힌 기억이 있을 것이다.

상여의 모양은 가마와 비슷하지만 관을 실어야 했으므로 길이가 좀 더 길었다. 몸채는 단청으로 채색을 하고 네 귀에는 포장을 쳐 햇볕을 가

경상북도 경산에 있는 상엿집
상엿집은 상여를 비롯해 상례에 필요한 도구들을 보관하는 공간이다.

리며 상여 뚜껑은 연꽃이나 봉황새로 장식했다. 꽃상여에 달린 종이꽃
은 산역이 끝나면 태워버린다. 상여의 몸채 좌우에는 밀채가 있는데 그
양쪽에 채막대를 가로로 대고 앞채막대 좌우로 2줄씩 끈을 달아 뒤채막
대에 붙잡아맨 다음, 중간에 일정한 간격을 두어 멜빵을 좌우로 끼고 사
람들이 그 사이에 들어가 어깨로 메도록 되어 있다.

상여는 지방마다 장식되어 있는 조각이 다른데 경상도 지방의 상여
에는 특히 목각인물상이 많이 부착되어 있다. 상여에 장식한 인물상은
크게 둘로 나눌 수 있다. 첫째는 사자, 호랑이, 말, 해태, 봉황, 학과 같은
신령한 동물을 타고 있는 사람이다. 둘째는 동자나 여인이 단정하게 손

을 모은 자세를 취하거나 두루마리나 붓, 칼, 연봉, 책 형태의 명부를 든 모습이다.

한국인은 사람이 죽으면 육신인 백魄은 땅에 묻히고 영혼인 혼魂이 저승사자에게 끌려가 염라대왕의 심판을 받는다고 여겼다. 때문에 상을 당하면 제일 먼저 사잣밥을 차려 저승사자를 달래고 상여에 그의 마음에 드는 여러 상징을 묘사함으로써 망자의 저승행이 순조롭기를 바란 것이다. 그 가운데 동자는 생전에 선악 행위를 명부에 기록하고 신에게 보고하는 존재다. 연꽃은 청정세계를 상징하며, 신령한 동물을 타고 있는 인물은 무한한 신통력을 가진 천상의 존재로서 외경의 대상이 된다. 이처럼 상여에 새겨진 조각에는 육신이 사라져도 영혼은 영원불멸이라는 한국인의 사생관이 담겨 있다.

오늘날 현대화된 장례 행사에서는 상여 대신 영구차를 이용하는 것이 일반적이다. 그런데 운구 행렬의 맨 앞에 망자의 영정을 실은 승용차가 앞장선다. 이는 옛날 상여 앞에 가던 영여靈輿의 변화된 모습이다. 상여가 주검을 운반하는 도구라면 영여는 영혼을 운반하는 도구다. 요여腰輿라고도 불리는 영여는 2인교 가마를 메듯 끈을 가위표로 엇걸어 어깨에 걸고 두 손으로 가마채를 잡을 수 있도록 만든 작은 가마다.

영여의 지붕에는 통상 녹색 바탕에 붉은 색 연꽃 봉오리가 달려있고 옆면에도 피지 않은 연꽃망울을 그려 넣어 망자의 부활을 기원한다. 인당수에 빠진 심청이가 되살아난 것도 연꽃을 통해서다. 영여의 정면에 여닫이문이 달려있는데, 문 앞에 흰 고무신 한 켤레를 얹어두기도 한다. 이는 사자의 영혼이 그 안에 있음을 알려주는 것이다. 영여가 장례 행렬

영여

가마를 메듯이 끈을 엇걸어 두사람이 어깨에 걸치며, 장례행렬에서는 죽은 사람의 이름을 적은 명
정銘旌 다음에 따르게 되어 있다. 이 영여는 감실龕室을 본따 만들어졌는데, 지붕은 팔작지붕으로 되
어 꼭대기에는 봉우리 모양의 장식이 있다. 문에는 띠창살의 모양대로 투각되었으며, 기둥에는 대
나무 문양이 새겨져 있다. 서울역사박물관 소장

에서 상여보다 앞서는 것은 영혼이 육신보다 더 중시된다는 점을 말해준다. 영여와 상여를 통한 영육의 분리는 저승과 이승에 머무는 존재가 다르다는 한국인의 이원적 세계관을 보여준다.

이 집이 뉘 집 경사인고

한국인의 전통 무속에서 죽음이란 육체의 소멸만을 의미할 뿐 영혼은 언제까지나 남아 있다고 믿는다. 이 때문에 영혼에 맺혀있는 한을 위로하고 이승에 대한 미련을 깨끗이 접게 해주는 의례가 대부분이다. 고대 한국인의 장례 풍속은 풍악이 어우러지는 가운데 매우 떠들썩하게 진행되는 영혼의 전송식에 다름 아니었다. 《수서隨書》 고려전에는 장례에 고무작악鼓舞作樂한다는 기록이 보이고, 중국의 통구通溝에 있는 고구려 고분벽화에도 무용도, 무악도, 잡기도가 있어 죽은 자의 장의葬儀에 가무와 잡기가 주악 행렬로서 장송했음을 알 수 있다. 이와 같은 풍습은 고구려와 신라를 거쳐 고려시대까지 전해졌다.

예의범절을 중시한 조선의 위정자들은 경건해야 마땅한 장례식에 가무를 행하는 작태를 도저히 묵과할 수 없었다. 1398년(태조 7) 12월 29일, 실록을 살펴보면 장례식 때 상주들이 슬퍼하지 않는 풍습이 중신들의 구설수에 올랐다. 백성들이 부모의 장례식장에 이웃의 향도들을 모아 술을 마시고 노래를 부르며 피리를 불면서 애통하지 않으니 예속禮俗에 어긋난다는 것이다. 그로 인해 민간에 상여 놀이를 금하자는 논의가 이루어졌지만 오래도록 이어져 내려온 백성들의 풍속을 하루아침에 강제로 바꾸기는 어려웠다. 그리하여 30여 년이 지난 1429년(세종 2)에 세종은 이렇게 탄식했다.

자식이 부모에 대해서 생전에는 효도를 다하고 죽으면 슬픔을 다하는 것은 타고난 천성으로 자연스러운 것이다. 고려 말기에 무지한 백성들이 사악한 마음을 가지고 부모가 죽고 나면 즉시 그 집을 헐어버리기도 하고 혹은 죽게 되어 숨이 떨어지기도 전에 외사外舍에다 내다가 두기 때문에 비록 다시 살아날 수 있는 경우에도 끝내 죽게 한 일이 있었다. 장사를 지낼 때에도 향도를 많이 모아다가 술과 음악을 벌여놓고 평상시와 다를 바 없이 했는데, 지금 그 풍습이 아직도 남아서 없어지지 않고 있으니 몹시 염려된다. 아, 사람은 모두가 각각 타고난 본성이 있는데 어느 누가 자기 부모를 사랑하지 않겠는가. 풍습에 젖어서 생각을 하지 못하는 것일 뿐이다. 앞으로는 유사가 법규를 분명하게 제시해서 구습이 잘못된 것임을 알고 스스로 새로워지게 해서 인효仁孝한 풍습을 이루게 하라.

1489년(성종 20)에는 성종이 경상, 전라, 충청도 풍속으로 장송에 악기를 연주하고 술과 고기를 갖춰 문상객들을 대접하는 풍습을 개탄하면서 부모의 장례식 때 성악聲樂과 배우백희俳優百戱를 금하라는 유시를 내리기도 했다. 이처럼 한 나라의 최고 권력자인 임금의 명도 통하지 않고 면면히 이어진 상여 놀이의 정체는 대체 무엇일까.

기실 상여 놀이는 상여꾼들이 출상 전날 저녁에 초상집에서 행하는 놀이로 이튿날 행해질 운구의 예행연습과도 같은 성격을 지니고 있다. 이를 통해 상여꾼들의 유대를 강화함은 물론 해학을 통해 상주들의 슬픔을 위로하는 효과도 자아냈다. 고매한 유학자들의 눈에는 상여꾼들이 버릇없이 웃고 떠드는 것으로 비쳤겠지만 실상은 전혀 다른 것이다.

근세의 상여 놀이를 손꼽는다면 황해도의 생여돋음, 경기도의 손모듬, 경상도의 개도딤, 강원도의 손모듬 혹은 대도듬이 있고 전라도에서는 가장 대표적으로 진도의 다시래기가 있다. 다시래기는 진도의 세습 무가에서 신청을 중심으로 전문 예능인들에 의해 전승되어 온 일종의 소극笑劇이다. 다시래기는 우리나라 상고시대 이래 장례에서 행해지던 가무歌舞와 오시娛尸의 유풍을 보여주고 있다. 다시래기는 한자로 '다시락多時樂'이라고 표현하는데 여러 사람이 같이 즐긴다는 뜻이라고 풀이한다.

다시래기는 부잣집에서 호상好喪이 났을 경우 동네 상여꾼들이 신청을 통해 다시래기 연희자를 초청해 함께 밤을 새우며 노는 상여 놀이의 일종이다. 상가에서는 신청에 보내는 다시래기패들에 대한 품삯으로 무명베 한 필을 주는데 굿대에 매달아 놓고 굿을 한 다음 신청에 바친다. 가난한 집에서는 상여꾼들이 자체적으로 신청의 재비꾼들 흉내를 내면서 논다.

우리나라 전통가면극처럼 남자들만 참여하는 다시래기는 주로 사물악기인 장고, 북, 쇠, 징의 흥겨운 반주에 맞추어 노래와 춤과 재담으로

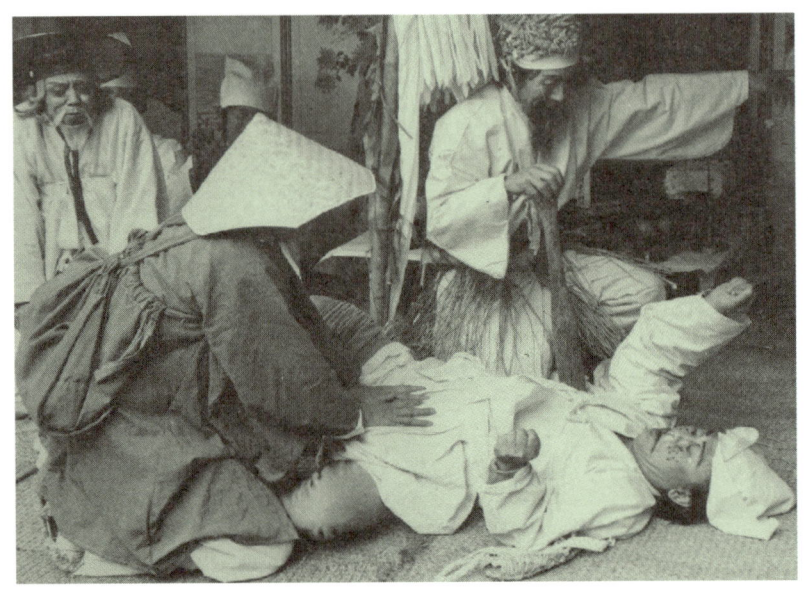

진도 다시래기

다시래기는 진도 지방에서 초상이 났을 때 동네 상여꾼들이 상제를 위로하고 죽은 자의 극락왕생을 축원하기 위해 전문예능인들을 불러 함께 밤을 지새우면서 노는 민속극적 성격이 짙은 상여 놀이다. 국립민속박물관 소장

진행되는 가무극이다. 놀이 내용은 가상제 놀이, 거사와 사당 놀이, 상여 놀이, 가래소리, 여흥의 순으로 진행된다.

가상제 놀이는 상청에 상제와 상여꾼, 문상객, 재비꾼들이 앉아 있는 가운데 쪽박이나 털맹이를 쓴 가상제가 나타나면서 시작된다.

"이 집이 뉘 집 경사인고? 좋은 일이 있는 것 같구먼, 한 번 놀다 가세."

이렇게 큰 소리를 지르며 등장한 가상제는 인사 대신 제상에서 제수인 과실들을 마구 내려 먹고, 상여꾼들이 인사를 잘 못한다고 트집을 잡으면서 꽁무니를 발로 차는 등 우스꽝스러운 짓을 거리낌없이 행한다. 그런 다음 가짜 성주풀이를 부르면서 다음 등장인물인 거사와 사당, 중의 재주를 소개한다.

이어지는 거사와 사당 놀이에서는 거사와 사당, 중이 주연이고 중간에 가상제가 끼어든다. 거사는 눈을 뜨고도 앞을 못 보는 당달봉사고 사당은 제 서방 놓아두고 만날 샛서방질하는 부정한 여자다. 거사의 지팡이를 사당이 잡고 나와 연기가 진행된다. 산달이 가까운 마누라를 위해 이웃 마을에 돈을 벌기 위해 경 읽으러 나간 동안 샛서방인 중이 찾아와 어울린다. 이윽고 술을 대접받고 취한 거사가 돌아온다. 이때 맹인이 술취한 모양을 연기하는 대목이 다시래기의 하이라이트로 맹인취인지상 盲人醉人之狀이라고 한다. 집에 돌아와 중이 사당과 어울린 것을 알게 된 거사와 중이 싸우는 중 마침 사당이 아이를 낳고 중과 거사는 서로 자기 아이라고 다툰다.

그런 와중에 아침을 맞이한 상여꾼들은 상여에 망자를 싣고 애 소리, 하적 소리, 아미타불 소리, 천근 소리 등의 상엿소리를 부르면서 묘지로 향한다. 시신을 매장할 때는 흥겨운 리듬에 맞춰 가래소리를 부른다. 마지막 여흥으로 여러 사람이 노래와 춤을 춘다. 이처럼 전통적인 상여꾼들의 놀이인 진도 다시래기는 1985년에 중요무형문화재 81호로 지정받았다.

상여꾼의 본적, 향도계

조선 초기 민간에서는 많은 계契 조직이 성행했는데, 그중에 공동 노동을 담당하던 두레와 장례 행사를 전담하던 향도계, 상도계 등이 향촌 사회에 깊이 뿌리내렸다. 향도계의 계원인 향도들은 마을에서 초상이 나면 공동으로 상복이나 널, 음식, 횃불 등 필요한 물건을 준비하고 상여를 메거나 무덤을 파는 일을 도왔다. 1423년(세종 5) 12월 20일, 세종이 가난한 사람들의 장례에 향도들을 동원하라고 명한 기록이 있다.

사람이 역질에 걸려 죽으면 산간에 갖다 놓고 풀로 덮어 장사하거나 나무 가지에 매달아 두었다가 향도들에게 매장을 청한다. 그런데 자손이 있고 부유한 집의 장례에는 사람들이 다투어 모여들어 매장하지만, 자손도 없고 가난한 집의 경우에는 시신을 버려두고 돌아보지 않아서 산불에 시신이 타기도 하고, 혹은 여우나 이리가 뜯어먹기도 하여 화기를 손상하니 안타까운 일이다. 이제부터 가난한 사람의 장례도 전부 향도에게 붙여 이를 감독하고 매장하게 하라.

상여꾼들이 핍박을 받게 된 것은 16세기경 향도 조직이 전국적으로 보급되면서 세력이 큰 사회집단으로 성장했기 때문이다. 그 무렵 중앙의 주도적인 정치 세력으로 성장한 사림은 유교의 상례 절차와 어긋난다는 이유로 불교나 무속 등을 음사陰邪로 규정했다. 여기에 향도가 포함된 것은 물론 지배 세력들의 착취와 수탈이 야기한 백성들의 조직적인 반발을 예방한다는 차원이었다.

향도계는 조선 초기부터 서울이나 지방 방방곡곡에서 조직되었는데, 계원 대부분은 평민이나 천민 등 하층민이었다. 그들은 향도계에 가입하기 위해서 일정액의 회비로 미포米布를 납부하고 초상이 났을 때 적극 협력하고 부조한다는 규약에 동의해야 했다. 이러한 향도계는 17세기 중엽 한성부에서 커다란 골칫거리가 되었다.

당시 한성부 향도꾼은 좁은 지역의 주민 중심에서 벗어나 한성부 전체를 지역 기반으로 하는 대형 조직으로 변모하고 있었다. 더군다나 계원으로는 일반 주민뿐만 아니라 무수한 도망 노비를 비롯해 기존 사회질서에 불만을 가진 하층민들이 대거 가입해 한 계당 계원이 수백 명에 달했다. 그로 인해 기고만장해진 향도꾼들은 중인 이하 집안의 노비들에게 가입을 강요하고 주인이 거부하면 해당 노비를 강제로 잡아다 강제로 가입시키고, 그 집 처녀를 보쌈하는 등 갖은 행패를 일삼았다.

《승정원일기》에 따르면, 영조대에 향도계 최고 우두머리인 존위尊位는 계원들을 동원해 자신의 집을 짓거나 담을 쌓게 했고, 계원들의 집에 초상이 나면 무료로 해주어야 할 운구에 금전을 받아 챙겼다. 심지어 운구 거리를 하루에 40리로 제한함으로써 멀지 않은 거리인데도 며칠씩 시간을 끌어 상주들을 괴롭혔다.

이처럼 한성부 향도계가 세력을 얻게 된 데는 크게 두 가지 요소가 있었다. 첫째, 그들은 지방 하층민들과 달리 상전에게 경제적으로 예속되어 있지 않았다. 둘째, 유동 인구가 많은 도회지인 만큼 익명성이 보장되었다. 농업이 쇠퇴하고 상업 인구가 늘어난 17세기 중엽 한성에는 수많은 상인이 들락거렸고, 그 틈에 지방의 도망친 노비나 소작인들이 득실거렸다. 게다가 양란 이후 양반층의 분열과 대립, 부조리한 신분제로 인한 반발도 한성부 향도계의 비대화를 촉진시켰다.

그 무렵 조선에는 향도계뿐만 아니라 검계나 동계 등 각종 반정부 조직들이 암약하고 있었다. 각종 사서에서는 이들을 사회혼란 세력으로 매도하는 등 매우 부정적으로 묘사하고 있지만 기실 그것은 부패하고 무능한 정부의 자업자득이었다. 어쨌든 당시 한성부 향도계가 사회적 문제를 일으키자 조정에서는 향약의 조항에 상장^{喪葬}에 대한 상호 부조 조항을 추가함으로써 문제를 근본적으로 해결하고자 했다.

지배층의 꼼수, 향약

향약은 조선의 지배층들이 향도계를 견제하기 위해 내세운 요긴한 도구였다. 중종 때 조광조가 처음 시행한 향약에는 훈구파와 연관된 지방 토호들의 향권을 빼앗아 정치이상을 실현하고자 하는 뜻이 있었다. 때문에 신분보다 나이를 존중하는 《여씨향약^{呂氏鄕約}》을 《소학^{小學}》과 함께 국문으로 번역하여 전국적으로 보급하고, 관권보다 더 강력한 처벌권을 발동하여 토호들의 횡포를 막으려 했다. 이들 사림의 급진적인 정책은 보수 세력의 반발로 인해 조광조 일파의 몰락을 가져왔다.

그 후 정부의 주도하에 다양한 형태의 향약이 만들어져 향촌 단위로 시행되었다. 그에 따라 지방 양반들은 회원 명부인 향안을 만들고, 양반

자치기구인 향회를 조직하여 공론을 모으고, 유향소의 향권을 장악했다. 그때부터 향약은 중앙과 지방 수령 간 유대를 강화하고 세력이 커진 사족의 친족과 결속을 강화하는 도구로 활용되었다.

향약은 두레나 향도 같은 공동체의 규모를 축소하고 삼강오륜의 유교적 도덕규범을 따르지 않는 자를 재판해서 벌을 주거나 마을에서 쫓아내기도 하는 등 축제적 성격보다는 교화와 통제의 성격을 강하게 띠고 있었다. 이 향약을 이용해 수령과 사족들은 억압과 수탈에 반발하는 평민과 노비들을 통제하고자 한 것이다.

"군역을 이용해 향도계를 해산시키고 향약으로 대신하게 하라."

1684년(숙종 10) 3월 22일 한성부에서는 골치 아픈 향도들을 징발해 군정軍丁에 채우는 한편 향도계를 폐지하고 향약을 전국으로 확산시키자고 독려했다. 하지만 일반 백성이 이에 호응하지 않으면서 부분적인 시행에 그쳤다. 그로 인해 상여꾼들의 세력은 더욱 막강해져서 1728년(영조 4)에 일어난 이인좌의 난에 가담하기도 했다. 경종이 죽고 영조가 즉위하자 소론 강경파 박필현, 이유익, 심유현 등이 소현세자의 증손인 밀풍군 이탄을 옹립하려 했고 이인좌를 비롯한 소론 강경파들이 동조하여 대규모 반란을 일으켰지만 관군에게 진압당했다. 그때 체포된 조덕규는 국문을 견디지 못하고 주모자 이유익이 지평砥平의 군사 40, 50명과 한양의 상여꾼을 규합해 동소문을 공격하려 했다고 자백했다.

유사시에 반역의 도구로 활용될 수 있는 상여꾼들은 수시로 거행되는 장례 행사에 반드시 필요한 존재였으므로 내놓기도 들여놓기도 껄끄러운 조직이었다. 조선시대 상여꾼들이 한강 건너인 노량진 근처 상도

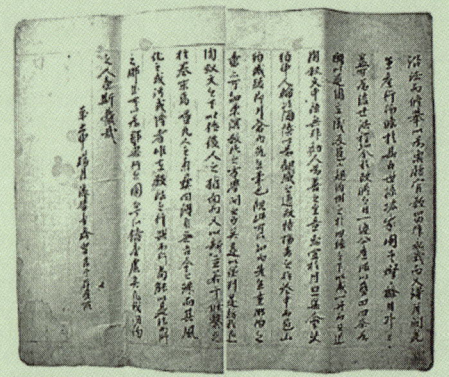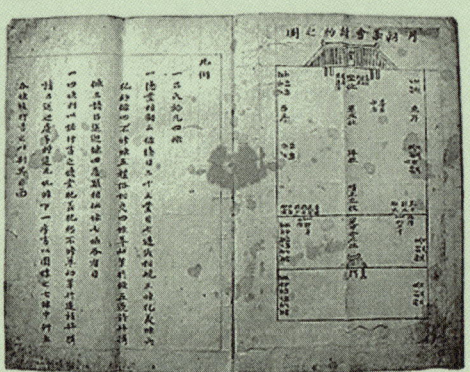

상주증손향약

이 향약은 당시까지 전해지던 한국과 중국의 여러 향약을 집대성했으며 경상북도 상주 지방 특유
의 사정을 감안하여 시행 가능케 증보하여 만든 것이다. 개인 소장

동上道洞(이곳에 상여꾼이 집단으로 거주하여 '상투굴'이라고 칭하던 데서 유래했다)에 집단 거주했다는 사실은 그들을 도성에서 일정 정도 떼어놓아야 했던 조정의 곤혹감을 대변해준다.

우리나라 상례 변천사

한국인은 일생 관혼상제라는 통과의례 네 번을 거쳐야 한다. 그 가운데 상례는 이승의 삶을 끝내고 또 다른 세계로 나아가는 사자 의례의 대표 행사다. 상례는 시대와 사회상에 따라 다양한 모습으로 연출되었는데 고대에는 오늘날의 풍속과는 달라서 사뭇 섬뜩한 느낌마저 든다.

《삼국지》 부여전에 따르면 부여에서는 순장殉葬과 지장遲葬 풍습이 있었다. 귀인이 죽으면 함께 묻히는 사람이 많을 때는 수백 명에 이르렀고, 장례 기간은 길면 다섯 달을 끌기도 했다. 계절이 무더운 여름철이면 얼음을 이용해 시신을 보관했다. 또 민간에서는 초분草墳(서남 해안이나 섬에서 송장을 풀이나 짚으로 덮어 두는 장례 방법. 3년 내지 10년 동안 그대로 두었다가, 살이 다 썩은 뒤에 뼈를 골라 시루에 쪄서 땅에 묻는다)과 같은 세골장洗骨葬을 행했다는 기록도 있다.

옥저에서도 세골장이 있었는데 길이 10여 장의 큰 목관을 만들어 목관 위에 사람의 머리가 들어갈 정도의 입구를 열어두고, 씨족 중에 누군가가 죽으면 모두 일시 가매장을 했다가 피육皮肉이 탈진한 뒤 뼈를 수습하여 곽 속에 다시 순서대로 넣으며, 토기에 쌀을 넣어 목관의 입부분에 매달아두었다고 한다.

고구려인들은 사람이 죽으면 100일간 미루었다가 성대하게 장례를 치르는데 재물을 많이 탕진했다고 한다. 순장 풍속은 고구려에도 있었지만 너무 많은 희생자가 나오자 248년(중천왕 1)에 공식적으로 금지했다. 신라시대에도 초기에 순장을 행했지만 503년(지증왕 3)부터 금지되었다. 이와 같은 기록으로 미루어볼 때 고대의 장례에는 영혼불멸 사상을 띠고 있는 순장이나 세골장 등의 무속적인 상례가 행해졌음을 알 수 있다.

4, 5세기경 전래된 불교와 유교, 7세기경에 전래된 도교는 한국인의 사상과 신앙에 커다란 변화를 가져왔다. 그와 함께 상례도 바뀌었음은 당연한 일이다. 백제와 고구려가 멸망한 뒤 성립된 남북국시대에 신라인들은 매장과 화장을 병행했다.

화장火葬은 불교의 다비茶毘에서 비롯된 장법으로 대표적인 예가 문무왕이다. 문무왕은 유언을 통해 자신의 시신을 화장한 다음 유골을 동해안에 있는 대왕암에 안치했다. 그 외에도 제34대 효성왕, 제37대 선덕왕, 제38대 원성왕 등이 화장 절차를 통해 저승으로 갔다. 당시 신라는 숭불숭유정책을 병용했으므로 민간에서는 불교식 다비와 유교식 매장 방식이 병용되었는데, 신라 말엽에 참위설讖緯說과 풍수지리설風水地理說이 들어오면서부터 매장 풍속이 성하게 되었다.

신라의 뒤를 이어 한반도 유일한 민족국가로 자리매김한 고려에서는 국가의 지도이념으로서 불교를 채택하는 한편 민심을 수렴하기 위하여 도참설圖讖說을 숭상하고 도선道詵의 지리참위설을 정치에 이용했기 때문에 상례와 장례는 불교와 풍수설에 많은 영향을 받았다. 묘청의 풍수설에 따라 천도를 계획하기도 한 고려 말기에 이르면 일반 대중 사이에도 묘상을 보고 장지를 결정하는 것이 유행했다. 풍수는 장풍득수藏風得水에서 유래한 말이다. 바람을 잠재우고 물을 얻음으로써 지기가 충만한 무덤이야말로 고려인들에게 이상적인 음택으로 인정받았다.

976년(경종 1)에 법제화된 분묘제도에 따르면 매장과 화장이 병행되었는데, 몽고 간섭기인 충렬왕 때 주자학이 전래되었고 유학자들이 득세하면서 커다란 변화가 일어났다. 유교를 숭상하던 신진 사대부들은 주자가례에 따른 매장을 장려하는 한편 공양왕대에 불교식 다비법을 금지했다. 하지만 민간에서는 여전히 불교와 무속의 상례를 따랐다.

조선시대에 들어와서 위정자들은 유교를 사회의 지도 이념으로 확립하기 위해 유교식 관혼상제를 권장했다. 당시 영혼불멸을 믿는 무속과 조상숭배를 내세우는 유교의 영혼관이 비슷했으므로 문화적 저항은 그리 크지 않았다. 때문에 유교식 상례는 무속과 불교식 상례와 섞여 있다가 시대가 흐르면서 차츰 우위를 점하게 되었다.

조선의 지배층들은 유교식 상례를 조선의 사회적 규범이던 사례四禮, 즉 관혼상제의 하나로서 준행을 법제화했고, 내부의 활발한 논쟁을 통해 이론적 근거까지 마련했다. 예학禮學이 바로 그것이다. 특히 1659년에 벌어진 기해예송己亥禮訟과 갑인예송은 정치적인 소용돌이를 불러왔지만 예학을 한 단계 끌어올리는 계기로 작용했다. 그럼에도 불구하고 당대의 학자들이 주자가례에 대한 의견 일치를 보지 못하자 유서 깊은 사대부 가문은 독자적으로 가례를 행하면서 가가례家家禮라는 말이 생겨났다. 지배 계층 내부에서조차 상례의 모범이 정착되지 않자 백성들은 유교식 상례에 나름의 전통적인 상례를 섞어 사용했다.

조선이 멸망한 뒤 상례에 외래 종교인 기독교가 들어오면서 사회 일
각에서 상여나 상엿소리, 상여꾼 등의 자취는 빠르게 사라져갔다. 게다
가 1912년에 발표된 화장취체규칙火葬取締規則에 따라 화장과 공동묘지
이용이 권장되고 1934년의 의례준칙, 1961년의 의례준칙, 1969년의 가
정의례준칙 등이 발효되면서 상례는 극도로 단순화되었다. 하지만 매장
이라는 오랜 풍습만은 완고하게 유지되어 한때 전 국토의 묘지화를 우
려할 지경이었다. 그러나 20세기 후반부터 복잡한 절차를 거쳐야 하는
매장보다는 간편한 화장이 대도시를 중심으로 급속히 확산되고 있다.

우리도 노예였다 ∘ 신량역천·궁녀

앞 못에 든 고기들아
뉘라서 너를 몰아다가 넣거늘 든다.
북해 청소北海淸沼를 어디 두고
이곳에 와 든다.
들고도 못 나는 정은
네오 내오 다르랴.

무명 궁녀의 시

신량역천

조선시대 양인과 천인의 가장 큰 차이점은 군역의 유무였다. 양인 가운데 16세에서 60세까지의 남자는 정남丁男이라 하여 요역과 군역의 의무를 부담했다. 토목공사나 잡역에 동원되는 요역 기간은 1년에 6일로 규정되었지만 실제로는 수시로 징발되었다. 한편 양인이 입속할 수 있는 군역은 정병正兵과 수군水軍이었다.

양인들의 복무형태는 크게 둘이었는데, 정군으로 당번 입역하는 형태와 봉족奉足으로서 정군을 운영하는 재정을 책임지는 형태였다. 게다가 양인인 농민에게는 공물이라는 지방토산물 공납의무까지 있었다. 이처럼 조선 사회에서 양인은 무거운 의무와 책임을 떠맡은 존재로서 이들이 내는 조세의 양에 따라 국가 재정이 좌우되었다.

조선 건국 직후 위정자들은 과감한 양인 확대 정책을 추진함으로써 재정 확보에 나섰다. 양천이 불분명한 자들을 양인으로 삼는 한편, 양인 남자와 천인 여자 사이에서 태어난 자식도 양인으로 등재했다. 그 결과 고려시대에 천인이었다가 조선에 들어와 양천이 불분명해진 다양한 계층이 신량역천身良役賤이란 계급으로 거듭나게 되었다.

신량역천은 양인이었지만 양인 취급도 천민 취급도 받지 못한 경계인들로 기존의 양인들이 기피하는 천역에 종사해야 했다. 그들은 국가 체계에 필수적인 기구에 소속되어 그 역을 자손에게 물려주어야 했다. 조례皂隷·나장羅將·일수日守·조군漕軍·수군水軍·봉군烽軍·역보驛保 등의 칠반천역七班賤役은 그런 과정을 통해 만들어졌다.

이들은 불분명한 신분으로 고된 일을 영위했지만 국가의 신역 체계에 포함되었으므로 양인의 주거지에서 함께 살았고 신분 상승의 기회가 있었다는 점에서 여타 천인들과 구별된다. 그러나 이들 역시 지배 계층인 양반들에게 극심한 차별대우를 받았다는 점에서 천인에 더 가까웠던 것으로 추측된다.

⊙ 조례

조례^{早隷}는 경아전^{京衙前}으로 여러 관서에 배속되어 수종·호위·사령 등의 임무를 수행하던 하급군관이었다. 이들의 복장은 검정색건, 청색 단령, 도아 등을 착용하고 납폐를 찼다. 공주나 옹주를 호위할 때는 초록 단령을 입었는데 때론 주황색 옷을 입기도 했다. 1466년(세조 12) 이후에는 체아직조차 지급되지 않았고 녹봉도 없었다.

병조의 지휘를 받은 이들은 구체적으로 종친부·의정부·충훈부·중추원·의빈부·돈녕부·육조·한성부·사헌부·개성부·충익부·승정원·장례원·경연·성균관·훈련원·상서원·종부시 등 중앙 관서와 종친과 고위 관리들에게 배속되어 있었다. 이들은 경기도나 주변의 농민 가운데 차출되어 3교대로 1개월씩 복무했는데, 한 번에 복무하는 인원은 430여 명이었다. 나장과 신분이나 복무 조건이 비슷하여 같은 이름으로 불리기도 했다.

⊙ 나장

나장^{羅將}은 나졸^{羅卒}이라고도 하는데 의금부·병조·오위도총부·사헌부·사간원·평시서·전옥서 등에 배속되어 잡역을 수행했다. 조선시대를 무대로 하는 영화나 드라마의 국문 장면에서 볼 수 있듯이 이들은 검은 까치두루마기 차림에 깔때기를 쓰고 고급 관원의 시종과 죄인을 문초할 때 매질, 압송 등을 맡았는데 손에는 늘 주장朱杖을 들고 다녔다. 영조 때 사헌부에서는 소유所由, 병조·형조·오위도총부·전옥서에서는 사령使令, 사간원에서는 창도唱導 등의 이름으로 불렸다.

⊙ 일수

일수日守는 문졸門卒, 사령使令, 나졸羅卒 등의 이름으로 불렸다. 주로 지방 관아나 역참에 방문한 손님을 접대하고, 관사를 짓거나 둔전을 일구는 등의 잡일에 종사했다. 정약용의 《목민심서》에 따르면 이들은 광대나 거지 출신 신량역천으로 지방에서 다양한 권력을 휘둘렀다고 한다. 이들에게는 혼권閻權, 장권杖權, 옥권獄權, 저권邸權, 포권捕權이 있어 백성들이 이리 떼같이 두려워하므로 이들을 방치하면 백성들이 곤궁에 빠진다고 경고했다.

혼권이란 백성들이 관아에 소장을 가져오면 아전과 관련되어 있는지 미리 살핀 다음 며칠간 안에 전달하지 않고 문에서 막는 행위를 말한다. 때문에 백성들은 쓸데없는 품삯만 버리고 눈물을 흘리며 돌아가야 했다. 장권은 뇌물을 먹고 매를 가볍게 치고 원한이 있으면 사납게 치는 것이다. 옥권이란 죄인의 형틀을 벗겨주는 재량권이다.

저권은 문졸의 수입에 관련된 권력이다. 본래 관용지로 큰 고을에는 20결, 중간 고을에는 16결, 작은 고을에는 12경이 주어졌는데, 문졸들은 수령의 명을 받고 그곳에 가서 소출을 관리했다. 그 과정에서 이들은 무려 50냥짜리 밥을 먹기도 하고, 수백 냥을 받은 다음에서야 농민들의 하소연을 수령에게 전달했다. 이를 지방에 따라 동령動鈴, 조곤釣鯤, 나가세羅家稅라고 불렀다.

포권이란 관에서 백성들을 불러들일 때 챙기는 돈이다. 소송인이 무고하거나 아전이 사실에 없는 일을 고발하면 수령은 이를 믿고 당사자에게 심부름꾼을 보내 통지했다. 그때 소식을 전하는 일수가 예전禮錢이라는 명목으로 부자에게는 500전, 가난한 자에게는 200전을 받아 챙겼고, 심지어는 마을 잔치까지 벌여야 했다. 이런 폐단이 너무 커서 다산은 도둑 잡는 일 외에는 포졸을 마을에 보내지 말아야 한다고 경고하기까지 했다.

◉ 조군

조군漕軍은 조졸漕卒이라고도 하는데 조운선漕運船의 선원이지만 세분하면 사공沙工 · 격군格軍 · 조군漕軍 · 수부水夫 등으로 구분된다. 조선 전기에는 선군船軍이 해상 방어와 함께 조운 업무를 담당했다. 그 때문에 해상 방어가 허술해지고 선박도 망실되는 경우가 많았다. 1425년(세조 7) 조정에서는 병조선제도兵漕船制度를 실시하면서 조운 정책을 관운官運으로 전환했다. 이때 조운 업무를 전담하게 한 조졸을 조군이라고 했다. 조군은 1470년(성종 1) 2470명 규모로 출발하여 5960명으로 확정되었다. 이들은 조선 1척에 30명씩 배속되어 1년씩 교대로 근무했는데, 비번인 조졸은 신포身布를 납부하여 사공 · 격군의 급료와 조운시 필요한 기타 경비를 부담했다.

조군의 역은 원래 양민들의 몫이었지만 조운 도중 선박의 침몰로 인한 익사의 위험성과 함께 장기간 고된 해상 근무가 주어지면서 차츰 천역화되었다. 한편 조졸로 선발된 자들이 역을 기피하는 일이 잦아지자 1485년(성종 15)부터 일단 조졸로 선발되면 그 자손도 대대로 역을 계승하게 했다.

⊙ 수군

수군水軍은 바다에서 국방의 임무를 맡았지만, 그 외에도 둔전 경작, 어염이나 기타 해산물 채취, 병선 수리, 축성 등의 잡역에 종사했다. 조선 건국 초기에 수군은 선군船軍 또는 기선군騎船軍 등으로 불리면서 규모가 확장되어 시위패侍衛牌 등이 편입되기도 했다. 세종 때에 이르면 정군正軍 약 5만 명에 병선兵船·각포설진各浦設鎭 등의 정식 편제가 이루어졌다.

수군은 입번할 때 봉족과 더불어 군량과 각종 경비를 준비한 다음 배에 올라 경계 근무와 각종 해상 훈련을 받았다. 훈련 내용은 병선의 운영, 화포의 사용, 수전水戰 요령 등이었다. 수군은 본래 양인만을 받아들였지만 힘든 육체노동이 요구되었고 육군인 시위패나 영진군처럼 말[馬]이 필요치 않았으므로 힘없고 가난한 사람들이 주로 입속했다. 복무 기간도 큰 부담이었다. 수군의 번차는 2번1삭상체二番一朔相遞, 즉 2교대로 1개월씩 근무했으므로 1년에 6개월을 복무해야 했다. 이는 정병의 8번2삭상체八番二朔相遞 즉 8교대로 2개월씩 근무하는 것보다 몇 배 무거운 부담이었다.

조선 초 수군의 지휘 체계는 각 도별로 1명 또는 2명의 수군도절제사가 본영을 근거지로 지휘하고, 그 아래 각 포·진에 수군도첨절제사·수군처치사 등을 두었다. 세종 때 병마도절제사의 수군통수 문제와 관련하여 몇 차례의 개편을 거친 끝에 수군도안무처치사 체제가 확립되고, 그 밑에 도만호·만호가 배치되었다.

《경국대전》에는 수군도 진관鎭管 체제에 따라 각 도마다 주진主鎭·거진巨鎭·제진諸鎭으로 편제되어 주진에는 수군절도사, 거진에는 수군첨절제사, 제진에는 만호가 배속되었다. 병선 수는 대맹선大猛船 81척, 중맹선 195척, 소맹선 461척으로 기록되어 있다. 또 대·중·소 맹선마다 승선 인원 규정이 있어 대맹선 80명, 중맹선 60명, 소맹선 30명이었다. 이러한 승선 인원과 배의 수를 곱하면 총 2만 4400명으로 수군 총수의 반이 되며, 이는 수군의 2번 교대와 부합된다.

그 후 힘든 수군 근무조건 때문에 사람을 사서 군역을 대신하는 대립代立, 첨사僉使와 만호가 수군으로부터 면포를 받고 군역을 면제시켜 주는 방군수포放軍收布가 일반화되어 갔다. 그 와중에 양천불명자·죄인 등이 수군에 충원되면서 양인의 입역은 줄어들었다. 조정에서는 수군에게 명예직을 수여하고[授職], 요역을 면제해 주었으며[復戶], 부자완취父子完聚 등, 여러 혜택을 주었지만 양인들은 수군 입역을 기피했다. 때문에 성종은 수군도 한번 들어오면 대대로 세습시켜버렸다. 그 때문에 수군의 천역화가 가속되어 칠반천역의 하나가 되었다.

⊙ 봉군

봉군烽軍은 봉수대를 지키는 군사들이다. 높고 전망이 트인 산봉우리에 설치된 봉수대는 외적이 침입하거나 난리가 일어났을 때 낮에 연기를 올리거나 밤에 횃불을 피우는 방법으로 급보를 중앙에 전했다.

우리나라 봉수제도는 고려 의종 때 확립되어 조선으로 이어졌다. 1422년(세종 4)에 각 도의 봉수대 시설을 정비하기 시작하여 1438년(세종 20)에 완비했다. 연해나 변방에 설치된 각 연변봉수에는 목수가 쓰는 자로 높이 25척, 둘레 70척의 봉수대를 쌓고, 그 아래에 깊이·너비 각 10척의 참호를 팠다. 봉수대 위에는 임시로 집을 지어 각종 병기와 생활용품을 갖추고 봉군과 오장이 함께 생활하게 했다.

전국의 봉수가 집결하는 곳은 한양의 목멱산 봉수대, 곧 경봉수대였다. 여기에 배속된 인원은 봉수군 4명·오원(오장) 2명이었다. 그 외에 연변봉수대에 봉수군 10명·오장 2명, 내지봉수대에 봉수군 6명·오장 2명이 배속되었다. 조선 전기에는 전국에 650여 개의 봉수가 있었고, 봉화는 전황에 따라 5번까지 올리는 5구분법으로 되어 있었기 때문에 각 봉수마다 봉수대 5기가 있었다.

전국의 봉수는 경흥·동래·강계·의주·순천의 5개 봉수대를 기점으로 하여 서울 목멱산의 제1봉에서 제5봉의 봉수대로 집결되었는데, 제1봉의 봉수대는 함경·강원도에서 오는 봉수를 양주 아차산 봉수대로부터, 제2봉 봉수대는 경상도에서 오는 봉수를 광주 천림산 봉수대로부터, 제3봉 봉수대는 평안·황해도에서 오는 봉수를 무악산 동봉의 봉수대로부터, 제4봉 봉수대는 평안·황해도의 해안에서 오는 봉수를 무악산 서봉의 봉수대로부터, 제5봉 봉수대는 전라·충청도에서 오는 봉수를 양천 개화산 봉수대로부터 각기 받았다.

이처럼 전국에서 올라온 봉수의 정보를 목멱산 봉수대의 오원이 취합해 병조에 종합 보고하면 병조에서는 매일 새벽 승정원에 알려 임금에게 보고했다. 1894년(고종 31) 현대적 전화통신 체제가 도입되면서 봉수 제도는 폐지되었다.

⊙ 역보

역보驛保는 역의 향리층인 역리驛吏를 뜻한다. 이들은 전국 각 처의 역에 소속되어 사신의 생활용품을 대주거나 공문서 전달, 역마 사육과 관리, 역전 경작 등 잡다한 업무를 수행했다. 이들은 일반 행정단위의 향리보다는 낮은 대우를 받았다. 일단 역리와 일반 주현州縣의 향리는 호칭에도 차이가 있었다. 군현郡縣 이상의 향리는 호장戶長으로, 향·소·부곡·진·정·역리는 장長이라고 불렀고 직제나 승진 규정도 불확실했다. 이런 차별 배경에는 고려의 통일전쟁 당시 태조에게 끝까지 대항했던 지역의 귀족을 역리로 삼았기 때문이다. 그래도 일반 양민보다는 신분적으로 우위를 점하던 역리의 지위는 시간이 갈수록 떨어지다가 마침내 조선 초에 이르러 신량역천 계층으로 전락하기에 이른다.

조선 개국 뒤 역망驛網은 한양의 경복궁 앞을 기점으로 개편되었으나, 거의 고려의 제도를 답습하여 중앙으로부터 각 지방에 이르는 30리마다 도로에 설치하는 것을 원칙으로 했고, 주로 대로변 주현州縣 각 읍에 설치했다. 각 도道에는 종6품 찰방과 종9품 역승을 파견하여 도내의 역정을 관할하게 했다. 이들의 관할하에 각 역에는 역장·역리·역졸 등을 두어, 역의 관리와 공역公役을 담당하게 했다.

《경국대전》에 따르면 총 537곳의 역을 찰방 23명, 역승 18명이 관리하게 했는데, 경기도에 찰방 3명·역승 3명·53역, 충청도에 찰방·역승 각 3명·71역, 전라도에 찰방·역승 각 3명·59역, 경상도에 찰방 5명·역승 6명·151역, 강원도에 찰방·역승 각 2명·82역, 황해도에 찰방 1명·역승 2명·33역, 함경도에 찰방 3명·52역, 평안도에 찰방 2명·34역 등을 두었다. 1535년(중종 30) 역승은 완전히 혁파되고 찰방으로 대치되었다. 역은 병조에서 관할했고, 우역 사무의 실무는 병조 산하의 승여사乘輿司에서 담당했다.

역의 운영을 위해 마필馬匹과 역전驛田 12결結, 마필의 사육을 위해 지급한 마전馬田이 있었다. 대마大馬에 7결, 중마에 5.5결, 소마에 4결을 지급했다. 이 밖에도 공수전公須田·장전長田·부장전副長田·급주전急走田 등이 지급되었다.

공수전은 관리접대비에 충당하기 위한 것으로, 역의 대·중·소로에 따라 대로大路에 20결(황해도에는 25결, 평안·함경도에는 10결을 더 지급), 중로에 15결(평안·함경도에는 7결을 더 지급), 소로에 5결을 지급했다. 장전은 역장에게 준 것으로 2결, 부장전은 부역장에게 준 것으로 1.5결, 급주전은 급주졸急走卒에 준 것으로 50부負였다.

1597년(선조 30) 조정에서는 유사시 변경과의 연락 차질을 우려하여 통신만을 위주로 한 파발擺撥제도를 두었고, 역로 이용은 원칙적으로 공무에 국한했다. 하지만 공무에 준하는 사용私用에도 파발을 허가한 수시급마隨時給馬 규정 때문에 남승濫乘의 폐를 초래하기도 했다. 우역 제도는 근대식 우편 제도가 도입된 1884년(고종 21) 이후 존폐가 논의되어, 1895

년 우체사郵遞司가 신설되면서 임무를 넘기고 폐지되었다. 여기에 지급된 역토驛土는 군부에서 관할했다가 다시 탁지부 내장원에 이관, 순종 때 다른 둔전과 함께 국유화했다.

⊙ 그 밖의 신량역천

칠반천역 외에도 조선 초기에 신량역천에 해당하는 신분으로는 수릉군守陵軍, 재인才人, 간干, 척尺 등이 있다.

수릉군은 태조 때부터 있었다. 1445년(세종 27) 개별 국가 기관에서 수조하던 토지를 국가에서 직접 수조하도록 과전법 운영 체계를 바꾸면서 국가에 역을 부담하고 있는 사람에게 토지를 지급하던 것을 폐지했으나, 이 토지는 빙부전氷夫田과 함께 그대로 남았다. 조선 후기에 김육의 노력으로 대동법大同法이 실시되면서부터 대동미 12말만 면제하고 전세를 부과했다. 왕릉을 조성하면 무덤마다 2~3명에서 70명까지의 수릉군을 배정하여, 이들이 무덤을 수호하는 역에 종사하는 동안 급료를 주지 않는 대신 스스로 경작할 수 있도록 1인당 2결씩 지급하고 동시에 국가에 내는 전세를 면제해 주었다.

재인은 경중우인이라고도 하는데 재인백정과는 달리 조선시대 서울에 살면서 왕 또는 종친을 위한 연회나 공연 행사에 출연한 놀이꾼, 즉 광대였다. 조선 전기에 이들은 서울의 사대문 안에 거주하며 궁중행사에 동원되었고, 왕의 행차나 외국 사신을 영접할 때 전국의 놀이꾼들과 함께 나례희를 펼쳤다.

간과 척은 고려에서 조선 초기까지 수공업 등 천한 일에 종사하던 계층이다. 간에는 왕실이나 국가의 권력 기관에 소속되어 부역을 바치는 처간處干, 특수 기관에 소속되어 건조물을 관리하는 직간直干, 연해 주군의 염전에서 소금을 굽는 염간鹽干, 광산에서 광물을 채굴하는 철간鐵干, 조운의 보조로 강에 설치된 수참에 소속된 뱃사공인 수참간水站干, 물고기를 잡는 생선간生鮮干, 목장에서 우마 사육에 종사하는 목자간牧子干, 봉화대에서 일하는 봉화간烽火干 등이 있다. 또 척에는 진척津尺·양수척楊水尺·수척水尺·화척禾尺·묵척墨尺·도척刀尺 등이 있다.

본래 특이한 직역을 치르는 자를 '모척某尺'이라고 부르는 관행은 신라 때부터 시작되었는데, 고려시대에는 일반 양인과 엄격히 구분하여 특수 지역에 거주하게 하고 양인의 권리가 주어지지 않았다. 이에 비해 간은 노비가 아니면서도 특정 기관에 예속하여 정역을 바치던 자들을 가리키는 용어였다.

이들은 노비와는 엄연히 다른 양인 신분을 갖고 있었지만 입사 자격이 없는 세습적인 천역 부담자라는 점에서 양인 신분에 천업으로 간주되었다. 그 후 간척은 보충군補充軍에 입속이 허락되고, 입역을 마치면 수직受職도 가능하게 되었다. 이러한 사실은 간척에 대한 양인으로서의 신분 보장과 천역 부담의 철폐를 제도적으로 확인해 주는 것이며, 그 소멸을 촉진시키는 역할도 했다. 따라서 간척은 차츰 소멸되어 조선 초기 이후 나타나지 않았다.

궁녀

궁녀는 조선시대 대궐에서 일하던 여관으로 내명부內命婦 소속이었다. 조선의 여관 제도는 1392년(태조 6) 조준 등의 건의로 규정을 마련했다. 1428년(세종 10)에는 궁내의 모든 여관을 내관內官과 궁관宮官으로 나누고 품계와 명칭, 직위까지를 명시하게 했으며, 성종 때 완성된《경국대전》에서 이를 수정 보완했다.

내관은 임금의 후궁으로 빈嬪·귀인貴人·소의昭儀·숙의淑儀·소용昭容·숙용淑容·소원昭媛·숙원淑媛 등 정1품에서 종4품까지의 품계를 받았다. 이들은 신분이 좋은 가문에서 정식으로 맞아들인 경우와 한미한 가문 출신 궁녀가 왕의 승은을 입은 경우가 있었다.

궁관인 궁녀는 실무직으로 직책에 따라 정5품 상궁부터 종9품 주변궁까지의 품계를 받았다. 그중에 9품직은 임시직으로 궐내에 연회가 있을 때 들어오는 기생들의 명예직이었다. 그 외에도 궐내에는 잡역에 종사하는 천인들이 많았다. 무수리는 각 처소에서 궁녀들이 부리는 계집종이었고, 비자는 궁 밖으로 편지를 배달하고 답장을 받아오는 일종의 집배원 역할을 했으며, 각심이는 궁녀들 방에서 살림살이를 책임졌다. 한편, 의녀들은 간단한 진맥이나 침구를 배워 궁녀들의 질병을 다스리고 왕비나 후궁이 출산할 때는 조산부 노릇까지 했다. 또 신분이 관기인 의녀들도 있었다.

궁녀는 업무에 따라 선발 연령이 달랐는데 지밀나인은 4~5세, 침방과 수방은 7~8세, 나머지는 13~14세 때 궁에 들어와 생각시로 불렸다.

이들은 견습 나인으로서 단체 생활을 하며 궁중의 예의범절과 실무 교육을 받았다. 보통 12세 이상이 되면 처녀성을 검사했는데, 앵무새의 피한 방울을 팔에 떨어뜨려 피가 묻지 않으면 처녀가 아닌 것으로 판단하고 출궁시켰다. 15세가 되어 관례를 치르면 항아로 불리는 정식 나인이 되어 실무에 동원되고, 독립된 방을 사용했으며, 각방서리란 하녀를 둘 수 있었다.

궁녀의 임무는 크게 침전 담당인 지밀至密, 의복 담당인 침방針房, 자수 담당인 수방繡房, 세숫물 담당인 세수간洗手間, 간식 담당인 생과방生果房, 수라 담당인 소주방燒廚房, 빨래 담당인 세답방洗踏房 등으로 구분되었다.

이들 각 부서를 총괄하는 궁녀의 우두머리는 제조상궁으로서 일명 큰방상궁이라고 했다. 제조상궁은 대전의 어명을 받들고 내전의 살림살이를 주관하는 임무를 맡았는데, 궁녀 중에 학식과 인품이 뛰어난 사람을 선발했다. 궁녀 중에 으뜸으로 권세와 권위가 대단해서, 분량만 적을 뿐 수라상과 가짓수가 같은 상을 받았다. 제조상궁이 움직일 때는 세수간 나인과 비자가 수행했다.

부제조상궁은 일명 아랫고상궁이라고 하는데 제조상궁의 후계자로서, 왕의 귀중품은 물론 수라에 쓰이는 반상기용인 은기·자기와 유기와 비단 등이 있는 아랫고의 물품 출납을 담당했다.

대령상궁은 일명 지밀상궁이라 했다. 항상 왕의 곁에서 시종하면서 어명을 받드는 궁중의 실세로서, 내관들과 함께 상의하여 침전 행사도 관장하는 요직이었다.

보모상궁은 왕자와 공주 등의 양육을 맡은 나인들의 총책임자였다.

동궁에 두 명, 그 밖의 궁에는 한 명씩 배치되어 있었다. 일명 아지라고도 불렸다. 보모상궁은 모시던 왕자가 즉위하게 되면 종1품 봉보부인에 제수되고, 내명부가 아니라 외명부로 이전되었다. 후궁을 제외하고 궁녀가 받을 수 있는 최고의 품계였다.

시녀상궁은 지밀에서 궁중 서적의 관리, 글의 낭독과 정서, 대소 잔치의 내연에 좌우 찬례, 전도 · 승인 · 시위 등의 거행, 각 종실과 외척들의 집에 내리는 하사품에 관한 업무, 사당의 관리와 곡읍^{哭泣}, 왕비와 왕대비의 본댁 방문 등의 임무를 행했다. 상기 상궁들 외에 각 처소에는 뚜렷한 직함이 붙지 않은 일반 상궁들이 7~8명씩 배치되어 나인들을 지휘하고 업무를 책임졌는데, 통상 마마님으로 불렸다.

궁녀들은 한번 입궁하면 늙고 병들기 전까지는 궁궐 밖으로 나갈 수 없었다. 예외라면 모시던 상전이 승하할 경우 3년 상을 치른 뒤 집으로 돌아갈 수 있었다. 나이 들어 궐 밖으로 나간 궁녀들도 일반인과의 혼인은 금지되었으므로 외로움을 잊기 위해 한 마을에 모여 살았다.

⊙ 궁녀의 조건

요즘 역사 드라마를 보면 조선의 궁녀가 고귀한 여관으로서 존중받은 것 같지만 본질적으로는 천한 노비였다. 그녀들은 여러 관청에서 부역하던 공노비들보다는 처지가 나았지만 궁궐이란 특수 지대에서 숨 막히는 감시와 엄한 규율에 갇혀있던 노예에 불과했다.

원칙적으로 양인은 궁녀가 될 수 없었다. 때문에 궁녀는 각 관청에 소속된 여자 노비 가운데 선발해야 했다. 개국 이후 1698년까지 155년간

왕의 전교를 수록한 불문법 자료집인《수교집록》에도 이 규정이 수록되어 있고, 1746년에 편찬된《속대전》과 1865년에 편찬된《대전회통》에 명문화되어 있다. 이에 따라 궁녀는 반드시 공천公賤 출신이어야 하고, 그중에서도 중앙 관청 소속인 사비寺婢는 임금의 특명이 있어야만 임용이 가능했다. 그러나 내비內婢, 즉 내수사나 궁방 소속 노비는 언제라도 궁녀가 될 수 있었고, 종친부나 의정부 소속 노비는 궁녀가 될 수 없었다. 여기에는 양인이나 사비를 추천하거나 들여보낸 자는 장杖 60대, 도徒 1년에 처한다는 엄한 벌칙조항까지 부기되어 있다.

물론 조선 초기인 1397년(태조 6) 전 판서 김원호의 딸이 궁녀가 되는 등 다양한 경로를 통해 양인들이 입궁하는 경우는 많았다. 이런 예외 경우에도 선발 기준은 엄격해서 조상 중에 죄인이 없고, 집안에 병자도 없어야 했으며, 첩의 자녀들은 무조건 탈락했다.

이와 같은 법전의 궁녀 선발 규정이 공식적으로 깨진 것은 효종대였다. 1653년(효종 4) 효종이 이전까지의 관례를 깨고 양인의 여식을 뽑아 궁녀로 삼으라고 내수사에 명한 것이다. 그에 따라 내관들이 민간을 수색하자 여염집에서 여식들을 감추거나 10세 이상의 여식을 앞다투어 혼인시켰다. 이는 마치 과거 원이나 명·청에 공녀로 끌려가지 않게 하려고 조혼 풍습이 생긴 것과 흡사했다. 당시 백성들이 궁녀를 3D 업종의 하나로 인식했음을 알 수 있다. 기실 궁녀는 승은이라는 기적이 일어나지 않는 한 평생 독신으로 늙어야 하는 비구니와 다름없었다.

현종대에는 대기근이 수시로 엄습해 수많은 백성이 객사하고 유리걸식하며 산천을 떠돌았고 한양에서 쌀을 구할 수 없어 관리들까지 굶주린

배를 움켜쥐어야 했다. 그 와중에 임금이 형조에 명하여 궁녀를 증원하게 하자 별감들이 여염집의 양인 여자들을 궁녀로 뽑아 들였다. 여기에는 분명히 부정한 요소가 개입되었겠지만 임금은 눈을 감아 주었다.

양인들이 자식들을 입궁시킨 배경에는 궁녀의 월급이 무척 많았기 때문이다. 나인은 한 달에 쌀 4말, 콩 1말 5되, 북어 13마리를 받았고, 품계가 높은 상궁에 이르면 쌀 16말 5되, 콩 5되, 북어 80마리를 받았다. 게다가 연말이나 명절에 특별 보너스까지 받아 재테크를 하는 상궁들도 있었다. 국가 경제가 도탄에 빠졌던 만큼 당시 기아선상에 허덕이던 양민들이 자식들을 궁궐에 보내서라도 먹고 살겠다는데 어찌 벌할 수 있었겠는가.

그런데 조선에서는 왜 궁녀의 자격을 천민으로 제한한 것일까. 이는 양반 관료들이 왕권을 견제하기 위한 장치였을 뿐만 아니라, 양인들 역시 자식들의 입궁을 달갑게 여기지 않았기 때문이다. 조선은 사대부들의 나라였다. 양반 관료들은 왕의 신하이기 이전에 당파의 일원이었다. 개국 초기에 태종과 세조 같은 강골들은 이런 사대부들을 억누르기도 했지만 사림이 조정의 주체가 되면서 다시는 그런 사태가 일어나지 않았다. 그에 반발한 광해군과 연산군은 군왕으로서 치욕적인 반정의 희생자가 되기도 했다.

이런 상황에서 양인 출신 궁녀가 늘어나면 그녀들을 이용하려는 정치 세력이 등장하기 마련이다. 숙종대 중인 가문에서 들어온 장옥정은 남인들의 후원을 받아 중전의 자리에 올랐고, 영조의 어머니 숙빈 최씨는 인현왕후를 지지하던 서인들의 다크호스로 낙점되기도 했다. 이런저런 상황을 대입해보면 역시 궐내의 기밀을 많이 알게 되는 궁녀는 연줄이 없는 천인들이 제격이었다. 그렇듯 막후에서 벌어진 왕권과 신권의 상호 견제 속에 궁녀를 천인으로만 뽑는다는 암묵적 동의가 이루어진 것으로 보인다.

⊙ 죽음으로 상전을 지키다

조선의 궁녀들은 어린 시절 궁에 들어와 상전의 거취에 따라 운명을 함께하는 비운의 존재였다. 때로는 충성스런 종복으로 때론 역사의 관찰자로서, 때론 음모의 가담자로서 다양한 기록을 남겼다. 그들의 사연은 정사나 야사를 통해 이루 헤아릴 수 없을 정도로 많이 알려져 있다.

그 가운데 가장 드라마틱한 전설을 남긴 궁녀는 숙종대에 입궁해 간택에 의하지 않고 중전의 지위에까지 오른 장희빈이다. 그녀의 이름은 본래 옥정으로 당대의 갑부이던 역관 장현의 종질녀였다. 장안의 미녀로 이름난 그녀는 천출로서 장렬왕후의 동생 조사석과 숙종의 종친인 동평군 이항의 주선으로 입궁해 궁녀가 되었다.

얼마 후 장렬왕후의 상궁으로 있다가 숙종의 눈에 띈 그녀는 1686년 숙원, 1688년 소의가 되었고 1689년 원자 이윤이 왕세자에 책봉되자 희빈에 봉해졌다. 그 후 인현왕후가 폐출되면서 중전이 되었지만 1694년 인현왕후가 복귀하자 다시 희빈으로 강등되었다. 1701년 무녀와 궁녀를 동원해 인현왕후를 저주한 일이 발각되어 장희빈은 43세의 나이로 사사되었다.

한 몸에 영욕을 담고 후세에까지 이름을 남긴 장희빈도 있지만, 목숨을 걸고 상전을 지키려다 비극적인 최후를 마친 궁녀도 많았다. 특히 치졸한 시아버지 인조에게 모살당한 소현세자의 부인 강빈의 시녀들이 눈에 띈다.

정변을 통해 광해군을 축출하고 보위에 오른 인조는 서인들의 무모한 친명 정책에 맞장구를 치다가 청 태종 황태극에게 두 차례 삼배구고두례三拜九叩頭禮(세 번 큰 절을 올리고 한 번 절할 때마다 세 번씩 머리를 바닥으로 조아리는 만주식 항복 예식)라는 치욕을 겪었다. 그 후 인조는 심양에서 오랜 인질 생활을 마치고 돌아온 맏아들 소현세자가 청에 호의적인 태도를 보이자 은밀히 독살시킨 다음 심양에서 남편의 외교 활동을 적극 후원했던 며느리 강빈에게도 화살을 겨누었다.

1645년(인조 23) 인조는 소현세자의 종인 신생을 사주해 저주 사건을 일으킨 다음 맏손자인 이석철의 보모 최상궁을 체포해 강빈을 모함하려 했지만 실패했다. 그러자 인조는 또 다시 저주 사건을 조작해 강빈의 시녀들을 잡아들여 상전의 음모를 토설하라고 다그쳤다. 그러나 심양관 시절부터 강빈의 은혜를 입은 시녀들은 극심한 고문에도 입을 다물고 죽어갔다. 인조는 거듭 실패하면서도 며느리에 대한 살의를 거두지 않았다.

1646년(인조 24년) 1월 3일, 인조는 자신의 수라상에 오른 전복 구이에 독이 섞여 있다는 핑계로 강빈의 시녀 정렬·계일·애향·난옥·향이 등 다섯 명과 소주방 나인 천이·일녀·계미 등 세 명을 내옥에 가둔 다음 국왕 시해 음모를 자백하라며 고문을 가했다. 그와 함께 강빈을 후원 별당에 가두고 구멍을 뚫어 음식을 넣어주게 한 다음 시녀들의 접근을 차단했다. 또 강빈과 말을 나누는 사람은 엄벌하겠다고 궁인들을 협박했다.

　며칠 뒤 인조는 신료들이 모인 자리에서 소현세자가 심양에서 가져와 연못에 넣어 기른 빨간 물고기에 독이 있었는데, 강빈이 그 물고기를 이용해 자신을 독살하려 했다면서 심양에서부터 강빈과 함께 지낸 궁녀를 모조리 잡아다 문초했다. 하지만 궁녀들은 가혹한 고문에 시달리면서도 조작된 각본을 승인하기를 거부하고 죽음을 택했다. 강빈 역시 간악한 시아버지에 의해 목숨을 잃고 말았다. 이처럼 부조리한 세상, 복잡다단한 인간관계의 주변에는 마음껏 자신의 삶을 선택할 수 없던 슬픈 궁녀들의 운명이 있었다.

세계의 천민

° 인도의 달리트 · 일본의 부라쿠민 · 유럽의 집시

인도의 달리트

인도에서 힌두교도들은 세계에서 가장 오래된 신분제도인 카스트의 지배를 받고 있다. 그로 인해 인도인의 의식 속에는 모든 인간이 불평등하다는 인식이 잠재되어 있다. 힌두교 전설에 따르면 세상이 창조될 때 신의 입에서 브라만(승려, 교육자), 팔에서 크샤트리아(통치자, 군인), 허벅지에서 바이샤(상인, 거래인), 발에서 수드라(노동자)가 나왔다고 한다. 이에 속하지 않는 다섯 번째 계층이 아츠유타achuta, 또는 불가촉천민[untouchable]이라 불린다.

인도의 최하층 계급인 불가촉천민들은 전 인구의 약 15퍼센트에 해당하는데 정당한 교육이나 직업을 갖지 못하고 대부분 비천한 오물 처리나 가죽 가공, 시체 처리, 도살 등에 종사하고 있다. 우리나라로 따지면 백정에 비견된다. 현대에 들어와 이들의 명칭은 간디가 지어준 '신의 아이들'이란 뜻의 하리잔Harijan이나 '억압받는 사람들'이란 뜻의 달리트Dalit로 불리고 있다. 이들이야말로 현대에 남아있는 천민의 대표적인 케이스라 할 수 있다.

달리트 출신으로 가장 유명한 인물은 암베드카르Bhimrao Ramji Ambedkar다. 그는 최초로 대학 교육을 받고 미국과 영국 등지에서 유학 생활을 한 뒤 귀국해 교수생활을 했다. 하지만 상위 계급 출신인 동료 교수들로부터 휴게실의 식수 음용을 금지당하는 차별 대우를 받았다. 그와 같은 상황에 분개한 암베드카르는 1927년 달리트 1만여 명을 이끌고 상위 카스트에게만 허락된 '금지된 저수지'로 행진해 공개적으로 물을 떠 마시며 '물 마실 권리'를 선포했고, 힌두 사원 출입 제한 금지 운동 등을 벌이며 카스트 제도를 정당화하는 힌두법전을 불태웠다.

1947년 인도가 영국으로부터 독립한 뒤 법무장관에 임명된 그는 헌법을 기초하면서 상위 카스트의 격렬한 반대에도 불구하고 불가촉천민 차별을 공식 철폐하는 한편 대학 입학과 공직 임용시 달리트에게 일정한 지분을 제공하는 내용을 헌법에 명시했다. 그런데도 달리트에 대한 차별이 변하지 않자 1956년 10월 14일 그는 달리트 약 50만 명과 함께 힌두교를 버리고 불교로 개종해버렸다. 그때부터 무려 300만 명의 달리트가 개종했고, 현재까지도 암베드카르의 정신을 추모하는 달리트들이 매년 그가 죽은 10월이 오면 불교 개종 의식을 치른다.

당시 암베드카르는 인도 안의 노예였던 불가촉천민들의 대표를 의회에 보내기 위해 독립적인 선거구를 만들자고 주장했지만 간디는 이를 영국의 분열책으로 여기고 반대하면서 단식투쟁을 벌였다. 이런 간디의 강도 높은 대응으로 불가촉천민의 지위를 보장하는 법령을 추진하던 암베드카르의 노력은 수포로 돌아갔다. 때문에 일부 지식인은 간디를 카스트 제도의 원흉이라고 비난하기까지 했다.

인도는 1950년 헌법이 선포됨과 동시에 불가촉천민 폐지를 선언했고, 1955년 하위법령을 통해 불가촉천민에 대한 차별을 금했지만 오늘날 1억 6천만 명에 달하는 달리트들이 겪는 부당한 폭력과 설움은 이루 형언할 수 없을 정도다. 그들은 마을 외곽에 따로 떨어져 살아야 하고, 사원이나 상위 카스트 집안에 들어갈 수 없다. 또 그들과 함께 물을 마실 수도 없고 신발조차 신으면 안 된다. 이처럼 인도의 달리트는 거대한 종교의 편견에 질식된 채로 21세기의 새벽을 맞고 있다.

일본의 부라쿠민

일본에서는 지금도 부라쿠민[部落民]이 북방의 원주민인 아이누 족과 근대 제국주의의 유산인 재일 한국인, 재일 중국인, 류큐인들과 함께 소수 집단으로서 심한 차별을 받고 있다. 그중에서도 부라쿠민에 대한 차별의 역사는 가장 오래 되었고 강도도 높다.

부라쿠[部落]란 용어는 여러 집이 모여 이룬 마을, 촌락이라는 의미가 있지만 실제로는 히사베츠부라쿠[被差別部落]라는 의미로 고려시대의 향·소·부곡처럼 최하층 특수민들의 거주지나 그들의 문제 자체를 가리킨다. 때문에 일본인들은 의도적으로 부라쿠라는 말보다는 학술적 의미인 슈라쿠[集落]란 용어를 쓰고 있다.

일본에서는 고대에도 노비가 있었지만 본격적으로 신분 차별이 시작된 것은 막부가 정권을 잡은 에도시대 이후부터다. 그때부터 일본인들은 사농공상의 4단계 신분에 따라 신분을 세습했는데, 그 외에 인도의 달리트나 조선의 노비처럼 천역에 종사하는 제5계급이 있었다. 이들은 직업에 따라 다시 에타와 히닌 두 부류로 구분된다.

에타[穢多]는 조선의 백정처럼 가축의 도살, 형장의 사형 집행인, 피혁 가공 등의 직업에 종사하는 사람들이었다. 조선인처럼 일본인들도 살생을 업으로 삼는 사람을 멸시하고 소외시킨 것이다. 또 히닌[非人]은 주로 사형 집행 보조인과 그 관할하의 걸인, 죄인과 시체 매장, 도로 청소, 사찰의 종자, 예능인 등 다양한 직업에 종사했다. 조선의 사노비나 무당, 광대 등과 대동소이한 존재들이다. 히닌[非人]이란 불교 용어로 사람도 아닌 것이 사람의 형상을 하고 있으니 곧 귀신이나 도깨비를 일컫는 말이었다. 이들은 특정한 구역에 고립되어 평민들과의 접촉이 차단되면서 부라쿠민으로 통칭되었다.

일본은 메이지 유신과 함께 종래의 신분제를 철폐하고 부라쿠민 해방령을 공포했다. 그리하여 에타와 히닌으로 불리던 부라쿠민들은 평민의 지위를 획득했지만 일본인들은 그 상황을 쉽게 받아들이려 하지 않았다. 때문에 부라쿠민 해방령에 대한 반대 운동이 전국에서 요원의 불길처럼 번졌고, 그 후에도 부라쿠민들에게는 신평민新平民이란 호칭을 붙여 배척했다.

1922년 3월 3일 사이코 만키치와 사카모토 세키치로 등이 중심이 된 스이헤이샤[水平社] 운동은 부라쿠민 차별 철폐 투쟁의 시작이었다. 당시 부라쿠민들은 자신들의 깃발에 예수의 가시면류관을 그려 넣고 죽창을 깃대로 사용하는 등 강력한 투쟁의지를 보여주었다. 이 운동의 영향으로 식민지 조선에서는 백정 차별에 반대하는 형평사衡平社가 설립되기도 했다. 제2차 세계대전이 끝난 뒤 일본 정부는 부라쿠민 거주 지역에 대한 환경 개선 등의 동화정책을 펼쳤지만 현재까지도 일본인들의 멸시 의식은 여전해서 부라쿠민 출신들은 사회적으로 다양한 불이익에 시달리고 있다.

유럽의 집시

　유럽의 유랑민 집시Gypsy는 자칭 롬족Roms이라고 하는데, 방랑과 미개, 죄악의 상징으로서 오늘날까지 유럽인들로부터 소매치기나 거지, 도둑의 오명을 뒤집어쓰고 있다. 6세기경 인도 북서부 지방에 살던 이들은 이슬람 세력의 박해를 피해 점차 동쪽으로 이동하다가 16세기에 이르러서는 유럽 전역에 흩어져 생존을 도모했다. 하지만 그들은 이집트인이란 누명을 쓴 채 정착지마다 지배 계급의 핍박을 받았고, 실정에 따른 민심의 분노를 중화시키는 희생양으로 이용되었다.

　십자군 전쟁 이후 이슬람을 두려워하게 된 유럽인들은 집시를 아랍인과 동일시했다. 이슬람을 피해온 사람들을 이슬람이라며 박해한 것이다. 영국에서는 1530년 국왕 헨리 8세가 '이집트인 법Egyptions Act'을 제정해 집시들의 영국 이주를 막고, 사소한 범죄에도 사형에 처하는 극단적인 정책을 폈다. 스페인도 1499년에서 1783년 사이에 집시의 의복, 언어, 관습을 금지하는 법을 10차례 이상 제정했다. 1539년 프랑스의 국왕 루이 14세는 집시를 동원해 병선의 노를 젓는 노예로 삼았다. 또 네덜란드는 1695년부터 공식적으로 추방령을 내렸고, 이에 응하지 않는 집시들을 횟수에 따라 태형, 낙인, 때로는 공개 사형에 처했다. 한편 루마니아에서는 집시를 사로잡아 노예처럼 매매했는데 그 가격이 돼지 1마리 값이었다. 이는 조선 초기 노비들이 말 2마리 값에 매매된 것에 비해 훨씬 저렴하다.

　18세기 들어 프로이센에서는 집시들의 유랑 생활 자체를 불법으로 규정했고, 18세 이상의 집시는 재판 없이 교수형에 처했다. 제2차 세계대전 당시 최악의 살인극인 홀로코스트에서 제일 많이 희생된 민족은 유대인이지만 집시도 22만~50만 명이 목숨을 잃었다. 이는 유럽에 거주하던 집시 인구의 약 70퍼센트에 해당했다. 나치의 만행이 유럽인들의 집시에 대한 맹목적인 편견을 대변했다고 볼 수도 있다. 오늘날에도 일부 유럽인들은 집시를 나치보다도 증오하는 이상심리를 보인다. 마치 조선 초기 북방 민족의 후예로서 도둑 집단으로 매도되던 화척과 재인을 연상케 한다.

참고문헌

《가례》《경국대전》《고려사》《대전회통》《목민심서》《사례편람》《삼국사기》《성호사설》
《연려실기술》《조선왕조실록》《한서》

〈백정설화연구〉 서정범, 《자유문학》통권 29 · 30 · 31 · 32 · 33호, 1959

〈불교식장례법〉 서수생, 《영대문화 16》, 영남대학교 총학생회, 1983

〈전통적 관혼상제의 연구〉 장철수, 《한국의 사회와 문화 2》, 한국정신문화연구원, 1980

〈죽어도 나는 양반, 너는 상놈〉, 《이규태의 개화백경 1》, 이규태, 조선일보사, 2001

〈천주교식 장례법〉 신상조, 《영대문화 16》, 영남대학교 총학생회 1983

〈한국의 상례〉 김택규, 《영대문화 16》, 영남대학교 총학생회, 1983

《고승전》 혜교, 유열탄 편역 자유문고, 1996

《관혼상제》 이민수, 을유문화사, 1975

《국립민속박물관 학술총서 V 진도무속현지조사》 채정례 구송, 박주언 채록, 1988

《굿으로 보는 우리문화 이야기》 주강현, 웅진, 1992

《기녀담 기녀등장소설 연구》 조광구, 월인, 2000

《김삿갓 구전설화》 김의숙, 푸른사상, 2001

《나는 기생이다》 정병설, 문학동네, 2007

《나는 노비로소이다》 임상혁, 너머북스, 2010

《남사당놀이》 심우성 · 송봉화 사진, 화산문화, 2000

《남사당패연구》 심우성, 동문선, 1974

《말하는 꽃 기생》 가와무라 미나토, 유재순 옮김, 소담출판사, 2002

《문묘제례악과 양주별산대놀이》전경욱, 성균관대학교 박물관, 2004

《문밖을 나서니 갈 곳이 없구나》최기숙, 서해문집, 2007

《백정과 기생:조선천민사의 두 얼굴》박종성, 서울대학교 출판부, 2003

《숙종연간 승려세력의 거사계획과 장길산》정석종, 일조각, 1983

《어원수필》박갑천, 1974

《역사 속의 한국 불교》이이화, 역사비평사, 2002

《역사가 새겨진 나무 이야기》박상진, 김영사, 2004

《우리문화의 수수께끼 1, 2》주강현, 한겨레신문사, 1997

《이향견문록》상·하, 유재건 엮음, 이상진 해역, 자유문고, 1996

《잡인열전》이수광, 바우하우스, 2008

《장인-현대문명이 잃어버린 생각하는 손》리차드 세넷, 김홍식 옮김, 21세기북스, 2008

《조선 전기 사노비의 사회경제적 성격》안승준, 경인문화사, 2008

《조선시대 신분변동 연구》이홍두, 혜안, 1999

《조선시대 신분사연구》한영우, 집문당, 1997

《조선시대 조선 사람들》이영화, 가람기획, 1998

《조선오백년불교탄압사 부처, 통곡하다》정동주, 이룸, 2003

《조선을 뒤흔든 16인의 기생들》이수광, 다산초당, 2009

《조선의 뒷골목 풍경》강명관, 푸른역사, 2003

《조선의 방외지사》이수광, 나무처럼, 2008

《조선초기 신분제 연구》류승원, 을유문화사, 1987

《조선해어화사》이능화, 이재곤 옮김, 동문선, 1992

《조선후기 노비신분연구》전형택, 일조각, 1989

《조선후기 노비제 연구》히라키 마코토, 지식산업사, 1982

《조선후기사회변동연구》정석종, 일조각, 1983

《지명이 품은 한국사》이은식, 타오름, 2010

《한국 가면극과 그 주변문화》전경욱, 월인, 2007

《한국문화사대계 Ⅶ-한국례속사》김춘동, 고려대학교 민족문화연구소, 1979

《한국민속대관 1-상례》김춘동, 고려대학교 민족문화연구소, 1980

《한국민속대사전1》한국민속대사전 편찬위원회 편, 민족문화사, 1991

《한국민속대사전1》한국민속대사전 편찬위원회, 민족문화사, 1991

《한국민속학개설》이두현 외, 민중서관, 1975

《한국의 민속극》심우성, 창작과 비평, 1975

《한국의 전통예술》심우성 외, 한국문화재보호재단, 1997

《한국전통사회의 관혼상제》장철수, 한국정신문화연구원, 1984

《한국특수어연구》서정범, 경희대학교, 1959

《형평운동》고숙화, 한국독립운동사편찬위원회/독립기념관 한국독립운동사연구소, 2008